安徽师范大学文学院学术文库（第三辑）

秘书学研究论集

MISHUXUE YANJIU LUNJI

杨树森 著

安徽师范大学出版社
·芜湖·

责任编辑:刘　佳
装帧设计:丁奕奕　欧阳显根

图书在版编目(CIP)数据

秘书学研究论集 / 杨树森著. — 芜湖:安徽师范大学出版社,2018.6
(安徽师范大学文学院学术文库. 第三辑)
ISBN 978-7-5676-2676-8

Ⅰ. ①秘… Ⅱ. ①杨… Ⅲ. ①秘书学-文集 Ⅳ. ①C931.46-53

中国版本图书馆CIP数据核字(2016)第253392号

本书由安徽高校省级学科建设重大项目资助出版

秘书学研究论集　杨树森　著

出版发行: 安徽师范大学出版社
芜湖市九华南路189号安徽师范大学花津校区　邮政编码:241002
网　　址: http://www.ahnupress.com/
发 行 部: 0553-3883578　5910327　5910310(传真)　E-mail:asdcbsfxb@126.com
印　　刷: 江苏凤凰数码印务有限公司
版　　次: 2018年6月第1版
印　　次: 2018年6月第1次印刷
开　　本: 700 mm×1000 mm　1/16
印　　张: 23.25
字　　数: 360千字
书　　号: ISBN 978-7-5676-2676-8
定　　价: 69.80元

总　序

安徽师范大学文学院的前身是1928年建立的省立安徽大学中国文学系，是安徽省高校办学历史最悠久的四个院系之一。1945年9月更名为国立安徽大学中文系，1949年12月更名为安徽大学中文系，1954年2月更名为安徽师范学院中文系，1958年更名为合肥师范学院中文系，1972年12月更名为安徽师范大学中文系，1994年10月更名为安徽师范大学文学院。这里人才荟萃，刘文典、陈望道、郁达夫、朱湘、苏雪林、周予同、潘重规、宗志黄、张煦侯、卫仲璠、宛敏灏、张涤华、祖保泉、余恕诚等著名学者都曾在此工作过，他们高尚的师德、杰出的学术成就凝固成了我院的优良传统，培养出了一大批出类拔萃的各类人才。

文学院现设有汉语言文学、汉语言、秘书学、汉语国际教育等4个本科专业，文学研究所、语言研究所、古籍整理研究所、美育与审美文化研究所、艺术文化学研究中心等5个研究所（中心）。拥有中国语言文学博士后科研流动站，中国语言文学一级学科博士点，中国语言文学、艺术学理论两个一级学科硕士学位点；设有中国古代文学等10个硕士学位二级学科授权点和学科教学（语文）、汉语国际教育两个专业学位点；有1个安徽省A类重点学科（中国语言文学），3个安徽省B类重点学科(中国古代文学、汉语言文字学、中国现当代文学)；1个国家级特色专业建设点(汉语言文学专业)，1个国家级教学团队（中国古代文学)，两门国家级精品课程（文学理论、大学语文)，1个省级刊物(《学语文》)。

文学院师资科研力量雄厚，现有在岗专任教师82人，其中教授28人，副教授35人，博士55人。2010年以来，本学科共主持省部级以上科研项目100项，其中国家社科基金项目28项（含重大招标项目和重点项目各1项)，获得省部级以上奖励9项。教师中，有国家首届教学名师1人，享受国务院特殊津贴12人，皖江学者3人，二级教授8人，5人入选省级学术和技术带头人，6人入选省级学术和技术带头人后备人选。

走过八十多年的风雨征程，目前中文学科方向齐全，拥有很多相对稳定、特色鲜明的研究领域。唐诗研究、古代文论研究、儿童语言习得研究、古典文献研究、宋辽金文学研究、词学研究、当代文学现象研究、古典诗歌接受史研究、梵汉对音研究、句法语义接口研究等在全国居于领先地位或在学术界有较大影响。特别是李商隐研究的系列成果已成为传世经典，国务院学位委员会委员、北京大学教授袁行霈先生说，本学科的李商隐研究，直接推动了《中国文学史》的改写。

经过几代人的薪火相传，中文学科养成了严谨扎实的学术传统，培育了开拓创新的学术精神，打造了精诚合作的学术团队，形成了理论研究与服务社会相结合、扎根传统与关注当下相结合、立足本位与学科交融相结合、历代书面文献与当代口传文献并重的学科特色。

21世纪以来，随着老一辈学者相继退休，中文学科逐渐进入了新老交替的时期，如何继承、弘扬老一辈学者的学术传统，如何开启中文学科的新篇章，成了摆在我们面前的迫切任务。基于这一初衷，我们特编选了这套丛书，名之为“安徽师范大学文学院学术文库”，计划做成开放式丛书，一直出版下去。我们认为，对过去的学术成果进行阶段性归纳汇集，很有必要，也很有意义，可以向学界整体推介我院的学术研究，展现学术影响力。

现在奉献的是第三辑，文集作者既有年高德劭的退休老师，也有年富力强的年轻学者，学科领域涵盖中国文学、语言学、美学、逻辑学等，大致可以反映文学院学术研究风貌的历史传承与时代新变。

我们坚信，承载着八十多年的历史积淀，文学院必将向学界奉献更多的学术精品，文学院的各项事业必将走向更悠远的辉煌！

储泰松

二〇一五年十二月

目　录

中国秘书史研究

中国秘书工作起源年代新探 ……3
孔子编订"六经"对中国古代档案事业的贡献 ……9
和谐——三大历史盛世秘书班子的共同特征 ……18
中国古代公文的发展脉络和借鉴价值 ……23
从地位显赫的史官到纵横天下的"士"
——中国先秦时代秘书制度的演变 ……37
从尚书台取代御史府到秘书令昙花一现
——秦汉两代秘书制度的演变 ……44
从三省制兴盛衰废到翰林院独掌机要
——魏晋南北朝到元代秘书制度的演变 ……50
从内阁六科制的确立到书吏之害形成
——明清两代秘书制度的演变 ……56
从总统府秘书处设立到文书制度的全面改革
——孙中山领导的南京临时政府的秘书工作 ……62
从秘书长频繁变换到文官考试法的颁布
——北洋军阀政府(1912—1927)的秘书工作 ……70

从委员长侍从室的设立到文书工作的三次改革
——南京国民党政府(1927—1949)的秘书工作 ……………………78
从“一大”兼职秘书到长征中的中央秘书长
——从建党初期到抗战之前中国共产党的秘书工作 ………………86
从组建中央办公厅到设立人民政府秘书厅
——从抗战到新中国成立前中国共产党的秘书工作 ………………94
从建立各项秘书制度到大兴调查研究之风
——从共和国成立到“文革”前我国的秘书工作 ………………102
从田家英被迫害致死到形式主义文风泛滥
——“文化大革命”期间我国的秘书工作 ……………………110
从提出“三服务”宗旨到推行公务员制度
——十一届三中全会以来我国的秘书工作 …………………117
中国古代的会议和会务工作 ……………………………………125
中国古代的信访工作 ……………………………………………131
中国古代的档案工作 ……………………………………………137
中国古代的值班工作 ……………………………………………144
中国古代的宫廷服务 ……………………………………………150
中国古代保密工作和印玺管理 …………………………………155
中国古代的督查工作 ……………………………………………162
中国古代的机要交通工作 ………………………………………169
中国古代的信息工作 ……………………………………………176
中国古代的调查研究 ……………………………………………183
中国古代的文书处理 ……………………………………………190
中国古代的文书撰拟 ……………………………………………197
文笔之分的见证人——任昉 ……………………………………203
善于建章立制的秘书长——张廷玉 ……………………………208

现代秘书理论与秘书工作研究

论我国秘书教育的历史和现状 ……215
论我国高校秘书专业教育存在的问题及对策 ……222
再论秘书的定义 ……229
对秘书“两大部类分类法”的理论思考 ……237
论当前我国秘书的社会地位 ……245
论我国当前秘书行业的特点 ……251
论我国秘书机构的设置原则 ……257
论我国秘书机构的名称 ……263
论领导 ……269
论我国当前秘书工作的内容 ……276
论秘书工作的性质及其对秘书的要求 ……284
“三服务”是秘书工作的宗旨
——对秘书工作“三服务”的再思考 ……290
秘书政治素质谈 ……298
秘书职业道德谈 ……303
秘书作风修养谈 ……309
谈谈秘书工作中的参谋咨询问题 ……314
试论秘书部门在领导决策中的参谋咨询 ……320
试论秘书部门在日常工作中的参谋咨询 ……326
忠言顺耳更利行
——谈秘书向领导谏诤的艺术 ……333
有效管理时间
——“三维综合分类法”例解 ……337

附录一：《秘书学概论》序言和后记

秘书学研究的新成果

——评杨树森教授的新著《秘书学概论》 …………………343

《秘书学概论》后记 ……………………………………………346

附录二：《秘书实务》序言和后记

创新的《秘书实务》 务实的理论创新

——杨树森教授其书其人 ……………………………349

《秘书实务》后记 ………………………………………………356

后 记 ……………………………………………………………360

中国秘书史研究

中国秘书工作起源年代新探

一、关于中国秘书工作起源的两种不同观点

关于中国历史上秘书工作究竟发端于何时，学术界有两种不同的观点。

第一种观点认为，“秘书工作是随文书的产生而出现的。探讨中国文书的起源，必须紧紧抓住两点：一是中国文字的出现，二是中国阶级社会的出现”。因此，公务文书的出现也就是秘书工作的出现，“不但是在有了文字以后，而且，也总得在有了阶级统治以后才有可能”[①]。历史常识告诉我们，中国的阶级社会始于夏代，根据上述观点，中国的秘书工作发端应该是在夏代，也就是作为阶级统治工具的国家出现以后，距今四千年左右。持这一观点的还有刘登山先生，他直接指出“秘书工作最早则起源于夏代的奴隶社会”[②]。

第二种观点认为，“秘书工作的产生必须具有两个条件：文字和有领导部门的社会组织”。根据这两个条件，“可以推断，从广义的范围来说，我国的秘书工作起源于部落联盟的昌盛时期，即黄帝至禹时期，约距今四千五百年至四千一百年之间；从狭义的范围而论，它起源于黄帝时期，即距今约四

---

① 李欣等：《中国现代秘书工作基础》，高等教育出版社1989年版，第39页。

② 刘登山：《秘书学教程》，中国政法大学出版社1988年版，第15页。

千五百年至四千四百年之间的龙山文化晚期，最迟当启端于尧舜时期”[①]。

二、文字的出现不是秘书工作产生的前提条件

上述两种观点都把文字出现作为秘书工作产生的前提条件。笔者认为，即使秘书工作可能产生于文字出现以后，但从理论上说文字的出现并不是秘书工作产生的前提条件。

把文字的出现作为秘书工作产生的前提，是基于这样一个推论：公务文书就是公务活动中产生的文字材料，有了文字才会有公务文书；有了公务文书才会有撰写、处理和保管公务文书的秘书人员，才会有秘书工作。这一推论的一个隐含前提是：秘书工作就是有关公务文书的工作，没有文书工作也就不会有秘书工作。这一前提是不符合现代秘书学观点的。

现代秘书学认为，秘书是为领导或雇主“提供辅助管理、综合服务的人员”[②]，秘书工作的范围是非常广的。按照《中国现代秘书工作基础》的解释，党政机关秘书工作是“以为领导者的工作运转和决策服务为宗旨，在办文、办会、办事等方面从事参谋性、助理性工作”[③]。“办文、办会、办事”这三个主要方面，只有办文一项是以公务文书为工作对象，其他两方面虽然也会用到文书，但文书只是作为一种工具或必然产生的结果（现代社会有哪一项工作能脱离文书呢）。

根据我们对我国各级各类机关和企事业单位办公室所承担的实际工作的调查，秘书工作的内容大致可以分为三个方面：（1）政务性工作，即直接为领导决策服务的综合性的工作，包括调查研究、信息工作、协调工作、督查工作等；（2）业务性工作，即秘书部门承担的带有专业性质的工作，包括文书工作（公文撰写和文书处理）、档案工作、资料工作、会务工作、谈判事务、信访工作、公关工作、保密工作等；（3）秘书部门承担

① 杨剑宇：《中国秘书史》，同济大学出版社1988年版，第11、20页。

② 陈合宜：《秘书学》，暨南大学出版社1994年版，第18页。

③ 李欣等：《中国现代秘书工作基础》，高等教育出版社1993年版，第144页。

的一些机关具体事务，包括接待工作、通信工作、印信管理、值班事务、机关后勤管理、领导日程的安排等。以上列举的具体工作有近20项，而其中只有文书工作和档案工作是以公务文书为工作对象的。因此，尽管文书档案工作是秘书部门诸项业务中占有相当大比重的工作，但秘书工作的范围则远远大于文书档案工作的范围。由此可见，文字的出现只是文书档案工作产生的必要条件，而不能笼统地说它是秘书工作产生的必要条件。

关于文字或公务文书的出现不是秘书工作产生的前提条件，这里还有两个旁证：

第一，我国古代的契丹族，自公元4世纪起即活跃于北方，其社会发展阶段处于原始社会后期，到7世纪时，形成了相对稳定的部落联盟，9世纪末进入奴隶制社会，916年，原来的部落联盟首领阿保机称帝建立辽国，而直到这时，契丹族仍然没有文字，“刻木契记事”。920年，阿保机才命从侄鲁不古和突吕不创制契丹文字。而在这之前，契丹族部落联盟管理活动和建国过程中，早已有了秘书工作。与此类似，北方女真族在1115年建立奴隶主国家“大金”之后，才创造出女真文字。[①]

第二，新中国成立初期，我国有的社会发展水平比较低的少数民族也处于原始社会末期阶段，或奴隶社会阶段。他们没有自己的文字，也不使用汉字，其部落内部进行管理并不使用公务文书，但其首领（酋长）却配助手，这些助手帮助酋长做一些收集信息、传达命令、筹备集会和对外联络等工作，这些工作显然具有秘书工作的性质。

三、秘书工作产生的条件——社会组织领导人或领导集团的出现

秘书工作既然只能定义为“以为领导者的工作运转和决策服务为宗旨的参谋性、助理性工作”，从理论上说，当社会组织发展到一定规模并形成相对稳定的领导人或领导集团的时候，为这些领导提供“参谋性、助理

① 参见蔡美彪等：《中国通史》第六册，人民出版社1979年版，第30、243—245页。

性”服务的秘书工作也就随之出现了，而不管这时是否已经有了文字和公务文书。因此，社会组织领导人和领导集团的出现，既是秘书工作产生的必要条件，也是秘书工作产生的充分条件。

下面我们就来考察秘书工作产生的这一条件产生的时间。

考古发掘证明我国最早的人类祖先距今有二百多万年的历史。最早的人类是以原始人群的方式生活的，虽然原始人群已经是一种社会组织，但其组织结构极其简单，没有形成发号施令的领导者或领导集团，因此不具备秘书工作产生的条件。

经过漫长而缓慢的发展，到原始社会后期，逐渐形成了以血统关系结成的稳定的社会基本经济单位——氏族。氏族组织发展到一定规模后，又出现了若干血缘相近的氏族联合而成的胞族，若干胞族组成更大的社会组织部落，部落由两个以上血缘相近的胞族或氏族构成，它通常有自己的地域、名称、方言、宗教、习俗，并形成了管理公共事务的机构和部落首领。我国古代传说中的神农氏、有巢氏、伏羲氏、燧人氏等就是这样一些部落首领。

到传说中的黄帝时期，华夏土地上又出现了若干部落联合而成的部落联盟，当时黄帝是中原最大部落联盟的首领，在黄河上游有以炎帝为首领的羌人部落联盟，在南方长江流域则有以蚩尤为首领的九黎族部落联盟。根据这些传说，一个部落联盟所居住的区域是很大的，大的部落联盟的居住区超过现在的一个省。

原始社会末期的氏族、部落和部落联盟的管理实行原始民主制，凡遇重大事务，由氏族全体成员、氏族族长或部落酋长议事会讨论决定，而氏族族长、都落酋长、部落联盟首领，均需分别经过其成员推举产生。

传说中的部落联盟有时发动大规模的军事行动，如黄帝部落与炎帝部落曾联合发动了征服南方蚩尤部落的战争，后来黄帝部落又征服了炎帝部落，人们拥戴黄帝为“天子”，年号称轩辕，定都涿鹿，各部落表示服从命令。部落联盟除组织共同的军事行动外，还具有加强部落间经济、文化联系等职能。由此可见，部落联盟组织是一个很大区域的最高行政组织，内部有相当严密的管理系统，不然就无法解释它能够发动指挥大规模的战争行动。据传黄帝设置了分管各项工作的官职——“六相”，组成了部落联盟的领导集团，而黄帝就是这一领导集团的核心。

以上是我国历史上社会组织领导人和领导集团产生的大致过程。据此我们能得出什么结论呢？

四、关于我国秘书工作起源年代的推断

在以黄帝为首的这样颇具规模的管理系统中，需要有提供“参谋性、助理性”的秘书工作，应该说是没有疑义的。古籍记载，黄帝不仅设立了分管各项事务的“六相”，而且设置了专门的“秘书官”——史官，他们有名有姓，如仓颉、沮诵、孔甲等均当过黄帝的史官。由此可见，黄帝时期就有了名副其实的秘书工作，因此以上所引第一种观点“我国古代秘书工作产生于夏代的奴隶社会”是可以排除的。

现在的问题是，我们能否根据以上材料就断定我国秘书工作起源于黄帝时期呢？或者说在黄帝之前就没有秘书工作呢？

有的秘书史读本在论述黄帝前没有秘书工作时写道：在黄帝之前，“一个氏族集中居住于一个村落，地域小，人口少，公共事务简单，凡交流情况，互通信息，通过交谈即能办到，如需决定重要问题，往往在村落中央的公共房屋中商议而定。首领运用口语即能了解情况、表示意见、发出指令，这些意见、指令即能很快传遍全氏族。所以，这时的管理工作中对公务文书的要求尚不迫切，秘书工作也未产生，《淮南子·氾论训》就云：‘神农无制令而民从。’”①

这段文字所描述的氏族首领实施领导的确无需秘书提供“辅助管理”，但这只限于一个氏族的管理，其管理范围不超过现在的一个自然村。但是，在黄帝为首领的部落联盟形成之前，早已出现了若干氏族组成的“胞

① 李欣主编：《中国秘书发展史》，高等教育出版社1993年版，第5页。

族”和若干胞族组成的“部落”，一个部落的规模有多大呢？据《尧典》所载，一个部落联盟包含了9个部落，9个部落包含100个胞族，100个胞族下又包含若干氏族（即“万邦”）。如此推算，一个部落大约由100个氏族组成，每个氏族按100人口计算，一个部落也有10000人。可见在部落联盟形成前，每个部落的规模就已经相当大，部落领导机构或首领的管理活动就决非通过直接交谈即能实现的，部落酋长必需有人为其管理活动提供辅助性的服务，因此，从理论上说部落管理活动中就少不了提供辅助性服务的秘书工作。

至于“神农无制令而民从”的传说，即使它为真，也只能说明神农之时的管理活动中尚没有公务文书和与之相关的文书工作。如前所述，文书工作只是秘书工作的一个方面，秘书工作的外延远远大于文书工作的外延，没有文书工作不等于没有秘书工作，秘书工作先于文书工作在历史上出现是完全可能的。如前面所说的契丹族在建立辽国时还没有文字，当然也就没有文书工作，但却已经有了秘书工作。

我们从有关传说中黄帝时期的秘书工作的记载看，黄帝有史官多人，而且有了具体分工，这已绝不是最原始的秘书工作，而是经过了一定发展阶段的比较成熟的秘书工作。

至此，我们可以得出以下结论：在原始社会后期，当若干氏族联合组成规模较大的部落时，就产生了为部落领导集团活动提供辅助管理的秘书工作，其时间距今至少有五千年左右；而到了四千四百年之前的黄帝时期，我国秘书工作已经发展到一定水平。

[原载《秘书工作》2001年第7期]

孔子编订“六经”对中国古代档案事业的贡献

先秦时期保管档案的官员是史官，而对我国古代档案事业做出最大贡献的人物却是没有当过史官的孔子。孔子对古代档案事业的贡献，主要表现在他对历代文书档案材料的搜集、整理和利用上，其有形成果就是“六经”。

“六经”即《诗》《书》《礼》《乐》《易》《春秋》等六部儒家经典，其中《乐》自秦始皇焚书后即已亡佚，现存的其余“五经”不一定是当时的原貌，但它们是孔子为教学需要而整理编订的教材，已为学界所认同。对于“六经”在中国古代文化史上的地位，哲学史家、文学史家、教育史家、史学家从不同角度给以很高评价，但对孔子编纂“六经”在中国文书档案事业史上的意义则探讨不够。实际上，编纂“六经”是我国古代对文书档案第一次有目的的大规模的整理和利用，在中国文书档案事业史上是一件值得大书特书的大事。

一、从内容上看，“六经”多为文书档案材料的汇编或摘要

清代学者章学诚说曾提出“六经乃周官之旧典”的观点[①]，但他没有展开详细论述。下面我们试以这些经典的内容为主要论据来论证“六经”

① 章学诚：《章学诚遗书》影印本，文物出版社1985年版，第762页。

的档案性质。

1.《书》和《春秋》的档案性质

《书》即《尚书》，是中国最早的一部历史文献汇编，收录的是商、周两代最高统治者发布的政令和重要讲话的记录；《春秋》是中国第一部编年体史书，按年记载了鲁国从隐公元年到哀公十四年间（前722—前481）的历史大事。内容包括政治、军事、经济、文化、天文气象、物质生产、社会生活等诸方面，是当时有准确时间、地点、人物的原始记录。这两部书，一是古代文书的精选，一是历史记录的摘要，其档案性质十分明显。

2.《礼》的档案性质

关于《礼》，现存有《周礼》《仪礼》和《礼记》三部礼书。《周礼》原称《周官》，是一部官制汇编，规定了西周中央政府“天、地、春、夏、秋、冬”六部的职掌和属官人数，其档案性质比较明显；《仪礼》是记载典礼仪节的书，记录的是商、周统治者名目繁多的典礼的复杂程序，实际上就是职业司仪据之经办典礼的“程序单”；《礼记》是儒家论说或解释礼制的文章汇编，其中一半以上是解说《仪礼》相应篇章的，另有少数则是《仪礼》所失收的古代典礼仪节的文件。从这些内容看，三部礼书中，前两部是关于典礼程序的档案材料汇编，《礼记》则是对《仪礼》的阐释和补遗。

3.《诗》的档案性质

《诗》（即《诗经》）是我国第一部诗歌总集，人们都知道《诗经》的文学价值很高，却未必了解它也具有档案性质。下面我们重点论证《诗》的档案性质。

第一，《诗经》所收诗歌分为《风》《雅》《颂》三大类，《雅》中所收之诗多属史诗，《颂》为庙堂祭祀时演唱的歌颂祖先功业的颂歌，也具有史诗的性质，这些“史诗”文学价值不高，而史料价值却很高。如《大雅·绵》记述了周族古公亶父自豳迁岐的故事，其资料后来成为司马迁撰写《史记·周本纪》的重要根据；再如《周颂·臣工》《大雅·桑柔》等篇保存了有关土地分配和耕作的资料，《大雅·公刘》等篇保存了关于赋税的资料，《小雅·十月之交》留下了周幽王六年（前776）9月6日地震的同时发生日食的情况，这是中国最早的有确切日期的地震记录。

第二，《诗经》中最具文学价值的是占总数一半以上的“风诗”，而从周王朝采集这些诗的目的和方式看，它们具有社会调查资料的性质。“风诗”主要是各地民歌，其内容有反映政治黑暗、民生疾苦的，也有表现男女爱情的，这些诗之所以能进入宫廷和贵族上层社会，是周王朝实行“采风”制度的结果。西周的“采风”制度在我国行政管理史上是独具一格的：中央政府设置专职的采风官员（“行人”），定期到民间“采诗”。《汉书·食货志》记载：“孟春之月，群居者将散，行人振木铎徇于路以采诗，献之大师……以闻于天子。”《汉书·艺文志》：“故古有采诗之官，王者所以观风俗，知得失，自考正也。”《礼记·王制》也说：“天子……命太师陈诗以观得失。”可见采风的主要目的是“观政”，即了解各诸侯国政绩的好坏和各地的风俗民情，然后安邦理国，赏功罚罪，而不是如有些文学选本所说的仅供王公贵族“制礼作乐”。《诗经》中保存有如《伐檀》《硕鼠》等反映劳动人民生计维艰、对贵族剥削表示强烈不满的民歌，将它们配乐演唱是不会给宫廷贵族带来愉悦的，这也能说明“采风”的目的是了解民情。从“采风”的目的（“观政”）和方式（专人定期采集）看，它实际上是一种社会调查，采风所得的诗，在当时乃是原始的调查材料，这些材料被王室保存起来，也就转化为档案。所以说《诗经》中的《风》，原本也具有档案的性质。

“六经”中的另外两部，《乐》已不传，《易》相传为周文王所作，如此说成立，则《易》的原本必为周王室所收藏的重要档案。由于《易》的内容比较深奥，限于篇幅本文不作具体分析。仅从以上四部经书的内容看，章学诚关于“六经乃周官之旧典”之说是有一定道理的，但笼统地说“六经”就是周代官方的文书档案，则抹杀了孔子搜集、整理它们的历史功绩，确切的说法应该是："六经"大多为孔子搜集并加以整理的档案材料的汇编或摘要。

二、古代典籍关于孔子及其弟子搜集档案情况的记载

"六经"具有档案性质，但"六经"是否确为孔子所编纂，学界曾有不同见解。否定者最极端的观点是钱玄同提出的，他认为"孔丘无删述或制作六经之事"[①]。肯定者最极端的观点是康有为提出的，他认为"凡六经皆孔子所作，昔人言孔子删述者误也"[②]。这两种观点皆为偏颇之论。准确的说法是："六经"是孔子依据搜集到的档案材料加以整理而形成的，他不是"六经"的著作者，但肯定是"六经"的"编纂者"。

历代典籍中有许多记载可以证明，孔子为编订"六经"曾长期有意识地进行档案材料的搜集和积累。现略举数例：

其一，《史记·孔子世家》载，"孔子之时，周室微而礼乐废，诗书缺，追迹三代之礼，序书传"。这里的"追迹三代之礼"就是搜集有关夏、商、西周有关礼的文献资料。《论语·八佾》载："子曰：'夏礼，吾能言之，杞不足征也；殷礼，吾能言之，宋不足徵也。文献不足故也。足，则吾能徵之矣。'"这也说明，孔子为研究"礼"的演变曾搜集、考察过杞国（杞侯为夏的后人）和宋国（宋侯为殷的后人）所保存的有关夏礼和殷礼的档案典籍，他发现材料不全，不足以为据，因此才发出"文献不足"的感叹。

其二，《史记》"孔子世家"和"老子列传"都有孔子专程到周都城洛邑向"周守藏室之史"老子"问礼""孔子西观书于周室"的记载。现存汉代石刻中有一块孔子见老子的画像，画中就有"一人手捧简策，交孔子

---

① 钱玄同：《论诗说及群经辨伪书》，见《古史辨》第一册，北平朴社1926年版，第69—70页。

② 梁启超：《清代学术概论》，上海古籍出版社2005年版，第66页。

翻阅”的细节[①]，这可以说明孔子向老子“问礼”，绝不是仅仅聆听几句教诲，而主要目的是考察收集周守藏室中的档案资料。

其三，《尚书纬》记载：“孔子求《书》，得……三千二百四十篇……定可以为世法者百二十篇，以百二篇为《尚书》”；《公羊传注疏》引闵因《序》：孔子“制《春秋》之义，使子夏求周史记，得百二十国宝书”；这里所讲的“求”当然是寻找、搜求的意思。这些记载中的确切数字未必可靠，但孔子为编《尚书》《春秋》而亲自或派他的学生到各地去搜集有关档案资料，应当是没有什么疑问的。

三、孔子利用档案编纂“六经”的目的和背景

孔子虽然做过“大司寇”等高官，但从政时间仅五年左右，他一生大部分时间是办学教书，是一位职业教育家。《史记·孔子世家》说，“孔子以诗、书、礼、乐教，弟子盖三千焉，身通‘六艺’者七十有二人。”可见“六经”乃是孔子为教学需要而编订的系统的教科书。他所利用的档案资料来自何处呢?

孔子在鲁国是有影响的文人，且任高官，他可以看到鲁国的官方档案。因鲁君为周公后人，所以鲁国保存的档案典籍比较丰富，这为孔子利用档案编订“六经”提供了较好的条件。但从“六经”的内容看，仅仅依靠鲁国官方档案是不够的。《诗经·风》收有“十五国”民歌，这十五国遍布北方各地；《春秋》记述历史事件的范围也遍及当时整个中国，包括被视为蛮夷的楚、越等南方诸国；这些内容不可能仅仅取自鲁国的官方档案。

我国上古夏、商、西周三代，最高统治者对档案十分重视，档案被当作神圣之物深藏于王宫之中，有专人保管，秘不外传。春秋前期，各诸侯国档案管理基本沿袭西周旧制，由史官管理档案。但到了春秋后期，诸侯

① 孔祥骅、孔正毅：《孔子本纪　孔子百问》，安徽人民出版社1998年版，第20页。

国与周王室的矛盾日益尖锐，世卿制度也渐趋瓦解，维护周王室利益和保护世卿贵族利益的档案典册在社会变革中不断被销毁或流散于世。

关于档案被销毁的情况，《孟子·万章下》有一段记载颇能说明其严重程度。北宫锜问孟子："周朝制定的官爵俸禄的等级制度是什么样的呢?"孟子答道：详细情况已经不知道了，因为诸侯"恶其害也，而皆去其籍"。这说明那些记录等级制度的档案是维护中央王权的利益的，对诸侯不利，所以被毁掉了。这表明档案的损毁情况相当严重，以致孔子想了解古代礼制的情况，却苦于找不到有关档案，而发出"文献不足"的感叹。

春秋后期，档案流散的情况也十分严重。宋司马光描述当时档案流失情况是"周室衰，道德坏，五帝三王之文飘沦散失，弃置不省"[①]。在王室和诸侯自身地位不保的情况下，以保管档案为主要职掌的史官，社会地位也明显下降，一些史官常带着自己掌管的档案作为见面礼，奔走于各国以求取官职，谋求生路，这是档案大量流散的一个重要原因。档案大量流散于社会，对档案的保管留存非常不利，但从另一方面看，这也使社会上一些知识分子（士）获得了接触、了解和利用档案的机会。孔子就是在这种背景下，对古代档案资料进行大规模的搜集和整理的。

四、孔子在整理档案过程中所做的主要工作

一是"考其真伪"（杜预《左传序》），即经过考订将不合事实的荒诞无稽的材料去掉。"六经"主要取自夏、商、周三代的历史档案，而上古帝王都崇拜神灵，每有重要活动，必先祭神占卜，神灵旨意和占卜结果的记录也留作档案，于是上古档案就出现了"天道鬼神灾祥卜筮"与帝王的人事政治活动"备述于策"的现象[②]。孔子不相信鬼神（《论语·述而》："子不语怪、力、乱、神"），在整理档案时，就把有关"天道鬼神灾祥卜

① 司马光：《河间献王赞》，《司马温公文集》，中华书局1985年版，第289页。

② 周谷城：《中国通史》，上海人民出版社1957年版，第104页。

筮”之类的虚假材料去掉了。这是今天看到的“六经”中很少有鬼神巫怪之类内容的原因。

二是“删去重复”（王充《论衡·正说》），即将不同途径收集来的材料中重复的材料删去。这主要体现在孔子对《诗》的整理上。《史记·孔子世家》载，“古者《诗》三千余篇，及至孔子，去其重……三百五篇孔子皆弦歌之”。从“三千余篇”减至“三百五篇”，去掉了百分之九十，司马迁不说“去其劣”，而说“去其重”，可见这一过程不是内容上的精选和删减，而是版本的鉴定和选择，即将不同版本而内容重复者去掉。

三是“编次其事”（《史记·孔子世家》），即按照一定的标准排列归类并编定目录。“六经”内部篇目排列归类的标准非常清楚。如《春秋》作为编年史按年排序，《书》作为历代重要文书的汇编按朝代先后和帝王世系排列。至于《诗》，因为篇目较多，其排列分类有几个层次，首先按照“诗篇之异体”分为“风”“雅”“颂”，“风”为民歌，“雅”为史诗，“颂”为颂歌；对其中篇目最多的“风”诗，又根据其来源的地域分为“十五国风”。

四是“存其精要”（梁启超语）[①]，即经过对档案材料的认真鉴定，将有较高价值的保留下来。上文提到，孔子搜集到的古代帝王的公文，多达三千二百四十篇，孔子“断远取近，定可以为世法者百二十篇，以百二篇为《尚书》”[②]。孔子以“是否可为后世效法”为标准，对古代公文档案的价值作了认真鉴定，然后将具有“永久保留”价值的档案编纂成册，这完全符合孔子的政治理想以及培养治世之才的教育目的，因而这一点是比较可信的。

两千多年前孔子所做的上述四项工作，与今天档案整理工作十分相近，可以说“六经”的成书过程就是孔子按照一定的指导思想有意识地搜集档案并加以整理的过程。

---

① 梁启超：《先秦政治思想史》，中华书局1963年版，第254页。
② 康有为：《康有为新学伪经考》，吉林人民出版社2012年版，第273页。

五、孔子对中国古代档案事业的贡献

孔子编纂“六经”主要目的不在于保存档案文献，而在于用它作教材，但他在客观上对中国古代档案事业做出了巨大贡献，这主要表现在以下四个方面：

1. 为后世保存了比较系统的历史档案文献

如前所述，春秋后期档案损毁流失十分严重。孔子在这种情况下对历史档案进行了一次大规模的搜集和整理，将它们编成“六经”，并作为教材传授给学生，使这些宝贵的上古档案文献得以保存，成为后世研究上古社会的珍贵文献资料。试想，如果没有“六经”，我们今天要了解上古社会的具体情况将是何其难哉！应当特别指出的是，孔子本人不是史官，他不能以鲁国官方的身份来进行档案搜集和整理，也不具有“修史”的资格，他是以学者的个人身份做这些事的，这就尤为难能可贵。

2. 开创了利用档案资料编纂史书的优良传统

“六经”中的《春秋》是我国第一部编年体史书，在它之前也没有什么其他体例的史书，孔子修《春秋》，开创了根据档案编写史书的优良传统。在《春秋》之后不久出现的《左传》和《国语》两部重要史书都是依据大量档案编著而成，它们毫无疑问受到《春秋》的影响。到汉代司马迁完成《史记》、班氏兄妹完成《汉书》后，利用官方档案编修前代史书成为历代惯例；隋唐后，这一做法又为历代帝王认同支持。中国史学界引以为豪的材料齐全的“二十五史”，无不是利用档案的成果，而开利用档案编修史书之先河者，就是孔子。

3. 提出了"述而不作"的编纂档案资料的原则

"述而不作"语出《论语·述而》。朱熹解释这句话:"孔子删《诗》《书》,定《礼》《乐》,赞《周易》,修《春秋》,皆传先王之旧,而未尝有所作也。"[①]用现代语言来说,就是孔子编纂"六经",只是对原有的档案材料作删、定、赞(简评)、修,一般不改动原文。这与目前我国档案馆编纂档案文献的原则"尊重原文形成的历史,不能以己意对原文润色或改写"是完全一致的。当然,孔子编纂"六经"是用作教材,是为了传授、弘扬自己以"仁"为核心的儒家思想,因此编纂中不可能不反映自己的思想,但这只体现在删留的标准或自己对有关材料的"赞语"之中,而没有过多地改动档案材料的原文。

4. 利用档案传道授业开辟了档案利用的领域

任何档案都是全社会的公共财富。商、周统治者为了垄断文化,一方面将档案深藏固守于王宫官府,秘不外传,另一方面又以"学在官府"的教育体制来剥夺平民受教育的权利。孔子首创私学,提出"有教无类",广招各阶层人士入学,并将其搜集到的档案编纂为"六经"作为教材向学生传授,这就从档案利用和教育对象两方面打破了贵族对文化的垄断,扩大了文化的传播。自此以后,档案不再纯粹是贵族阶级的统治工具,而被广泛用作传道授业的工具,这是孔子在古代档案提供利用方面所做出的巨大贡献,它开辟了档案利用的新领域,极大地加快了古代文化的传播。此后不久,中国历史上就出现了思想异常活跃、学术空前发展的百家争鸣的局面,这不能不说与孔子开创利用档案传道授业的风气有直接联系。

[原载《档案学研究》2001年第2期]

① 朱熹:《四书章句集注》,上海古籍出版社2006年版,第118页。

和谐——三大历史盛世秘书班子的共同特征

中国历史有三个被国人引为骄傲的辉煌时期：从“文景之治”到汉武全盛的西汉盛世，从“贞观之治”到开元（唐玄宗年号）全盛的大唐盛世，从康熙掌政到乾隆全盛的康乾盛世。人们在总结盛世的历史经验时，往往忽略了其中一个很重要的方面：大治之世的中央政权通常都有一个比较和谐的秘书班子。

一、从“陈平让功、周勃让贤”看西汉盛世的秘书班子

“萧（何）规曹（参）随，留侯（张良）画策，陈平出奇，功若泰山，响若坻颓”，这是汉代著名文学家扬雄形容汉初诸臣各自发挥特长、和谐共事、同谋大计的句子。本来刘邦实力远不如项羽，但刘邦有一个齐心协力的参谋班子，项羽则仅有范增一个谋臣还频生猜忌。正是凭借这个优势，刘邦最终打败了项羽建立了西汉王朝。

刘邦建汉时天下还是一个烂摊子。高祖崩逝后，汉惠帝（刘盈）即位，其母吕后专权，刘氏皇室几乎不保。大臣陈平和周勃合谋诛杀吕氏家族，拥戴汉文帝（刘恒）即位，不久陈平请求辞去宰相一职，文帝惊问何故，陈平说：“当年辅佐高皇开国，周勃功不如臣，所以臣做丞相。今诛杀诸吕，臣功不如周勃，愿将丞相一职让于周勃，臣方心安。”文帝见陈平言辞恳切，遂命周勃为右丞相（正相），陈平为左丞相（副相）。有一次

汉文帝在御前会议上问周勃全国一年内有多少起狱案，周勃答不上来，又问国家一年税收有多少，周勃还是答不出来。周勃生性耿直，不善随机应变，只得直说不知，但是心中惭愧。文帝又问陈平，陈平也不知道确切数据，但是他沉着应对道："案件处理情况可以问分管司法的廷尉，税赋数额可以问分管财政的治粟内史。"文帝不悦，问："这些具体的事情都有人管，你们正副丞相主管何事？"陈平从容答道："陛下，臣虽愚钝，但知道丞相的职责是'上佐天子，理阴阳，顺四时；下遂万物之宜，外镇抚四夷诸侯，内亲附百姓，使卿大夫各得任其职'，像刑狱、税收等具体事务，已明确分工由专职官员管理，丞相没有必要管得太细。"陈平这番回答，不但化解了周勃遭遇的尴尬，而且陈述了"分层负责制"和"岗位责任制"理论，文帝听后点头称善。周勃听了陈平的高论，感觉自己治国之才不如陈平，随即上书称病，请求辞去正相之职，将丞相大印还给陈平，文帝又批准了他的请求，任命陈平一人为丞相，让周勃到外地做侯爷去了。陈平为相，能够便坚持量才为用，根据各人的才能分配职权，自己加以督察，很快达到天下太平。

以上就是著名的"陈平让功"和"周勃让贤"的故事，它说明了汉文帝的参谋班子内部关系十分和谐，也道出了形成这种和谐关系的一个重要原因：分工合理，职权明确。

陈平虽不久去世，却给朝臣留下了一个良好的传统。此后文帝、景帝时期，朝中都有一个比较和谐的谋臣集团，并先后出现了贾谊、晁错等著名谋士，给文帝、景帝提出了许多有价值的建议。正是在他们的辅佐之下，汉帝国很快达到天下大治的局面，开创了中国历史上第一个盛世。

二、从"房谋杜断、笙磬同音"看大唐盛世的秘书班子

成语"房谋杜断"的意思是：有才能的人能各尽所能，取长补短，和谐合作。典出《旧唐书·房玄龄杜如晦传》：唐太宗有两个得力谋臣，一是"尚书左仆射"房玄龄，一是"尚书右仆射"杜如晦。太宗同房玄龄研

究国事时，房总能够提出精辟意见和具体办法，但往往难作决定；这时太宗就把杜如晦请来，杜将房玄龄的意见略加分析，很快就帮助太宗做出决断。房、杜二人，就是这样一个善于出计谋，一个善于做决断，是为“房谋杜断”。人们称赞他们像“笙磬同音”一样和谐（“笙磬同音”是《诗经》中的一句，指笙、磬两种乐器和谐地合奏）。

成语“房谋杜断”和“笙磬同音”的比喻颇能说明唐太宗秘书班子内部和谐合作的理想状况。当时朝廷的谋士集团人才济济，除房、杜二人外，还有魏徵、王珪、长孙无忌等名臣，这些人出身不同，性格殊异，各有专长，但是同朝共事，彼此配合，和谐相处，与唐太宗一起共同创造了“贞观之治”。《新唐书》在评论房、杜时说：“帝定祸乱而房、杜不言功；王、魏善谏而房、杜让其直；英、卫善兵而房、杜济以文……新进更用事，玄龄身处要地，不吝权，善始以终，此其成令名者。”就是说，在协助李世民夺取皇位的过程中，房、杜功劳很大而不居功自傲；在善于直言进谏上，他们甘居魏徵、王珪之后；在带兵打仗上，他们全力配合李勣、李靖；在新人出现后，他们不专权，给别人更多的机会。房、杜二人不仅在为大唐王朝建章立制方面建立了巨大功勋，而且他们知人善任，宽容他人，又做到谦虚自律，为构建朝廷内外和谐的氛围做出了贡献。

三省制的完善和政事堂议政制度的确立，也是贞观年代大臣之间关系和谐的重要原因。南北朝时期形成的“中书出令、门下审议、尚书执行”的三省制，到唐太宗时趋于完善。中书省起草的政令在呈送皇帝画“敕”后，还要送门下省审议，最后再由皇帝批准才能作为正式法令交尚书省执行。遇重大政务，或三省意见不同，就要召开三省联席会议以协调各方意见，会议场所称为“政事堂”。政事堂开会时设主席，由三省主官轮流充任。唐太宗要求大臣们对朝廷重要决策“必须执言，无得妄有畏惧，知而寝默”。这种较为合理的决策机制，为大臣们和谐共事提供了良好的制度环境。中央政令在下发前经过充分论证，避免了决策失误，这对“贞观之治”的出现起了重要作用。

三、从南书房和军机处的高效率看康乾盛世的秘书班子

康熙8岁即位，14岁开始亲自执政，其权力内受制于议政王大臣会议，外受制于中央秘书机构内阁，而这两机构内部矛盾重重，效率不高，康熙感到无法依靠它们实现自己的宏图大略，便于康熙十六年（1677）设置了一个特殊的秘书机构——南书房。南书房原为康熙读书处，因位于紫禁城月华门南而得名。康熙根据“不问出身贵贱，只论学问高低”的原则，选择“才品兼优”的汉族知识分子“入值”，名为与皇帝切磋学问，随时应召“侍读”“侍讲”，实际上成为康熙的智囊班子，“或代拟谕旨，或咨询庶政，或访问民隐”，对于皇帝的决策有重大影响。

南书房的中枢机要秘书机构的地位，直到雍正朝成立军机处后才有所改变。雍正七年（1729），因用兵西北而设“军机房”处理紧急军务，并辅佐皇帝处理政务，三年后改称“办理军机处”，乾隆后简称为“军机处”。军机处成立后，总揽军、政机要，议政王大臣会议则名存实废，内阁成了只办理例行事务的机构，南书房也重新成为仅供皇帝读书治学的处所，不再具有总领朝廷机要的地位。清代史学家赵翼评论康熙时的南书房说：“时尚未有军机处，凡撰述谕旨，多属南书房。”[①]故有学者认为康熙的南书房实际上是雍正朝建立的军机处的前身。军机处的某些特点，如地位显赫但无决策权、高度机密、编制精干、内部协调、以轮流值班方式对皇帝提供智力服务等特点，南书房都已具备。

无论是康熙的南书房，还是雍正后的军机处，都是历史上以效率高而著名的秘书机构。它们之所以能为皇帝提供高效优质的智力服务，主要有两个原因，一是人员精干，有入值南书房资格的（时称“南书房行走”）仅有几人，而军机处初设时，军机大臣也仅有三人，后来才增加到四五人至八九人。二是内部和谐，由于这些成员仅以临时值班的方式为君主参议

① 赵翼、捧花生撰，曹光甫、赵丽琰校点：《檐曝杂记　秦淮画舫录》，上海古籍出版社2012年版，第36页。

谋划，而没有职务实权，就从制度上避免了内部的权力争斗，所以史书上未见到康、雍、乾三朝秘书班子内部争斗的记载。

与三大盛世秘书班子的和谐状况相对照的是，在政治黑暗、经济凋敝的衰世，即使没有发生大规模的社会动乱，中央政权的秘书班子也往往内部矛盾重重，大臣之间钩心斗角。如明代倒数第二个皇帝熹宗在位时，朝中两大派争斗激烈，以赵南星为首的东林党人排斥反对派，非东林派则愤而结交秉笔太监魏忠贤，最终导致“阉党之乱”，明政权元气大伤。从才学上看，赵南星等人并非无能之辈，但内斗消耗了他们的才智，智囊团的作用也就非常有限了。

[原载《秘书工作》2007年第10期]

中国古代公文的发展脉络和借鉴价值①

一

在大学中文系的古代文论课中，曹丕的《典论·论文》历来是重点课文。这篇文章中最为人们称道的一句名言是："盖文章，经国之大业，不朽之盛事。"老师的讲解和教科书的注释，都认为这句话"概括地指出了文学的巨大社会作用"。酷爱文学的中文系的学生也没有人对此提出异议。

作为艺术门类之一的文学，真的具有经世治国的功能吗？毕业十几年后，具备了一定的社会经验，再来读《典论·论文》，才发现曹丕所说的"文章"，原来并非专指文学。曹丕将文章分为四大类，并指出它们在写作上的不同要求："夫文本同而末异，盖奏议宜雅，书论宜理，铭诔尚实，诗赋欲丽。"意思是奏议要求语言规范，书论要求说理充分，铭诔要求内容实在，诗赋讲究文采华丽。他列举的四大类文章中，奏议是典型的公文，书论和铭诔也属应用性文体，只有诗赋是纯文学。因此，仅仅把《典论·论文》当作文学理论著作是不确的，它同时是古代一部著名的公文理论著作。曹丕指出，"此四科不同，故能之者偏也，唯通才能备其体"。也就是说四类文章各有特点，一般人只擅长其中的一到两种，只有少数"通

① 本文是笔者为安徽师范大学文学院方春荣先生的著作《中国古代公文选》（安徽大学出版社2004年版）所作的序言。

才”才会写各种文章。可见作为“经国之大业，不朽之盛事”的“文章”，并非专指文学作品，而是包括了前面列举的四类文章，其中多数是公文或应用性文体。

具有“经国之大业”功能的主要是公文而不是文学作品，还可以从古代另一位文章理论大家刘勰的《文心雕龙》得到佐证。刘勰在《文心雕龙·章表》中指出：“章表奏议，经国之枢机。”章、表、奏、议恰恰是古代最重要的几种公文名称，实际就是“公文”的代称。《文心雕龙》用大量篇幅系统论述自上古以来各种不同体裁的公文，依照其性质将公文分为诏策、檄移、章表、奏启、议对、书记等六科，不仅对它们分别加以定义，而且溯源其历史，对各种文体的主要代表作家与作品做了精辟的阐述，并探讨各自的写作特点与风格。如论及诏策的文风色彩时说：“故授官选贤，则义炳重离之辉；优文封策，则气含风雨之润；敕戒恒诰，则笔吐星汉之华；治戎燮伐，则声有洊雷之威；眚（shěng）灾肆赦，则文有春露之滋；明罚敕法，则辞有秋霜之烈。”（《文心雕龙·诏策》）其意是说：凡授官选贤的诏令，要灿如日月，饱含正气；封王晋侯的诏令，要含有风雨滋润的用意；敕戒百官的常诰，要有笔吐银河的光辉；发布用兵打仗的诏令，要有雷霆万钧的声势；发布赦免重刑犯人的诏令，要如春风雨露般的润泽；发布惩罚或整肃法纪的诏令，则要像秋霜一样的凛冽。又如对“檄移”这种讨伐令性质的公文，他提出的要求是：“植义飏辞，务在刚健……事昭而理辨，气盛而辞断。”（《文心雕龙·檄移》）

从以上引述可以看出，无论是曹丕的《典论·论文》，还是刘勰的《文心雕龙》，都不是纯粹的文学理论著作，它们同时也是公文理论著作，而具有“经国之大业”或“经国之枢机”功能的“文章”，主要是指公文等应用性文体，而不是专指文学作品。

我们无意低估或贬低文学的社会作用。文学作为最重要的艺术门类之一，历来受到人们的喜爱和重视，以至于各种文学作品选出版物数不胜数，而作为“经国之枢机”的公文，却很少看到优秀的选本。文学作品能给人带来审美愉悦，公文缺乏此项功能，因此不能要求读者带着审美的目的津津有味地阅读古代公文。但是，古代公文是古代社会政治的直接记录，其认识价值和实用价值应在文学作品之上，因此，政治工作者、管理工作者、秘书工作者、历史研究爱好者，以及一切有志于提高公文写作和其他应用写作水平的人，阅读一定的古代公文名篇佳作，是完全必要的。方春荣先生的这本《古代公文选》为我们提供了一个上乘的选本。

二

中华民族以历史悠久、文献丰富闻名于世。中国古代公文发展的历史，与中华文明史一样源远流长。

按照现代秘书学观点，公文是指国家机关和其他社会组织在履行法定职责、处理公务事宜时所使用的具有特定效力和规范格式的文书。公文概念的外延要小于公务文书，因为公务文书是公务活动中形成的文字材料的统称，公文属于公务文书，而公务文书并不都是公文。现代公文有一个明显的外部标志，就是要加盖公章，是对上、对下、对外、对内发出的正式文件，而公务文书则包括诸如会议记录、内部交流材料以及个人向组织提交的申请、建议等等。我们不能用现代公文的严格定义来理解古代公文，因为古代社会组织没有现代这样严密，公务活动的程序也没有现代这样规范。按照现代公文的定义，连大臣向皇帝递交的奏疏也不算公文，那样古代公文的范围就会很窄。我们认为，古代公文可以定义为“公务往来中使用的有规范名称和格式的文书”，根据这一界定，则主要起记录作用的大多数甲骨卜辞、钟鼎铭文以及历代由皇帝近身秘书记录皇帝言行的“起居注”等，都不能算是公文；但史书记载的春秋末期郑国子产铸于铁鼎上的“刑书”，是向民众发布法律的文书，应该属于公文，而大臣就国家事务向最高统治者的奏疏等，则是古代公文中极为重要的组成部分。

古代“公文”一词最早出现于汉代荀悦《汉纪·武帝纪一》：“苞苴盈于门庭，聘问交于道路，书记繁于公文，私务重于官事。”作为公务往来的正式文书的公文，则比“公文”一词的出现要早得多。

早在原始社会末期，我们的祖先在原来记事的图画符号的基础上创造了文字。文字的出现是人类社会由野蛮时代过渡到文明时代的标志，它也为公务文书的形成提供了必要条件。据古代传说，黄帝以前的氏族首领，如有巢氏、燧人氏、伏羲氏（庖牺氏）、神农氏，大多以口头语言来发布指令，因此那时产生文书的可能性不大，所谓“神农无制令而民从”（《淮南子·氾论训》），“自五帝始有书契”（《后汉书·祭祀志》）。“五帝”之首是黄帝，因此，我国最早的公务文书当出现于黄帝时期。

虽然“自五帝始有书契”，但有据可查的我国最早的公文名称则是“誓”。在《尚书》中，以“誓”为名者共五篇：《甘誓》《汤誓》《牧誓》《费誓》《秦誓》。其中《甘誓》是夏开国帝王启讨伐有扈时发布的军事动员令，《汤誓》是商汤讨伐夏桀前发布的军事动员令，《牧誓》是武王讨伐商纣至商都城牧野郊外时发布的军事动员令。从写法上看，它们大多中心突出，要言不烦，富于气势和鼓动力。这些“誓”具有相同的名称，相同的功用，相同的格式，已经具备了公文的主要特征，是一种比较规范的公文。秘书史研究专家多认为夏启的《甘誓》是我国最早的一篇公文，依此说，我国公文的产生和国家政权的出现是同步的，这绝不是历史的巧合，而是由公文的本质和功用决定的。

《尚书》是我国最早的公文汇编，收录的是“上古帝王之书”，相传由孔子编订而成，但近代学者多以为《尚书》编定于战国时期。自汉代以来，《尚书》一直被视为中国封建社会的政治哲学经典，是帝王和贵族子弟及士大夫必修的功课。因此对后世公文写作有很大的影响。汉人传说先秦时《书》有100篇，现存《尚书》共收古代公文28篇，其中商代及以前的公文8篇。

《尚书》中的文章，篇章结构由松散逐步趋向完整严谨，有一定的层次，已注意在命意谋篇上下工夫。《无逸》《盘庚》《秦誓》等篇章尤其堪称典范，条理分明，首尾呼应，结构非常严谨。《尚书》中公文的语言特点，刘勰说是“文如诡，而寻理即畅”（《文心雕龙·宗经》）。意思是文字似乎深奥，但寻找它的用意，还是易于明白的。实际上《尚书》中部分篇章具有一定的文采，带有某些情态。如《盘庚》三篇，是盘庚动员臣民迁殷的训词，语气坚定、果断，显示了盘庚的目光远大。其中用“若火之燎于原，不可向迩”比喻煽动群众的“浮言”，用“若乘舟，汝弗济，臭厥载”比喻群臣坐观国家的衰败，都比较形象。《无逸》篇中周公劝告成王：“呜呼！君子所其无逸，先知稼穑之艰难乃逸，则知小人之依。”《秦誓》篇写秦穆公打了败仗后，检讨自己没有接受蹇叔的意见时说：“古人有言曰：‘民讫自若是多盘，责人斯无难，唯受责俾如流，是唯艰哉！’我心之忧，日月逾迈，若弗云来！”话语中流露出诚恳真切的态度。

春秋战国时期，外交活动频繁，变法革新运动兴起，文化教育事业繁荣，公文的体裁和文风出现了多样化的倾向。当时的外交文书、法令文书以及士大夫向君主陈述政见的“上书”，散见于《左传》《国语》《战国策》以及后来的《史记》中，出现了李斯这样的公文写作大家。这一时期公文写作有说理透辟，文辞流畅而口语化的特点。

秦代国祚短暂，二世而夭，在为数很少的公文中，大皆具有“尚质而不文”的特点。即注重公文的内容而不讲究文采，秦始皇的《除谥法制》颇能说明秦代公文的这一特点：

> 朕闻太古有号毋谥，中古有号，死而以行为谥。如此，则子议父，臣谥君也，甚无谓，朕弗取焉。自今已来，除谥法。
>
> 朕为始皇帝，后世以数计，二世三世至于万世，传之无穷。

该文在语言上是富于典范意义的，它明白朴实，简洁明了，没有华丽的辞藻和无谓的修饰。公文是一种应用文体，“尚质而不文”是符合公文的写作要求的。

西汉初期，出现了一批公文写作大家和一些堪称典范的公文名作。如贾谊的《陈政事疏》《论积贮疏》，晁错的《论贵粟疏》，司马相如的《上疏谏猎》等。这些公文的主要特点是政论性，写作者关心国家和社会的发展，面对现实，分析形势，针砭时弊，总结秦王朝短期覆亡的原因，借古喻今，都写得深切晓明，有很强的说服力和感染力。鲁迅在《汉文学史纲要》中指出，贾、晁的疏论“皆为西汉鸿文，沾溉后人，其泽甚远”。

从西汉后期开始，公文文风受赋和骈文的影响，出现了忽视内容、过分追求形式的不良倾向。赋是起源于先秦而盛行于汉代的一种文学体裁，其特点是以铺叙描写为主，讲究辞彩，句语整炼，半散半韵，似诗而实文。赋作为文学体裁在文学史上有一定地位，但它的行文特点根本不适合于文书写作，自西汉中期开始，有人却用赋体来撰写章、疏之类公文，致使部分公文丽词满篇而内容不实。如东方朔上书一篇文辞竟达十万字，而汉武帝却大加赞美，这势必助长公文写作过分注重文采而又崇尚繁冗的不良之风。

东汉末年和魏晋时期产生了骈文（又称“骈体文”或“骈俪文”）。“骈文”本义即对偶文的意思，是从古代文章一种修辞手法演变来的。骈文的主要特点是通篇句法结构对称，词语对偶；在声韵上则讲究运用平仄，音律和谐；修辞上注重藻饰和用典。一般说来，骈文多注重形式技巧，往往束缚内容。骈文比赋文更加不适合于公文写作。

骈文对公文写作的影响有一个发展过程。三国时一些著名政治家比较务实，公文写作也以散文为主，出现一些公文佳作，如曹操的《让县自明本志令》、诸葛亮的《出师表》、陈琳的《为袁绍檄豫州》等。西晋时，骈文渐成气候，与散文分离，但两晋公文仍是散文为主；南北朝时，骈文达到鼎盛时期，尤其是南朝，多数朝廷的公务文书，几乎全是用骈体撰写。

南朝开始出现文、笔之分。“文”为文学作品，“笔”为包括公文在内的应用性文体，当时有所谓“沈（约）诗任（昉）笔”之称。文、笔之分说明公文写作已经成为一种专门技能。

受赋体和骈体文的影响，从西汉中期到南北朝，虽然三国时期有公文佳作面世，但公文文风总的发展趋势是日益追求辞藻的华美，形式的奇巧，而忽视公文的内容。这种文风显然不符合公文务实的要求，是文书工作发展史上的一股逆流。

隋代初年，几乎完全继承了梁、陈讲求文辞华美而忽视内容的形式主义文风，一些有识之士看出这种文风不仅影响了行政效率，而且影响到整个社会风气，提出了改革文风的建议。首发倡议者是大臣李愕，他于开皇三年（583）呈《上高帝革文华书》（又名《上书正文体》），历陈浮华文风之害，请求朝廷“屏黜轻浮，遏止华伪”。隋文帝杨坚采纳了李愕的建议，于次年“普诏天下，公私文翰，并宜实录”，违者治罪。自此拉开了隋唐文风改革的序幕。隋代皇帝带头改革文风，魏徵《隋书·文学传序》说：高祖“发号施令，咸去浮华”；炀帝“暨乎即位，一变其风”，其所作公文“并存雅体，归于典制”，“故当时缀文之士，遂得依而取正焉”。

但延续几百年的浮华文风不是短期内能扫除干净的。唐立国之初，高祖李渊就于武德元年（618）发布了改革文风的《诫表疏不实诏》，严厉批评了“表疏因循，尚多虚诞。申请盗贼，不肯直陈”，“乱语细书，动盈数纸，非直乖于体用，固亦失于事情”的现象。

初唐时期，唐太宗李世民和魏徵、陈子昂等都发表过改革文风的言论，魏徵、陈子昂还在写作实践上做出表率，写出了许多朴实直言、不加雕饰的公文，对文风改革产生了很大影响。《新唐书·陈子昂传》说：“唐兴，文章承徐庾余风，天下祖尚，子昂始变雅正。”

唐代中期，骈体文又有所抬头，中唐时期韩愈、柳宗元发起“古文运动”，把文风改革推向高潮。经过几辈人的努力，唐代公文总体上呈现出词强理直、质朴务实的文风。

唐代的文风改革一直延续到宋代，欧阳修、苏轼、王安石等人不仅从理论上倡导文风改革，而且写作了大量文风朴实而又长于说理的公文。宋代公文不仅数量多，而且质量高，是我国公文写作的繁荣期。

元代统治者重武轻文，机要多由蒙古、色目族官吏掌管，公文写作往往不重章法，缺乏规范，因此元代缺少精彩典范的公文篇章，本书收录的《谏幸五台疏》等二篇是其中为数不多的佳作。

公文是一种应用文体，行文宜朴实简明，而封建社会最后两个王朝明代和清代，却是文牍主义盛行的时期，长而空的公文比比皆是。其中最值得人们思考玩味的，莫过于明代屡次严禁繁文而终无收效的史实。

明代初年，朱元璋亲自处理朝廷政务，对公文动辄数千言上万言非常反感。洪武二年（1369），他对翰林侍读学士詹同说："古人为文章，或以明道德，或以通当世之务，如典谟之言，皆明白易知，无深怪险僻之语。至如诸葛孔明《出师表》，亦何尝雕刻为文？而诚意溢出，至今使人诵之，自然忠义感激。近世文士，不究道德之本，不达当世之务，立辞虽艰深而意实浅近，即使过于相如、扬雄，何裨实用？自今翰林为文，但取通道理明世务者，无事浮藻。"

洪武六年（1373），朱元璋对内阁中书省臣僚说："唐虞三代，典道训诰之词，质实不华，诚可为千万世法。汉、魏之间，犹为近古，晋、宋以降，文体日衰，骈丽绮靡，而古法荡然矣。唐、宋之时，名儒辈出，虽欲变之，而卒未能尽变。近代制诏表章之类，仍蹈旧习，朕尝厌其雕琢，殊异古体，且使事实为浮文所蔽。其自今凡诰谕臣下之词，务从简古，以革弊习。尔中书宜播告中外臣民，凡表笺奏疏，毋用四六对偶，悉从典雅。"

洪武九年（1376），刑部主事茹太素上奏一篇政事建言，竟达17000字。朱元璋让中书郎中王敏念给他听，念到6370字时，还不知讲些什么，朱元璋大怒，命人将茹太素打了100大板；次日又命王敏接着念，念到16500字以后，才讲到要谈的5件事，可见，后500字足可说明问题，而前边16500字，多属浮文。朱元璋颇为感叹地说："朕所以求言者，欲其切于事情，而有益于天下国家，彼浮词者，徒乱听耳。"于是朱元璋命令中书省定立了建言格式。"颁示中外，使言者陈得失，无繁文。"

洪武十五年（1382）十月，刑部尚书开济上奏说，内外诸司议刑奏札，动辄千万言，泛滥无纪。朱元璋当即下令："虚词失实，浮文乱真，朕甚厌之。自今以繁文出入人罪者，罪之。"后来真有工部尚书薛祥以"繁文"治罪而被杖死。

朱元璋的这些严厉措施，当时对于克服繁文之弊确实起过不小作用，但由于朝政日趋衰败，至嘉靖年间，繁文之弊又有所抬头。都察院左都御史胡世宁上书，"乞申敕内外诸司，凡事当奏题者，务照弘治以前旧规，删去繁文"。嘉靖皇帝接受了胡世宁的意见，遂"令诸司章奏，不许繁词，第宜明白，开陈要旨，庶易省阅”。

隆庆年间，大学士张居正又上言论述繁文虚言的生成、流弊以及禁绝之法，请求皇上“扫无用之虚词，求躬行之实效”，“内外诸司，凡有章奏，务在直陈其事，意尽而止……存恭肃之作，且还简实之风”。隆庆皇帝接受了这一建议，遂下令：“近来章奏，信多繁词，且语涉肆慢，甚非人臣奏对之体。所司通行严禁，违者部院及科臣劾治之。”

明代对繁文一禁再禁，但繁文之弊始终未能禁止。文风是政治风气和社会风气的反映，文牍主义与政治腐败相伴而生，封建社会后期政治日趋腐败的现实，决定了少数有作为帝王或大臣的努力无法改变公文写作的这种趋势。

三

从中国古代公文发展的脉络看，古代公文写作水平在各个历史时期是不平衡的。西汉、唐代、宋代是公文大家辈出的时代，是古代公文发展史的三座高峰。而其他时代，即使是文风绮靡的南北朝和明清两代，也依然留下一些公文佳作。本书选译的60篇优秀公文中，汉、唐、宋三代占到一半以上，而其他各代也都有一定的优秀公文入选，基本上反映了古代公文发展的真实面貌。今天的读者从这些古代优秀公文中能够得到什么样的教益呢?

首先，这些公文佳作名篇为我们提供了公文写作的成功范例。

在魏晋南北朝之前，人们并没有形成明确的“文学”概念，文学作品和公文等应用性文章是不加区分的。今天出版的古代文学作品选本，收录了许多严格说来不属文学作品的文章，如李斯的《谏逐客书》、晁错的《论贵粟疏》、诸葛亮的《出师表》等，都是典型的公文。魏晋之前，虽然也出现了一些文学巨匠如屈原、司马迁等，但他们无不另有官职，屈原是楚国的左徒，司马迁则是中央政府的太史令，像后来的李白、关汉卿、蒲松龄、曹雪芹这样基本没有做官而专事文学创作的大家，当时并没有出现。魏晋南北朝时期，人们认识到公文写作和文学创作具有不同的规律，出现了所谓的“文笔之分”，公文写作遂成为一项专门的技能。在现代社会，无论是党政机关工作人员还企事业单位管理人员，无论是领导干部、部门主管，还是秘书、一般文职人员，应用写作（而不是文学创作）都是必须具备的基本能力，以至于许多高校将应用写作列为各专业的公共必修课程。

提高公文写作能力可以通过不同的途径，但吸取古代公文写作的成功经验，无疑是行之有效的途径之一。有经验的机关工作人员都知道，用文学作品的语言和文学创作的方法来写作公文，是公文写作的大忌，也是刚刚走上工作岗位的大学毕业生的通病。他们往往需要较长时间的工作实践，才能逐步把握公文写作的特殊规律，而我们的前人早在南北朝时期就明确地认识到这一点，而此前、此后的优秀公文，无不体现出公文写作的内在规律。正如一个有志于文学创作的人有必要阅读一定的古代优秀文学作品一样，一个有志于提高应用写作水平的人，也应该阅读一些古代优秀公文作品，从中汲取公文写作的经验，把握公文写作的精髓，悟出公文写作的规律，指导公文写作的实践。

其二，这些公文佳作名篇记载了古人国家管理和社会管理的可贵经验。

社会发展离不开前人创造的文明成果，古代公文是国家管理的重要工具，集中体现了古人成功的管理经验。且不说《召公谏弭谤》中提出的“防民之口，甚于防川……为川者决之使导，为民者宣之使言”，也不说魏徵在《十渐不克终疏》中对陶醉于自己政绩的最高统治者的告诫“上之奢靡，而望下敦朴，未之有也”，单是当今为人民群众普遍关注的屡治不愈的腐败病症，就能从古代公文中找到非常有用的可供借鉴的经验。下面以收入本书的两篇公文为例来说明这一作用。

第一篇是宋代著名清官包拯的《乞不用赃吏疏》。北宋中期，官吏人数急剧膨胀，腐败之风日趋严重，包拯对此深恶痛绝，特上书宋仁宗，力陈腐败对国家的危害，特别指出对腐败官员的宽大处理和再任新职，是

"贪猥之徒殊无忌惮"的重要原因，要求"今后应臣僚犯赃抵罪，不从轻贷……纵遇大赦，更不录用"。唯其如此，才能做到"廉吏知所劝，贪夫知所惧"。联想到曾经有腐败官员暴露后易地易职为官，甚至曾判重刑的大贪官刑满后再任要职，包拯的这篇奏疏在今天仍有现实意义。诚然，我们的干部政策是"惩前毖后，治病救人"；是"允许犯错误，也允许改正错误"，但是这里所说的病也好，错误也好，只能是认识上的错误，或能力不够、经验不足造成的错误，而不是人本质上的道德品行的错误。一个政府公务人员因腐败而被罢黜，甚至受到刑律的处罚，是绝不可再授之以权的。在这个问题上，公文中提倡的"此辈既犯赃滥，只可放令逐便（给以生路），不可复以官爵"，为我们今天处置腐败官员提供了极好的参照依据。

第二篇是明代著名清官海瑞的《禁馈送告示》。明代中期以后，吏治腐败，贪污成风。海瑞新任淳安知县时，"粮里长各色人等，每每送薪送菜，禁不能止"，海瑞遂以县衙门的名义，发布了这篇禁止向衙门送礼的告示。告示一开始就引述大明律的规定："接受所部内馈送土宜礼物，受者笞四十，与者减一等"，接着一针见血地指出了送礼者的动机是："盖意官府不易反面，而今少献殷勤，他日禀公事取私债，多科钱粮，占人便宜，得以肆行无忌也。"这些馈送官府的礼物，"与之官，取之民，出其一而收其十，陷阱不浅"。针对一些送礼者认为奉承官府乃是美意一番的托词，海瑞指出，"若有美意，则周尔邻里乡党之急可也。官有俸禄，何故继富？"这些文字如果不是文言写成，换成规范的现代汉语，读者一定会以为是对当今社会上送礼行贿之风气的客观分析和绝妙写照罢。值得特别指出的是，海瑞这里坚决禁止的是向县衙门（即政府机关）馈送"土宜礼物"即柴草、菜肴之类的土特产，可谓防微杜渐，至于向长官个人贿赠黄金玉帛、名贵字画等，当更在严禁之列。联想到今天社会上有的公务人员认为收受"条把烟、瓶把酒、斤把茶、顿把饭、袋把土特产"根本不算腐败，而更严重的行贿受贿事件普遍存在而屡禁不止，就不难看出海瑞的高大和高明了。如果真的能按告示所说的"今后凡有送薪送菜入县门者，以财嘱论罪”，还怕送礼之风难以禁止吗？人民群众又是多么希望所有的政府机关和拥有一定实权的单位能够像海瑞一样明令禁止任何馈赠礼物的行为啊！

其三，这些公文佳作名篇是古代文化遗产的重要组成部分，体现了中国优秀传统文化深刻的人文精神。

传统文化本身是一个中性名词，因为任何民族的文化传统都是精华与糟粕参半，而优秀的传统文化总是体现在优秀的文化典籍之中。本书选收的60篇文章是从难以计数的古代公文中精选的优秀之作，阅读这些公文，不仅可以了解许多历史文化知识，而且能感受到其中深刻的人文内涵。从首篇《召诰》敬德保民的民本观念，到末篇《请变通科举折》批判旧制的革新精神，几乎每一篇文章都能找到一个思想亮点，都能使读者受到一定的启发。下面以几篇论及民、君、佛（神）三者关系的公文为例，来分析一下古人是如何“以人为本”的。

第一篇是唐代狄仁杰的《谏造大像疏》。当时武则天笃信佛教，令诸州大建寺庙，又拟建巨大佛像，狄仁杰为此上了这篇谏书。文章开头即开宗明义：“为政之本，必先人事。”接着以全国各地大兴土木建造寺庙，“穷奢极壮，画缋尽工”的事实，论证了它“损国财，伤百姓”的巨大危害。最后提出停止营造大像，“宽征镇之徭，省不急之费”的建议。据说武则天接受了这一建议，停止了建造大像。

第二篇是韩愈的《谏迎佛骨表》。当时唐宪宗欲将凤翔法门寺所藏的释迦牟尼指骨迎至皇宫供养三天，韩愈知道后，奋不顾身上此表章，竭力劝阻。文章先以大量历史事实说明人之寿夭和国之盛衰与佛教无关，得出“佛不足事”的结论。接着又分析了君主举行隆重仪式迎奉佛骨将会带来的社会负面影响，“天子大圣，犹一心敬信”，百姓必“焚顶烧指，百十为群；解衣散钱，自朝至暮；转相仿效，唯恐后时；老少奔波，弃其业次”，“伤风败俗，传笑四方，非细事也”。最后又指出，即使真的是释迦牟尼的指骨，毕竟其人“身死已久，枯朽之骨，凶秽之余”，不值得顶礼膜拜，并“乞以此骨付之有司，投诸水火，永绝根本，断天下之疑，绝后代之惑”。表章态度坚决，言词尖锐，执迷不悟的唐宪宗不仅未接受韩愈的建议，反而要治其死罪，经群臣说情，才贬官潮州。尽管如此，韩愈在文章中表现出彻底的无神论思想和大无畏精神不是很值得钦佩吗？

第三篇是元代李元礼的《谏幸五台疏》。当时朝廷动用巨资，扩建五台禅寺，而元成宗太后又要亲临五台，李元礼上疏劝阻。文章先陈述了兴建五台给国家和黎民带来的灾难：“五台创建寺宇，土木既兴，工匠夫役，不下数万人，附近数路州县，供亿烦重，男不暇耕，女不暇织，百物踊贵，则民将有不聊生者也。”接着列举了千乘万骑蹂躏庄稼、费用巨大劳民伤财等五条理由，证明太后不应幸临五台，希望太后能“中路回辕，端居深宫，俭以养德，静以颐神”。文章说理充分，言辞恳切，态度明朗，是非分明。实为元代不可多得的公文佳作。

以上三篇公文在内容和目的上具有共同之处，在论及民、君、佛（神）三者关系时，都遵循了统一的价值判断标准：民为重、君为轻、佛（神）不足事之。也就是说，一切事情包括最高统治者的言行举动，都应以尊重民众利益为最高标准。现代社会错综复杂，价值标准也呈现多样化趋势，宗教信仰则是公民的法定权利，我们无意批评任何宗教或有神论者，也无须统一人们的价值观念，但是建立“以人为本”的信念应是我们的共识。只要坚持以是否尊重他人的基本权利、是否符合最广大人民群众的根本利益这一标准来要求自己和衡量他人，就不会在错综复杂的社会中迷失方向。在这一点上，古代优秀公文能给我们许多有益的启示。

四

古代优秀公文具有巨大的文化含量，它能提供给今天读者的东西自然不限于以上三个方面。不同的读者从不同的角度能够从中吸收不同的营养。方春荣先生遵循“把解释的权力交给读者，把思考的空间留给读者”的原则，在编选本书时，没有对每篇文章做详细的阐释和论述，而只在“题解”中对文章的背景做了简单的介绍，对文章的意义提出简单的参考意见。考虑到古代公文均用文言写成，今人读之会遇到许多语言上的障碍，因此方先生花费巨大精力对正文作了详细注解，并给每篇文章提供了规范的现代汉语译文。虽然有学者认为全文翻译古代文本是一件吃力不讨好的苦差事，但方先生的这份劳动是绝对必要的。今天的读者要学的东西太多了，要求他们像古代学子读孔孟之经那样熟读古代公文名篇，从投入效益比看来也是很不经济的。我以为，无论是学习古人公文写作的技巧，还是借鉴古人管理经验，抑或汲取古代文化的精髓，都不必用“书读百遍，其义自现”的诵读原文的方法，能够对照注解和译文看懂原文即可，重要的是思考，结合工作实践认真思考，结合社会现实认真思考，对照其他相关课程的知识认真思考，只有这样，才能从阅读中找到乐趣，使自己的写作水平和思想水平得到提高。

我与春荣先生是小学同窗，二十余年后又执教于同一所高校，共事达二十余年，我们成为挚友既是命运的巧合也是志趣相投的结果。春荣先生教学认真，读书勤勉，治学严谨。这本《中国古代公文选》是他近几年悉心研究的成果。书成之后，春荣嘱我为之作序，作为好友不敢推托，遂成以上文字。文中第二部分参考了我与张树文先生合著的《中国秘书史》（安徽大学出版社2003年版），一些观点是张树文先生的原创，在此说明，并致谢意。

从地位显赫的史官到纵横天下的“士”

——中国先秦时代秘书制度的演变

中华民族以历史悠久闻名于世，中国秘书工作的历史也源远流长。

从理论上说，当社会组织发展到一定规模并形成相对稳定的领导人或领导集团的时候，为领导者提供辅助管理的秘书工作也就随之出现了。据此推断，我国秘书工作起源于黄帝之前的原始部落形成时期，而有史籍可考的中国最早的秘书官职则是国家出现以后的“史官”。我们研究中国古代秘书制度的演变，就从史官开始。

一、说文解字话“史”官

“史”字，小篆作“𢁺”，由“中”（中）、“又”（又）两字组成。《说文》：“史，记事者也。从又持中。中，正也。”徐铉注：“记事者当主于中正也。”按此解释，史就是负责记录事情的人，而记事者应该忠于事实，不偏不倚，保持“中正”。这里不但将“史”解释为典型的秘书职务，而且还揭示了秘书最基本的职业道德——忠于事实。

关于“史”字另一种解释是它像“手”持“中”形，而“中”乃“串”字之省，“串”像若干木片或竹简以线相连之形，与“册”相同，即古代的简牍文书档案。“又”为手形，手者持也，可解释为“掌管”，这样，“史”字本身就有“掌管文书档案（的人）”的意思。

以上两种解释，虽然对“史”字两个部件的解释不同，但“会意”的结果却是相同的，即“史”就是古代的秘书官职，其职责是记录领导集团的事情，掌管文书档案。

二、上古传说中的史官

许多典籍记载自黄帝时代起即有了“史官”一职。《史记》《汉书》都说仓颉、沮诵是黄帝的史官，负责记录黄帝言行。据传说仓颉是汉字的发明者，但后世学者多认为汉字的创造不可能出自一人，仓颉大约是对创造文字过程中贡献最大的一些人的统称。在上古时代，能够对创造文字做出重大贡献的人就是最有学问的人，这些人在传说中成了黄帝的“史官”，从一个方面说明秘书自古以来就是由文化水准较高的人来担任的。

黄帝的秘书官是否真的叫作“史官”，是值得怀疑的。从可靠的史料看，“史官”之名始见于夏代，而且在有关尧、舜、禹的传说中，也没有提到“史官”一职。因此，“黄帝设置史官”可能是后人根据当时的官制套用于黄帝时代的一种说法。

三、夏代的史官

公元前2070年建立的夏朝是我国第一个奴隶制国家。有了国家，才有严格意义上的“官职”，“史官”这一秘书官职是最早设置的官职之一。

据《夏小正》，夏朝官制有所谓三公、九卿、二十七大夫、八十一元士，共一百二十人，总数几倍于唐虞之时。重要官职有后稷、司徒、司马、司寇、司空、太史、秩宗等，其中太史和秩宗属秘书官职。太史是辅佐夏王处理国政的机要秘书长，其下还有左史、右史、遒人等从官。《吕氏春秋·先识览》有一段记载：夏桀之时，太史终古拿出其保管的“图法”（即图版和法典档案）向夏桀展示，并哭着劝谏夏桀收敛其荒淫无道的行为，但夏桀不听劝告，于是“太史终古抱其图法以奔商（投奔商汤）”。这一记载可以说明夏代的太史是以掌管文书档案为主要职掌的官职。

四、商代的史官

商代是我国奴隶制鼎盛时期，奴隶主国家政权日渐完善。商朝建立了机构庞大的中央政府，所设官职多达四十余种，官位二百四十人，分为政务官、武官、史官和事务官四类，其中史官主要从事秘书工作。商代史官中除太史仍为商王的机要秘书长外，还有名目繁多的而又分工明确的各类史官，如尹、乍（同“作”）册、卜、工、史、北史、卿史等。

商代史官可以分为以下两类四种：

第一类是处理人（统治者）与神灵和先祖之间关系的事务的神职史官，包括贞卜史官和祭祀史官。贞卜史官负责占卜事宜，解释卜兆，刻写卜辞。由于殷人尊神，凡重大行动均要占卜，请示神灵，故负责解释神灵旨意的占卜史官虽然官衔不高，对商王和其他统治者却有很大的影响力。祭祀史官主要职掌商王朝祭神和祭祖的典礼事务，负责祭坛的布置、程序的安排、人选的拟定、位次的排列等事务，他们的工作类似现代的会务工作。

第二类是处理人（统治者）与臣民之间关系的事务的人事史官，包括作册史官和记事史官。作册史官有尹、乍册等名目，原先职掌为祭祀时奉商王册命以告神灵，商代后期专门负责制作和保管重要册命文书，其性质相当于商王的文字秘书和机要秘书。记事史官的主要职掌是记录商王言行和宫廷大事，保管档案典籍，观察天象、记录历法等。人事史官执掌的事务更近似于今天的秘书工作。

商代史官的社会地位十分显赫，他们垄断神坛、把持政坛、执掌学坛，不仅对国家政治施以很大影响，同时又主管官办的贵族学校。其活动对后世文化产生了深远的影响。

五、我国最早的综合性秘书机构太史寮和西周的史官

西周时期的国家机构有所发展，中央政府形成以卿为首的政务部门“卿事寮”和以太史为首的事务部门“太史寮”并列的局面。

太史寮是我国最早的综合性秘书机构，在商代末年即已出现，但成型于西周，是为王室服务的秘书处。太史寮中有等级不同分工明确的“五史”：主官太史属六卿之一，兼管神职与人事，相当于中央政府的秘书长。小史是太史的副手，主要职掌邦国之志和贵族世系，相当于掌管贵族人事档案的秘书官员。内史也称“作册”，是为商王起草机要文件的文字秘书。外史“掌书外令，掌四方之志，掌三皇五帝之书，掌达书名于四方”（《周礼·春官·大宗伯》），可知其职在书写天子下达京畿以外的命令，掌理四方邦国的史记以及三皇五帝的典籍。御史也称“柱下史”，常侍立殿柱之下接收四方文书，还负责保管档案和典籍。

西周不仅国王设诸多史官，而且各官署和诸侯国皆设史官，据粗略统计，仅王室和中央各机构的史官即有千人以上。与殷商相比西周的史官有两个明显特点：一是神职史官地位下降，人数减少，这是因为周人认识到礼的作用大于神鬼，占卜祭神活动减少了。二是史官分工趋向精细明确，除太史寮设职掌不同的“五史”外，在周天子的王宫内还配置了专门记录国王言行的左、右史，专门保管天子印信的典瑞和掌节，以及专门为王后掌管礼仪和文书的女史等。史官的明确分工符合秘书工作发展的规律，是秘书工作发展到一定阶段的必然产物。

除史官外，夏商周三代官制中的秩宗、太宗、太祝、太卜等均为神职秘书，他们对国家社会的影响远小于史官。商代宫廷中“宰”一职原是商王的专职厨师，因经常接近天子而逐渐成为国王的亲信，西周时周王让宰掌管宫廷事务，成为宫廷内务总管，也带有秘书官的性质。

六、春秋战国时期史官地位的衰落

自传说中的黄帝时期到西周，史官是各代主要的秘书官职，其社会地位一直很高。这一情况在春秋战国时期发生了根本的改变。

东周王室和列国仍设有太史、小史、御史、女史等史官，地方政府也设有令史、丞史、佐史等。史官的数量依然比较多，但史官地位却急剧降低，其中多数人再不能像以前那样掌管政府秘书机要了。例如太史一职，在西周是“太史寮”主官，位高权重，相当于中央政府的秘书长，而到春秋战国时期，其职权削弱到仅掌记录、管理史料和天文历法。春秋时期，各诸侯国主要秘书官仍叫史官，到了战国时期，各诸侯国干脆另设秘书官职，例如秦国的尚书，魏国的主书，齐国的掌书，楚国的左徒等等。原来在太史寮中地位较低的御史的地位则有所上升。

史官社会地位下降的原因主要有二：

一是社会动荡，王室衰微。东周王室对诸侯国的控制大大削弱，天下出现了群雄并起、诸侯纷争的局面。司马迁描述当时的社会情况是：“弑君三十六，亡国五十二，诸侯奔走不得保其社稷者，不可胜数。”（《史记·太史公自序》）王室和诸侯连自身地位也得不到保障，以管理文书档案为主要职掌的史官，其社会地位下降也就成为必然了。

二是私学兴起，文化普及。史官之所以能长期身居高位，一个重要原因是秘书职务需要较高的文化水准，而在西周之前，由于贵族对教育的垄断，只有为数很少的贵族子弟可以在国家办的贵族学校接受教育，所以文化人的数量极少，史官的地位得以保持。到了春秋后期，孔子率先创办私学，主张“有教无类”，招收学生不分出身贵贱，他的学生达三千人；此后的墨子、孟子、淳于髡等人，弟子都在千人以上。私学的发展促进了文化的普及，文化人数量激增，于是秘书队伍发生了根本的变化：文化人大量补充进秘书队伍，充当国君的顾问、谋士，史官对于国君的重要意义也就减弱了。

自战国时代起，虽然各朝仍然设有史官，但除秦汉两代的御史大夫外，其余史官（如汉代司马迁担任的“太史令”）成了以保管档案为主要职掌的职务，已不是主要秘书官职，他们对国家大政的影响也就很微弱了。

七、私人秘书的出现和士阶层的崛起

从黄帝时代到西周，由于文明发展程度不高，能胜任秘书工作的“文化人”数量有限，不具备产生私人秘书的条件。私人秘书的出现是伴随着文化的普及和知识分子人数的增加才出现的。现在从典籍中有据可查的私人秘书最早出现在春秋末年，这就是一些卿大夫自己任免的“家臣”。家臣并不都是秘书，但有别于奴仆，其中文化水平高者不仅为主人掌管家政，而且常为主子出谋献策，带有秘书性质。《史记·孔子世家》记载，孔子曾为齐国高昭子家臣，孔子的弟子中也有多人当过季氏家臣。

从春秋中后期到战国时代，因社会变革对智能、知识的需求，士的社会角色由主要为武士转为主要为文士。《韩诗外传》载：“君子避三端：避文士之笔端；避武士之锋端；避辩士之舌端。”操笔弄墨的和鼓唇摇舌的都属文士，他们中的许多人成为各国国君和高官的顾问、谋士、幕僚，亦即高级秘书。战国时期活跃于各国政治外交舞台的商鞅、张仪、苏秦、韩非、李斯等，都曾经以士的身份展示自己的才能，然后被国君委以重任。

与此同时，当时上层贵族也盛行“养士”之风。著名的“战国四公子”亦即齐国之孟尝君、赵国之平原君、楚国之春申君、魏国之信陵君，以及后来秦国的吕不韦等，纳士都达数千之众，称之食客、门客或舍人。他们流品繁杂，乃至有鸡鸣狗盗、引车卖浆之徒，但仍以有文化的游说之士为主。这些门客为主人参谋策划、起草信函、承办机密事项、处理日常事务，实际上属主人的私人秘书。孟尝君门下的冯谖就是其中的佼佼者。

士无论服务于国君，还是服务于一般贵族，他们与主人都是双向选择的关系。士择明主而从，主则唯才是用，人身的相对自由为士施展才华提供了宽松的社会环境，以至于出现了我国历史上少见的秘书人才群星璀璨的景观。这种现象随着秦始皇建立大一统的集权帝国而成为不复再现的历史。

［原载《秘书工作》2005年第9期］

从尚书台取代御史府到秘书令昙花一现

——秦汉两代秘书制度的演变

一、秦代中央政府主要秘书机构御史府

公元前221年，秦始皇统一天下，建立了中央集权的封建帝国，实行三公（丞相、御史大夫、太尉）九卿（中央九个部门的长官）的政体。三公府是朝廷事务机构，九卿中除廷尉、治粟内史、典客、奉常四卿外，其余大多为替皇宫服务的私府，这些私府与三公府相混合，所以当时的许多秘书官员既是三公府官员，又属皇宫秘书人员，彼此界限划分得并不明显。

秦代“三公”都设有自己的衙门——丞相府、御史府、太尉府。其中丞相府是协助皇帝处理全国政务的行政机构，太尉府是掌管军事的机构，而御史府则是主要的秘书机构。

御史在西周太史寮“五史”中是地位最低的史官，战国时秦设御史掌记事兼纠察，为国君的亲信秘书。统一天下之后，又设立了御史府，以御史大夫为长官，与丞相、太尉并列三公。御史府的主要职掌有：

①受理公卿、百官和吏民对皇帝和中央政府的上书。

②掌管版籍、地图、法律等重要文书档案。

③负责对大小官员的监督和考察。

④受命处理皇帝临时交办的特殊事项。

⑤受命代皇帝巡视各郡县，并监理郡务。

以上职掌中，除第三、五两项类似于今天的监察、纪检、组织部门的工作外，其余四项都是秘书部门（办公厅）处理的事务，因此可以说御史府相当于中央政府的办公厅，而御史大夫则相当于皇帝的秘书长或办公厅主任。

御史府的副官叫御史中丞，下隶御史、典御史等职官。御史府内也分曹办事，其中奏曹专管拟写奏章，书曹负责收受、处理文书，令曹掌管秘令、法令，印曹则掌管刻印。在各曹中，又均设有令史，下隶吏禄等秘书小吏，处理具体的文书档案工作。

有的秘书史读本说秦代丞相府实际上是协助皇帝处理政务的“皇帝办公厅”，丞相则相当于“皇帝的办公厅主任”，这种说法值得商榷。丞相府的职责是“掌丞天子，助理万机”，“以处理日常政府事务为主要工作”，地方州县或军队有要事上书，“都送交丞相府，由丞相府整理后送给皇宫秘书官尚书，转呈皇帝，然后根据尚书转达的皇帝的口谕或批复进行议决、处理”，“凡皇帝下达的诏书，都由尚书转交丞相府，分送各相关衙门执行”。[①]从以上职掌看，丞相府乃是协助皇帝处理全国政务的行政机构。

二、秦代皇宫的秘书官职

为了加强对行政机构丞相府、秘书机构御史府、军事机构太尉府的控制，秦始皇在御史府外又设置了两类专为皇帝服务的皇室秘书。

一类是为皇帝处理具体事务的秘书官，主要有：

尚书——战国时是秦国主要秘书官。秦统一后，设御史府处理中央政府秘书事务，将尚书改为皇宫属官，设4人，为首的称尚书仆射。《通典》说：“秦时少府遣吏四人在殿中，主发书，谓之尚书。”可知其地位不高，只管殿内文书的收发，起上情下达或下情上达的作用。

太史令——史官，负责记录大事，有时代朝廷起草文书，地位也不高。

① 杨剑宇：《中国秘书史》，上海人民出版社2007年版，第74页。

符玺令——负责保管皇帝印玺的人员。

另一类是参谋性质的秘书官，是皇帝的谋士，主要有：

博士——为皇帝的专职谋士。秦始皇有博士70人，组成了庞大的皇帝智囊团，其为首者称博士仆射。博士一般通晓古今，学识渊博，备皇帝咨询。最高统治者设专门的参谋机构，这在秘书工作史上是一大进步。

给事中——侍于殿中，备顾问应对，讨论政事。

侍中——本属丞相府中办理文书的官员，因丞相常派他们往来宫中，故称侍中，后来成为侍从于皇帝左右、出入内宫的近臣。

三、秦代中央各府衙、地方政府和军队中的秘书官职

丞相府、太尉府等各大府衙内设有长史一职，是协助主官处理公务，是府衙的秘书长；另有主簿一人，具体掌管府中的秘书业务。

秦代实行郡县制，各郡县主官为郡守、县令（长），副职郡丞、县丞兼管秘书工作，其下则有主簿、记室令史、书史等专职秘书人员。

从秦代各级各类秘书机构和秘书官职的设置情况看，随着中央集权的封建国家的建立，与之相适应的秘书工作机构和秘书职官制度已经形成。秦王朝虽然只存在不到二十年时间，但秦代秘书机构和秘书官职的设置，对后世有很大影响。其后建立的长达四百年之久的汉王朝，在秘书机构和秘书官职的设置上，就基本上沿袭了秦代的体制。

四、御史府秘书职能被尚书台逐步取代

西汉前期，沿袭秦制，御史府仍为中央政府主要秘书机构，其职权有所增大，某些制书、诏书须经御史大夫过目，再发往丞相府，然后由相府发往各部门办理；下级部门或地方官署上呈的文书，也由御史初阅筛选，对违反圣意或不合规范的公文，予以筛除，直至弹劾上呈该公文的官员。御史大夫配有副职御史中丞，下隶御史30人，侍御史15人，分别处理中

央与地方往来文书，并配符玺侍御史专管皇上的玉玺符节，治书侍御史则在皇帝身边记录言行。

汉初“三公”皆由开国功臣担任，其权力日渐扩大，尤其是丞相位尊权重，大有架空皇帝的趋势。为了防止相权超越皇权，汉代最高统治者采取了一系列削减“三公”权力的措施，重用尚书并设立尚书台就是重要措施之一。

汉武帝为削弱“三公”之权，启用了皇宫所属尚书，掌管中央政府的机要，并以宦官为尚书之职，称为“中书”。尚书在秦代仅是负责内外传达的一般秘书职务，武帝后成为重要的秘书官。西汉末年，汉成帝将尚书署升为尚书台，以尚书仆射为其主官，并复用士人充任。哀帝时，尚书台已经成为皇帝实际上的机要秘书处。到东汉光武帝时，中枢机要进一步“政归台阁”，握有“主赞奏事，总领纲纪，无所不统”的重权，它不仅取代了御史府的大部秘书职权，而且取代了丞相府的一部分行政权，成为皇帝以下各官府的权力中心，而丞相府和御史府反倒成为陪衬。到东汉中期以后，实权又逐渐转移到太尉府。

汉成帝建尚书台前，尚书仅4人，建台时增至6人。东汉光武帝时尚书台编制猛增至67人，尚书台内有尚书令1人为主官，尚书仆射1人为其副，六曹尚书各1人，每曹又有尚书侍郎6人，尚书令史3人。

两汉前后跨越四百多年，秘书机构和官职变化较大。从尚书台的发展过程看，它在西汉时期基本上是一个以掌管机要为主要职责的秘书机构，东汉前期尚书台虽然重权在握，但毕竟是通过参与机要、出纳帝命、办理章奏等秘书业务影响皇帝而干预政务的，还不是直接执行政务的机构，从机构设置的目的和职掌看，它仍然具有秘书机构的性质，这同魏晋以后中央政权的行政机构“尚书省”是有差别的。

五、汉代皇宫其他秘书官职

虽然尚书台后来成为实际上的中央政府的机要秘书机构，但从编制上仍属皇宫秘书机构。除此之外，皇宫还设有两类秘书官职。

第一类是以参谋言谏为主要职责的秘书职务，主要有：

博士——其职能如同秦代。到汉武帝“罢黜百家，独尊儒术”后，博士的职责转为专事学术研究，负责儒家经学的阐释、讲授、传播，成为学者，失去了皇帝智囊的作用。

郎官——代替博士职能的殿廷侍从，能直接接近皇帝，其中起参谋、顾问作用，带有秘书性质的郎官主要有：

谏大夫，东汉改称谏议大夫，职责为直言极谏，提醒皇上之阙失。

中大夫——后称光禄大夫，备顾问应对，并常被派往各地办理救灾、选士、社会调查等事宜。

议郎——专掌顾问应对的低级参谋。

第二类是宦官充任的贴身秘书，主要有：

中常侍——出入宫廷，侍从皇上，传达诏令，掌管机要文书。

侍中——往来殿中奏事，后被提升为“切问近对”的侍从顾问，品秩虽低，权力颇大，并有了办事机构“侍中寺”。

黄门侍郎——侍从皇上，传达诏命。

中书令——汉武帝时设此官，负责为皇帝起草诏令，掌管机要文书，颇有实权。

六、王国、地方政府中的秘书机构和秘书官职

汉初分封皇帝子弟和功臣为“王”，各有王国，王国内秘书机构和秘书官员设置，与中央相似。“七国之乱”后，王国权力被削弱，其官职设置遂与地方郡府相同。

王国之外的地区设郡县，汉武帝后，增设州一级行政机构，全国分为十三个州，长官为刺史，东汉后又改称州牧，州的辖域较大，相当于今天省级行政机构。州、郡、县各级地方政府中的秘书官职名称基本相同，如副职“丞”均兼掌秘书事务，主簿在各级政府中都是主要的秘书官职，相

当于今天的办公厅主任，如汉代末年被曹操杀掉的杨修的职务就是“丞相府主簿”；书佐则是负责起草公文的文字秘书。各级政府中还设置了专门的秘书机构“记室”专管起草、收发文书，相当于今天的秘书处（科）。

七、以“秘书”冠名的秘书官职的出现

东汉时期，我国历史上第一次出现了以“秘书”二字冠名的秘书官职。

《汉书·刘向传》曰：“诏向校中五经秘书。”这里的“五经秘书”，皆指图书秘文。秦始皇焚毁六国图书档案后，社会上文献极为珍贵，汉初，统治者为政治需要，广泛搜集社会上遗留的图书文献，集中于宫中秘藏，故称“秘书”。此“秘书”指的是物，而不是指人。

东汉建和三年（149），汉桓帝刘志在朝廷首置“秘书监”一职，其职责是“掌典图籍秘书”。（《太平御览》）朝廷以“秘书”名称任命官员，这在我国历史上是第一次，这个官职虽以“秘书”冠名，但从其职掌看，仅是管理图书档案的官员，虽然也是秘书工作的一项内容（南北朝之前，图书和档案没有明显的区别），但不是主要的秘书官职。

作为主要秘书职务并以“秘书”冠名的名实相符的秘书官职，是在东汉末年出现的。建安二十一年（216），汉献帝封曹操为魏王，“魏武佐汉，初建魏国，置秘书令，典尚书奏事”（《文献通考》），下隶秘书左丞和秘书右丞两副职。秘书令统领魏王府整个秘书工作，掌管王命的撰拟、传达等事务，其职责类似现代的政府秘书长。

“秘书令”一名在秘书史上昙花一现，仅存几年时间，公元220年魏文帝曹丕废汉称帝后，就把“秘书令”改为“中书令”，此后各朝直到清代末年，以“秘书”冠名的官职如“秘书郎”“秘书丞”之类，都不是主要秘书官。虽然如此，这一职名对我国近代秘书名称的正式确立仍有重大影响。

［原载《秘书工作》2005年第10期］

从三省制兴盛衰废到翰林院独掌机要

——魏晋南北朝到元代秘书制度的演变

一、“霸府”现象和“三省制”的形成

魏晋南北朝时期的各个王朝，都是由手握军权的权臣建立的。他们在正式取得皇位前，任用一批人组成一套机构，完全在正规官制之外，自由行使权力，历史上称这些权臣所独自掌握的实权机构为“霸府”。

公元216年曹操设置的“秘书令”本为魏王府内的幕僚职务，四年以后曹丕废汉建魏称帝，旋即以其府中的幕僚组成新王朝的中央秘书机构，使王府的私人秘书一夜之间成为中央政府的秘书首领。这种现象在魏晋南北朝时期各代一再重演。到隋朝建立时，随着“霸府”在历史上消失，后代再没有出现过。

魏晋南北朝的官制，上承两汉，下开隋唐，是由秦汉的三公九卿制向隋唐的三省六部制演进的过渡形式。汉武帝开始，尚书和尚书台地位日渐重要，魏晋以后，尚书台（南朝梁改称尚书省）从皇宫内廷独立出来，成为中央执行政务的行政机关。尚书台（省）由内廷的机要文书机构变为外廷的行政机构以后，为了满足收发文书、起草和传达诏令的需要，从魏晋开始，另设中书省为文书处理机关，其长官为中书监和中书令。对中书省起草的诏令，皇帝又用亲近侍从参与审议。晋代时，将自东汉起就设于内廷的侍中寺改称门下省，以侍中为长官。至此，一直延续到宋代的“三省

制”已初步形成。

三省之间的关系是“中书出令，门下审议，尚书执行”。其“中书出令”并非说中书省是发布命令的机关，而是说中书省是起草政令的机关，它根据皇帝的旨意起草的政令要经过门下省审议，最后由皇帝亲自批准，才能成为国家的法令，然后交尚书省执行。从三省的分工看，门下省属审议机关，尚书省是行政执行机关，中书省则是典型的中央政府的秘书机关。当然，起草政令必然对国家大政有重大影响，加上中书省设于宫中，接近皇帝，所以其长官中书令实际上掌有相当大的实权，但中书省的机构性质则仍然是秘书机构。

二、中书省内的官职设置和职能的变化

中书省主官初为中书监和中书令两职，隋废中书监，只留中书令（隋代为避隋文帝之父杨中之讳，改“中书”为“内史”，唐初恢复）。

中书舍人为中书省内最主要的秘书官，南朝梁陈时设中书舍人5人，唐代定额为6人，“掌侍进奉，参议表章、凡诏旨制敕、玺书册命，皆起草进画，既下，则署行”（《旧唐书·职官志》），“凡百司奏议考课，皆预裁焉”（《新唐书·百官志》），“天下政务，莫不关决”（《职官分纪》）。可见中书舍人虽然官位不高（正五品上），但专掌诏书拟制，参与机密，实际上是皇帝的高级秘书。

中书省内还设有通事舍人（负责皇宫礼仪）、起居舍人（负责记录皇帝起居言行）、主书（负责保管文书，抄写诏敕）、书吏（负责文书抄录誊写）等中低级的秘书职务。

中书省除一直是中央政府的主要秘书机构外，在唐代还参与朝廷各种重大活动，唐代前期中书令是朝廷的宰相，“掌军国之政令”，其副手中书侍郎“参议邦国之事务，朝廷之大政”，此时的中书令和中书侍郎实际上是行政长官，不是严格意义上的秘书官职，但中书舍人则始终是朝廷的秘书官。唐代后期，中书省的职权有所削弱。

宋代中书省内设有通进司、银台司（因司署位于银台门内而得名），后来合为“通进银台司”，其主官是“知通进银台司”。该司职责是：“掌受三省、枢密院（军事机构）、六曹及寺、监、百司奏牍，文武近臣表疏，及章奏房所领天下章奏案牍，具事目进而颁布于中外。”（《宋史·职官志》卷一百六十一）可见，它是宋代上下公文总枢纽机构，是朝廷的咽喉。

三、门下、尚书二省秘书官职和秘书机构

审议机构门下省的主官为侍中，其职责为出纳帝命，议论朝政，过问朝廷大小事务，其职掌有一部分属于秘书工作，但门下省主要职责是审议，因此总体上看不能算秘书机构，其主官侍中也不是朝廷的主要秘书官。在门下省内的主要秘书官职是给事中，其主要职掌是驳正臣下有违误的章奏；其次是起居郎，他与中书省的起居舍人一起负责记录皇帝的言行；另有符宝郎掌管皇帝的玉玺。

在国家行政机构尚书省内，设有直属的办事机构——都省，是尚书省的“办公厅”；尚书省下分六部办公，各部设有“都事”一职，负责收发文书等秘书工作，是真正的秘书官。

四、唐、宋两代中央其他秘书机构和官职

翰林学士院——“翰林”原意为“文人集中之处”，唐初于宫中置翰林院，为文人内庭供奉之所，只备临时差遣。唐玄宗开元年间，为限制中书省权力，启用部分翰林为皇帝起草重要文件，皇帝任命将相、册立太子、宣布征伐等重要文书，皆由翰林学士起草。翰林学士实际上成为皇帝的机要秘书。宋代这一机构称“翰林学士院”，翰林学士除起草文件外，还侍从皇帝以备顾问应对，翰林学士院遂成为皇帝的机要秘书处，取代了中书省的部分重要职权。

秘书寺、秘书省——自晋代起中央政府设有“秘书寺”，隋代改为“秘书省”，隋代的秘书省与尚书省、内史省（即中书省）、门下省、内侍省（皇宫总务部门）并称“五省”。秘书寺和秘书省虽冠以“秘书”二字，但并不是主要的秘书机构，其职掌为收集、管理历史档案和本朝档案，并根据档案史料撰修前朝国史。性质相当于今天的国家档案馆。

匦使院和鼓、检两院——公元684年，武则天称帝。为巩固皇位，打击政敌，在中书省设立了一个特殊机构——匦使院，其主管官员称“知匦使”。匦是一种铜铸的大匣，置于宫门外，形如小舍，相当于一只巨大的信箱，四面均开有可进不可出的投书口。有匦始有院，匦使院就是专门管理大匦的机构，它是一个名副其实的信访机构。武则天设置匦使院的主要目的是鼓励告密以网罗罪名打击政敌，她规定告密不实者不予追究，而那些审理告密信的官员多为酷吏，所以造成许多冤假错案。尽管如此，匦使院的设立毕竟从形式上开辟了一条最高统治者了解下情的渠道，它是我国最早的中央政权的信访机构，在秘书史上具有重要意义。

宋代中央分设两个不同层次的独立信访机构——鼓院和检院。鼓院是初级的信访部门，宋初叫作鼓司，后改称登闻鼓院。仿照唐代的匦使院，在院门前放置大匦，供投书用，如无人受理，则可击鼓。检院原称匦院，为高一级的信访部门。检院门前也置有匦，凡吏民人等投书鼓院未被受理，或感到处理不公，可再向检院投书。由于设立了两级信访部门，上书者就多了一次投书的机会，不至于上书被一个部门扣压，这是信访工作的一大进步。

五、辽、金、元翰林院独掌机要和三省制的废除

辽、金是两宋时期北方少数民族建立的政权，元代是蒙古人在北方建立的政权，灭掉金、宋后统一了中国，元王朝统治全国近一百年（1271—1368）。这三个王朝都是少数民族建立的军事帝国，在秘书工作方面有相似之处。

辽代中央实行特殊的南北两面官制。北面官管理皇宫事务和契丹等北方民族的居民，南面官管理汉族居住地区的行政事务。北面官中的“大林牙院”相当于宋代的翰林学士院，负责为皇帝起草、颁布重要文书，是皇帝的机要秘书机构。辽代统治者仿唐宋在南面官中仍设中书、门下、尚书三省，但因南面官不掌实权，故其官职虽略同于唐宋，但中书省已不是朝廷主要秘书机构。

金代初年仍虚设三省，但以尚书省统领中书、门下省，改变了三省并列的体制。天德年间，金主完颜亮废中书、门下二省，仅留尚书省总揽政务。至此三省制实际上已经废除。金代皇帝的机要秘书处是翰林学士院，主掌诏令的起草。

元代统一中国后，将翰林院分为两部——翰林兼国史院和蒙古翰林院。翰林兼国史院由汉族文人组成，主掌保管国家档案和修撰国史，还设有侍读学士、侍讲学士等陪同皇帝和皇族子弟读书，主要是一个学术性质的机构。蒙古翰林院负责撰拟、翻译皇帝的机要文书，是皇帝的机要秘书处。

元代实行中书省、枢密院、御史台三足鼎立的官制，枢密院掌军事，御史台掌监察，中书省掌行政。不设门下、尚书省，这时的中书省实际上就是唐宋时期的尚书省，且行政权更为集中，已经完全不是秘书机构了。元代为了加强对地方的行政控制权，还在地方设“行中书省”，代表中央政府管理地方事务，是为“行省”制度，现代省一级行政区划即源于此。

到明朝初年，朱元璋完全废除了中书省，“中书省”这个在秘书工作发展史上具有重要地位的机构连名称也从历史上消失了。

六、唐、宋、元代地方政府中的秘书官职

唐、宋两代地方政权中出现了判官、孔目等新的秘书职务。

判官——唐代中央政府特派担任地方临时职务的大臣都要自选中级官员奏请批准充任判官，以作为自己的助手。唐中期以后，节度使、观察使

均有判官。宋代沿置于各州、府，选派京官充任时称“签书判官厅公事”（简称签判），各路长官均设判官，职位略低于副职，职权相当于今天的秘书长。元代判官分设于各路总管府、散府及州。

孔目——地方政府中掌管文书档案的官职。《资治通鉴·唐玄宗天宝十载》胡三省注：“孔目官，衙前吏职也。唐世始有此名，言凡使司之事，一孔一目皆须经由其手也。”宋时内外衙署，多设此职。

宋代还出现了两种没有官品的低级秘书吏员——押司和贴司。押司是中央各官署到县府中都设的专门办理案牍的吏员，相当于文书保管员，《水浒传》中的宋江就是郓城县的押司，他掌管往来公文，所以能看到捉拿晁盖的机密文件，从而冒死前去通风报信；贴司的地位更低，只承担抄写文书等事务。

辽、金、元三代，由于皇帝和地方政府的主官为契丹、女真、蒙古人，而属官既有少数民族人，也有汉人，公文往往需要多种文字的文本，这就需要有人从事公文翻译。三代州以上官署中设有专门从事公文翻译的秘书职务——译史。元代还设有为蒙古族或色目族官员充当口头翻译的官员——通事。

元代统治者尚武，各官署和地方政府的主官多由武将担任。他们文化水准较低，不得不任用汉族文人为助手，这些由汉人充任的低级职务统称“吏员”。据《元史·百官志》记载，在三十余种吏员中，有九种属于秘书职务，它们是：负责处理公文事务的案牍吏员令史、司吏、书吏、典吏，负责传达、催办等事务的传达吏员宣使、奏差，负责掌印的知印，以及负责翻译的译史和通事。

［原载《秘书工作》2005年第11期］

从内阁六科制的确立到书吏之害形成

——明清两代秘书制度的演变

一、明代的内阁六科制

朱元璋建立大明王朝后，开始沿袭元制，由中书省总领全国政务。为巩固皇权，朱元璋于洪武十三年（1380）以擅权挠政为名，杀中书省丞相胡惟庸，并下令撤销中书省，废除丞相一职，由皇帝自任宰相，吏、户、兵、礼、刑、工六部直接对皇帝负责。为适应这种集皇权、相权于一身的体制，必须设立庞大的秘书机构来协助皇帝处理政务，因此明代的秘书机构体制与前代相比有很大的变化，史称“内阁六科制”。

1. 内阁的秘书职能

洪武十五年，朱元璋在宫内设文渊阁，从翰林学士中选择可信者入阁备顾问，“详看诸司奏启，兼司平驳”，此为内阁之始。内阁正式建于惠帝建文四年（1402），是年永乐皇帝占领南京，“开内阁于东门角内”，以解缙等7人组成内阁。京都迁至北京后，内阁设在今故宫午门内东南角。凡入内阁者，成为内阁大学士，其官品并不高（正五品）。

内阁之职掌，大致是参预机务，充当顾问，出纳帝命，收阅奏章，起草诏诰谕敕，典藏御笔文书、档案、图书以及一切文书记录整理等。到仁宗以后，内阁之权始扩大，宣宗宣德年间，内阁始增加票拟（即在奏章上写上初步处理意见，类似近日之“拟办”）和面议大事之权。世宗嘉庆时，阁权进一步扩大，“各部之事，皆听命于阁下”。皇帝之事，“每召内阁造膝密议，人不得与闻”。虽然内阁权力不断扩大，但从其机构性质看，明内阁实为皇帝的机要秘书处，而迥异于现代西方君主立宪政体下的作为中央政府的“内阁”。

2. 六　科

明代皇帝自任宰相，直接领导六部，为此设立了专门协助皇帝处理六部事务的秘书机构——六科。六科并非六个不同的办事机构，而是于午门外东、西朝房内集中办公，只是具体分管与各部的联系而已。吏、户、礼、兵、刑、工六科各配都给事中、左右给事中各1人，给事中若干员。给事中官位很低（七品官），但他们直接对皇帝负责，六部章奏必经其手，“凡制敕宣行，大事复奏；小事署而颁之；有失封还执奏”（《明史·职官志》）。皇帝通过六科了解各部贯彻政令的情况。明末万历年间，张居正实行改革，将六科划归内阁管理。

二、明代的宦官秘书机构

从秦始皇的机要秘书赵高，到慈禧太后的宠信秘书李莲英，我国历史上一再出现宦官秘书掌握机要大权而干预国家政治的现象，每次干政的结果都造成了国家政治更为腐败，有时导致政治动乱，成为封建王朝垮台的重要原因。其中东汉、唐代后期和明代中后期的宦官干政比较典型。

明朝初期，鉴于汉唐以来宦官专权之弊，对宦官人数加以限制，朱元璋曾命令“内宦不得干预政事，预者斩”。但明成祖争夺皇位时得到宦官的支持，开始任用宦官。成祖以后，皇帝大多沉湎享乐，疏于朝政，加上想利用宦官限制内阁的权力，开始在内廷启用宦官掌握机要大权。明中期以后，宦官在组织上逐步形成庞大的机构，有所谓十二监、四司、八局，计二十四衙门之设。其中的内侍机构司礼监演变成皇帝总掌朝廷核心机务的秘书处。明后期宦官成为一股强大政治势力，皇帝通过司礼监控制内阁票拟权，并授予司礼监批红权（就是对内阁票拟的奏事文本，代皇帝用朱笔予以判定）。“内阁之票拟，不得不决于内监之批红。”司礼监下所设掌印、秉笔、随堂太监权尤重。秉笔太监并兼任东厂（为宦官控制的特务机构）提督之职。司礼监秉笔太监魏忠贤得宠后兼掌特务机构东厂，专断国政，大兴党狱，殊杀忠良，形成了历史上最黑暗的“阉党之乱”。

除司礼监外，明代宦官机构系统中的尚宝监、印授监、文书房、中书房、礼仪房等皆属秘书性质机构。

三、明清两代中央政府的文书收发机构——通政司和奏事处

通政使司是明初洪武十年设立的中央政府“掌受内外章疏敷奏封驳之事”的官署。依明太祖朱元璋意，政犹水也，欲其常通，故以通政为名，简称通政司。掌出纳帝命、通达下情、关防诸司出入公文、奏报四方臣民建言、申诉冤屈或举告不法等事。其职掌较宽，既是明代中央收发公文的总机构，又兼有收受吏民的申诉陈情等其他功能。

清沿明制，也设有通政使司，职掌与明代略同，直到光绪二十八年（1902）才撤销。

清代雍正皇帝即位后大兴密奏之风，他于通政司外又设立了一个专门收受密奏的机构——奏事处。此后通政司主要收受例行公文，而涉及机要的密奏则由奏事处受理。

四、精干高效的秘书机构——清代军机处

除文书出纳由通政使司长官外，清代初年延明代内阁制，由内阁总领朝廷秘书事务。康熙皇帝时在内宫设立南书房，接管了内阁的部分批签题本、草拟诏旨的职能，内阁和南书房遂并为皇帝秘书机构。乾隆以后，机要事务转由军机处办理，内阁成为仅办理例行事务的无关紧要的秘书

机构。

雍正七年（1729），因西北两路用兵而设“军机房”，三年后改为军机处。起初为处理战事的临时军务机构，乾隆时成为常设机关，直至清末。军机处之职掌主要有：起草谕旨，收受奏折，参赞军国机务，参议重要政务，充当皇帝的参谋顾问等。它实际上是皇帝亲信的机要秘书处和参谋部。

军机处无正式衙署，无专职官员，全部工作由军机大臣主持。军机大臣正式称谓是“军机处大臣上行走”，其数无定额，任期无限止，最多时有十人左右。

军机处设军机章京办理一切事务，军机章京俗称“小军机”，初期军机章京无固定额数，由军机大臣在内阁中书等官中选调，最多时为三十二人，光绪三十二年（1906）确定军机章京额数为二十人。

作为皇帝直接控制的机要秘书机构，军机处具有人员精干、办事效率高和高度保密等特点。军机处的这些特点可作为今天设置秘书机构的借鉴。

五、清代的“书吏之害”

清代内外各官署中负责文书起草、修改、缮写、收发，以及文卷、册籍、账簿保管的文员通称书吏。他们有许多名目，依所在衙署高低、性质和所处理文书的具体内容，“依役分名”，有京内京外之别。京内之吏有三：一曰供事，二曰儒士，三曰经承。京外之吏有四：一曰书史，二曰承差，三曰典吏，四曰攒典。书吏是没有官品的一般职员，却是政府职能的实际执行者，是国家机器整体链条中的重要环节。

清代许多官员有的因科举而得官，只精通八股文，根本不了解民情世故；有的沉湎于享乐，饱食终日，无所用心，缺乏治政能力。各级官僚的昏庸无能，加上清代律令的繁杂，造成了主官对书吏的依赖，处理政务的实权逐渐被从事具体文书工作的书吏所把持。书吏位卑权重，作弊枉法，上下勾结，四处串通，在行政司法事务中把持案牍进而控制政权，甚至挟制主要官员。这种现象在清代非常普遍，历史上称为“书吏之害”。雍正皇帝钦批的《州县事宜》（田文镜撰）专门描述了书吏驭官作弊的情况：“（县官）赴任之初，迎接跟随，皆是窥探之计；即任之日，左右前后，无非伺察之人；家人亲友，择官之所亲近者而先致殷勤；举止动静，就官之所好者而巧为迎合。官而爱财，彼则诱以巧取之方，而于中染指；官而任性，彼则激以动怒之语，而自作威福；官而无才，彼则从旁献策，而明操其权柄；官而多疑，彼则因事浸润，而暗用其机谋；官喜偏听，彼则密讦人之阴私，以倾陷其所仇，而快其私忿；官好慈祥，彼则扬言人之冤苦，以周全其所托，而图其重贿；官恶受赃犯法，彼则先以守法奉公取官之信；官喜急公办事，彼则先以小忠小信结官之心；官如强干，彼则依官势以凌人；官如软弱，彼则卖官法以徇己；官如任用家人，彼则贿通家人以为内应；官如听信乡绅，彼则联结乡绅以为外援。”

由于书吏之害的蔓延和发展降低行政效率，加剧了吏治腐败，腐蚀了国家机构，对清代的皇权统治构成了威胁，清廷曾多次试图予以治理，如规定书吏五年一换等，雍正初年和光绪年间曾两次大规模地裁汰书吏，但因封建政治的腐败，决定了书吏之害产生的原因无法消除，所以没有取得实质性的成果，书吏之弊直到清亡也未完全革除。

六、清代幕僚的盛行

与书吏之害伴生的一种普遍社会现象是幕僚的盛行。清代各级地方官员，一般上任之始就自带幕僚多人，少则三五人，多则十余人。幕僚实际上是地方官员自行聘请的私人秘书或顾问，不属于国家官吏。主官与幕僚的关系是主宾关系，双方合则留，不合则走，人身相对自由。幕僚的报酬由主管官员私人支付，他们只对主官负责，而不对国家负责。主官聘请幕僚，也注重他们的才能和与自己的关系。一般来说，幕主对幕僚深信不疑，不但给他们参谋权，在许多事情上还授予决策权。幕主对幕僚往往给以很高的礼遇，以宾客相待，视为师友，故幕僚又有“幕友”“师爷”“幕宾”等称呼。幕僚的地位和待遇远远高于一般公职秘书官吏，一些科场失意的文人往往乐于充当幕僚。清代许多名人有当幕僚的经历，如著名文学家蒲松龄，著名学者章学诚、汪辉、冯桂芬，著名政治家林则徐、李鸿章、左宗棠等人，都曾经当过幕僚。

据杨剑宇先生分析，清代幕僚盛行有以下三方面的原因：其一，相当一部分主官昏庸无能，难以胜任政务，而官衙中事务日繁，只得延揽幕僚相助。其二，由于科举制度以八股取士，考场中舞弊现象盛行，考选出来的秘书官员，大都素质低劣，难以胜任秘书工作。其三，清代地方官衙书吏猖獗，地方官多存戒心，所以聘请幕僚来代替和约束书吏。[①] 除上述三点外，还有一个很重要的原因，那就是官场的腐败。幕僚不从国家拿俸禄，一个官员要任用几员幕僚，就要支付相当多的薪酬，这些开支不可能从主官的正常俸禄中支付。清代官员的主要收入不在朝廷俸禄，而在贪污受贿，这几乎是公开的事实，所谓“三年清知府，十万雪花银”就是最形象的描绘。由于主官在任上有大量的职外收入，所以他们从这些贪污受贿银款中拿出一部分来聘请私人秘书，就一点也不感到心疼。这是各级官员乐于聘用多名幕僚的重要的经济方面的原因。

鸦片战争以后，随着国门打开，西方近代科学、政治和文化思想逐渐为我国一些开明知识分子所接受。这些接受了近代观念的知识分子被当权者聘为幕僚后，又进一步影响了幕主，从而推动了近代洋务运动的进程和维新变法运动的发生。

［原载《秘书工作》2005年第12期］

① 见杨剑宇：《中国秘书史》，同济大学出版社1988年版，第283—284页。

从总统府秘书处设立到文书制度的全面改革

——孙中山领导的南京临时政府的秘书工作

1840年鸦片战争使中国社会发生了巨大变化，但是秘书工作并没有发生实质性的变革。辛亥革命后建立的南京临时政府，虽然存在不到一百天，但它对中国秘书工作的影响却非常之大。它的成立是中国古代秘书史和中国现代秘书史的分水岭。

一、南京临时政府的秘书机构

1911年10月，辛亥革命爆发，推翻了封建帝制政权。1912年1月1日，南京临时政府成立，孙中山就任中华民国临时大总统，中国第一个资产阶级共和国性质的全国性政权建立。政权性质的改变必然引起秘书机构和秘书制度的改变。南京临时国民政府对秘书机构进行了比较彻底的改革。

1. 总统府秘书处

根据《中华民国临时政府组织大纲》，南京临时政府实行总统制，不设内阁，由临时大总统直接统领各部。因此总统府秘书处实际上就是中央政府的总秘书机构。秘书处的职责包括：草拟各种文件、批答各方面来的公文函件，处理总统府日常事务，向秘书长并向总统提出一些有益于国计民生的建议。中央政府各部、各地方行政机构和公民向中央政府递送的文件，都由总统府秘书处收受并做出初步处理。从这些职责看，总统府秘书处的工作已经包括政务性工作、业务性工作、事务性工作三个方面。

总统府秘书处设秘书长一人，秘书若干人。秘书长的职责是“总揽各项文秘事务和日常工作”，秘书则办理各项具体事务。

2. 中央政府各部的秘书机构

总统府统辖九个部，各部设专门的秘书机构承政厅（也有的叫秘书处），《南京临时政府内务部承政厅办事规则》规定：“承政厅置秘书长一员，承总长之命，总理厅务，并掌管机要文书。”承政厅下又分若干处，如内务部承政厅设有文牍处、收发处、监印处、纂辑处、庶务处、会计处等六处，每处置秘书（相当于处长）一员，“承总长之命，分掌其事务”。另置文牍员、书记员、监印员、收发员、缮写员、调查员、应接员、录事等一般秘书人员。

3. 地方政府的秘书机构

南京临时政府虽被各省尊奉为中央政府，但实际上它并不能完全控制各省的行政，因此，在临时政府存在的短暂时期内，各省的机构设置没有统一。就秘书机构而言，各省秘书机构名称有秘书处、秘书局、秘书厅、文书局、文书部、总务厅、参事处等。而各府、县则设秘书处、总务课等机构。

地方政府一般设有两个秘书机构，秘书处（厅）、文书局（部）以文书处理为主要职责，而总务厅（课）则以掌管政府机关的日常事务为主要职责。

二、南京临时政府对秘书人员的选用

南京临时政府和它所管辖的各级新政权中的秘书人员，主要来源于两个方面：

第一，从早期革命党人中聘任。早在1894年，孙中山在檀香山组织建立革命团体兴中会；20世纪初，黄兴在湖南组织华兴会、蔡元培在浙江组织光复会，其他地方也纷纷建立革命团体。1905年这些团体联合组成以孙中山为总理的同盟会，这是中国第一个具有资产阶级政党性质的全国性组织。早期革命团体的革命活动，锻炼了一大批革命党人，这些人成为南京临时政府的中坚。临时政府秘书队伍的骨干力量就是从早期革命党人中聘任的。例如，总统府秘书长胡汉民（1879—1936）早在同盟会成立时就加入了该组织，并先后任评议部议员、书记部书记、《民报》编辑等职，多次参加孙中山领导的反清起义，这样既有革命经历，又有秘书工作经验的老同盟会员（其实当时仅32岁），自然受到临时政府重用。再如后来成为中共著名活动家的吴玉章同志，是同盟会最早的会员之一，早在1905年同盟会成立时就担任评议部评议员，在革命党内享有较高的声望。孙中山任临时大总统时，他辞谢了内务部局长和参事的委任，而接受孙中山先生的邀请，到总统府秘书处当一名没有官衔的秘书。

第二，从前清政府的吏员和幕僚中考察选用。考察的方式有两种：一为考试，旧政权文职人员欲在新政权任职，须参加考试，通过后派往各部门任“课员”或“司书生”（见习秘书），办事三个月后再甄别品行成绩以定去留；二为访察，凡有“吸食鸦片”“性好冶游”者，不得留用，如果经访察确定人品端正、办事谙练兼通新政者，可免其考试，派充各课课员。这种从旧政权秘书人员中选用的人在临时政府和各地新政权中多充当普通秘书，但是他们人数众多，加上对他们的甄别和整顿很不彻底，致使新政权的秘书队伍出现鱼龙混杂的现象。

三、南京临时政府对文书工作的变革

南京临时政府对延续两千年的封建帝制下的文书工作制度做了比较彻底的改革。

1. 对公文名称的改革

为适应政权性质的改变，南京临时政府废除了上行文章、表、奏、议，下行文制、诰、诏、敕等带有封建色彩的公文名称。

1912年1月19日，法制院即制定了新的《公文程式》，并由“大总统令”正式颁布。《公文程式》规定“行用公文”分为以下五种：

> 甲、上级公署职员行用于下级公署职员曰“令”，公署职员行用于人民者曰“令”或“谕”。
>
> 乙、同级公署职员互相行用曰“咨”。
>
> 丙、下级公署职员行用于上级公署职员及人民行用于公署职员者曰“呈”。
>
> 丁、公署职员公告一般人民者曰“示”，但经参议院议决之法规，应由大总统宣布者曰“公布”。
>
> 戊、任用职员及授赏徽章之证书曰“状”。

不久，临时政府内务部又在一份复函中对以上公文名称和用法做了补充和解释：“《公文程式》所指各种外，尚有一种曰‘批’……‘批’‘谕’‘令’等之义别：凡上级公署职员命下级公署职员或职员命人民者曰‘令’；凡命令含有劝导之意者曰‘谕’；凡受有呈词而裁决判断之者曰‘批’。”另外还明确规定行用于“外国之公文”为“照会”。

2. 对公文格式的改革

临时政府内务部对公文的形式做了非常具体的规定：“文式：勿论何项公文，不限页数，随文而止。”“行式：除首尾职名、人名及叙事中应行另提勿论外，即紧接‘此谕’‘此咨’等字样。”“字式：凡在咨、谕、照会、令等文，其折面之咨、谕等字及折内职名、人名各字，均比叙事字约大一倍，在呈文则一律相等。”“折面居中书文种并用印，折内首页首行仅书某职某文种，次行即紧接叙事，底页居中书年月日，并齐年盖月用印。”南京临时政府成立的第二天，就通告各省改用阳历，以1912年为中华民国元年。此后，所署月、日均为阳历。

临时政府还对公文中收文者的称呼做了规定，废除“大人”“老爷”等称谓，一律称现任职务，如“科长”“部长”，对无职务者则一律称“先生”或“君”。

3. 对公文处理程序和制度的改革

南京临时政府在文书处理程序上也做了改革，明确要求：各级机关应大胆负责，在明确职责的前提下，直接办理应行自办之事，坚决摒弃“呈请转饬”的文牍主义。1912年3月7日的临时大总统令明确指出：“查公务以敏迅为归，事权以分任为主。近来各部局于应行直接自办之件，每每呈请转饬前来，既滋旷日之嫌，复乖负责之义，殊属不合。以后除呈请核办、存案备查及呈候咨交参议院决议等类，应行具呈本府外，其各该部局等互相咨商之件，统应直接办理，以期简当，而明事权。”

根据这一精神，临时政府各部局根据本部门具体情况，对办文的时限和文书处理程序做了具体规定。如财政部规定：“各厅、司除紧要公文即时赶办或重大问题尚待研究外，其余各种事件，应限定日期，当时挂号，次日呈阅发科，第三日办稿，第四日送稿判行，第五日清稿发送，自收文至发送，不得逾五日。”文件处理的具体程序规定为：外来公文由外收发收缴，送承政厅收发课拆封、粘面、摘由、注明日期、编列号数，依次登记于总收发文簿。登记毕，连同号簿送厅长检阅，加盖戳记，分送各司。其事属机密或不归各厅、司文件，交秘书处理。

南京临时政府还出版了《临时政府公报》，主要用来发布非属秘密的通行公文，“宣布政令，发表中央及各地政事”，内容包括法制、令示、纪事、电报、抄译外报、杂报等。《临时政府公报》开始出版于1912年1月29日，每日一期，至南京临时政府结束为止共出五十八期。临时政府规定：凡是刊登于《公报》之公文，不再另行文。“各公文除特定有施行期限者外，京城以登载临时政府公报之第五日为施行期，其余各处以公报到达公署之第五日为施行期。”临时政府公报类似于今天政府机关的“政报”。

为了明确职责，南京临时政府规定了公文除盖公署公章外，还必须由判行首长（签发人）署名的制度。这一规定曾经遭到一些习惯于封建行文制度之人的反对，有的人认为下行文必须由发文公署长官署名，有损“上官尊严”。孙中山先生专门为此复函：“公文程式必须盖印署名者，所以示负担责任、分析权限之至意。行政阶级，既有上下之分，即有命令服从之别，此公文程式所以有咨、呈、令等之区分。然负责任、分权限之精意，初不因行政之阶级而生歧异之点，亦不致以对于下级官署公文署名，遂损上官之尊严也。”可见关于发文必须有首长署名签发的规定体现了南京临时政府反对封建等级制度、追求平等的资产阶级民主思想。

从以上几个方面可以看出，南京临时政府的文书工作是对延续两千多年的封建帝王文书工作制度的一次革命，体现了资产阶级民主主义革命派反对封建专制的思想。经过南京临时政府变革的文书工作制度虽然不可避免地带有资产阶级革命的局限性，但和历代封建王朝的文书制度相比，已经发生了根本的变化，冲破了“君尊臣卑”“天子圣明”的封建思想的禁锢与束缚，对后来的文书工作产生了巨大影响。

四、南京临时政府的档案工作

1. 南京临时政府档案机构和档案人员

南京临时政府成立后，形成了大量的档案文件，同时也设立了档案机构，配备了档案人员。总统府秘书处中设有总务、财政、军事、文牍、收发等七科。其中文牍科的主要任务就是整理和保管总统府日常工作中形成的文书档案，实际上是总统府的机关档案室。文牍科是秘书处的二级机构，行政上受秘书处长领导。

临时政府各部及所属机构没有建立专门的档案机构，但通常都有文牍科或公牍员，既做文书工作，又做档案工作，有的文牍科人员较多，分工较细，有的人专做档案工作，他们是近代最早的专职档案人员。

2. 档案的编辑、公布和利用

南京临时政府的资产阶级民主性质，体现在档案的利用上就是及时公布文件的内容。《临时政府公报》公布的文件失去时效后，公报本身就成了重要档案，它所登载的纪事、电报、杂报等，许多是处理完毕的文件，从这个意义上说，公报又是一种公布档案的形式。除此以外，南京临时政府教育部编的《文教》杂志中的“法令”“文牍”等栏目也起到公布档案文献的作用。

南京临时政府也十分重视利用档案编纂历史。1912年3月胡汉民、黄兴等近百人上书大总统，呈请设立国史院，提出“将我民国成立始末调查详彻，撰辑中华民国建国史”。孙中山对这一提案深表赞同，但是由于临时政府存在时间很短，建立国史馆和收集民国建国史料的工作没有来得及进行。

3. 孙中山先生重视档案工作

孙中山先生重视档案的作用。他在任中华民国临时大总统期间，对档案的保护、保管等都做过重要指示。据《临时政府公报》第12号记载，当孙中山得悉安徽、南京等地起义军破坏了一些所驻学校的档案时，就立即下令要求查明究办，以整肃军纪，同时严令陆军、教育两部派员共同保护各处学堂的书籍和案卷。另据《临时政府公报》第49号，1912年3月在关于撤销大本营的命令中说：“民国统一，战事终息，大本营名目，应立即取消，所有关防、案卷等即交参谋部存储，以资查考。”这些事实都说明孙中山对档案保管的重视。

五、南京临时政府重视信访工作

孙中山先生是一位伟大的民主主义者，在他领导下的南京临时政府注意倾听人民群众的呼声，重视人民群众对建国大政方针的建议，同时关心人民群众的疾苦，对人民来信来访十分重视。

辛亥革命后，各界民众为推翻满清帝制欢欣鼓舞，他们拥护民主共和政体，参政意识空前增强。许多有识之士前往总统府向临时政府陈述建议，或投书临时政府要求解决或解答他们关心的问题。总统府秘书处对民众来访或所呈递的信件十分重视，一般均给予热情接待，认真解答。由于政局比较混乱，邮递业务不够正常，有的回信不能及时送达投书人，秘书处遂于总统府东西栅门外设立专门的“揭示处”，将对民众来信来访所提问题、建议的批答情况，张榜公布，使相关人员及时了解处理情况。有些重要的信件或来访记录，秘书处还转呈孙中山先生，在短短三个月不到的时间内，孙先生亲自处理的来信来访达数十件次。孙先生对人民群众来信来访的重视，充分体现了他的民本思想。

参考文献：

[1] 杨树森、张树文：《中国秘书史》，安徽大学出版社2006年版。
[2] 杨剑宇：《中国秘书史》，武汉大学出版社2000年版。
[3] 聂中东：《中国秘书史》，中州古籍出版社2000年版。
[4] 邹家炜等：《中国档案事业简史》，中国人民大学出版社1985年版。
[5] 张同新：《辛亥革命史纲》，广西人民出版社2001年版。

[原载《秘书之友》2007年第3期]

从秘书长频繁变换到文官考试法的颁布

——北洋军阀政府(1912—1927)的秘书工作

由于辛亥革命的不彻底性，革命成果很快被袁世凯窃取。南京临时国民政府于成立不到一百天后夭折。4月1日，孙中山宣布解除临时大总统职务，临时政府迁往北京，袁世凯就任临时大总统，从此开始了延续15年之久的北洋军阀政府的统治时期。

一、北洋军阀政府的秘书机构

北洋政府代表帝国主义、买办资产阶级和大地主阶级的利益，相对于民族资产阶级性质的南京临时政府，无疑是一个倒退，但是从政体上看，除了短暂的帝制复辟外，北洋政府仍然挂着中华民国的招牌，名义上实行“三权分立”的民主共和制。

1. 袁世凯时期中央政府的秘书机构

从1912年4月到1916年6月这四年多时间内，袁世凯为适应其独裁统治和恢复帝制的需要，多次调整秘书机构。

袁世凯任大总统期间，在中央机关中还有内阁（即国务院）及外交、内务等十部。总统府设有秘书厅，有秘书长及六名秘书；内阁也设有秘书长。

1914年5月，袁世凯公然废除孙中山制定的《临时约法》，代之以他自己炮制的《中华民国约法》，改内阁制为总统制，撤销国务院，在总统府内设“政事堂”作为办事机构，并将总统府秘书厅改为带有封建皇权色彩的“内史厅”。袁世凯通过这个“约法”将总统的权力扩大到与皇帝相似的地步，为其复辟帝制做准备。

1915年底，袁世凯复辟帝制的活动达到高潮，12月12日，袁世凯发布文告，接受所谓“劝进”，正式称“中华帝国皇帝”。与此相适应，12月31日下令自1916年1月1日起，废除中华民国纪年，将这一年定为“中华帝国洪宪元年”，并将他的秘书和秘书厅改名为内史和内史厅，秘书长改称内史监，原总统府收文处改称“奏事处”（清皇室收文机关的名称）。

1916年3月21日，袁世凯被迫宣布取消帝制，秘书机构也随之变化，撤销政事堂，恢复国务院。

从袁世凯时期秘书机构的几次变化可以看出，伴随着围绕中央政权政体的斗争，中央秘书机构也不断发生着变化。统治权的争夺必然会在秘书机构的设置上有所反映。

2. 军阀混战时期的中央秘书机构

袁世凯死后到1927年国民党政府取代北洋军阀政权，是中国历史上政局最为混乱的军阀混战时期，总统几乎是一年一换，内阁则是数月一倒。短短十年时间，共有六人先后任大总统（或“临时执政”等“国家元首”），近三十人出任国务总理。总统和总理的频繁变换必然伴随着秘书长的频繁变换，因为每一任总统或总理上台，总要安排自己的亲信担任秘书长。这是军阀混战时期秘书工作的一大“特色”。

袁世凯称帝失败后，“内史厅”又改称总统府秘书厅。秘书厅主要负责文书处理工作，由秘书长主管，属下有秘书若干人，并设有专职的英文秘书、日文秘书，以适应频繁的外事公务。

国务院也设有秘书厅，有秘书长一人和秘书若干人，还有佥事、主事、参议等秘书职务。秘书厅是国务院的综合办事机构，类似于现在的办公厅。

北洋政府时期的国会参议院和众议院中也设有秘书厅。但当时国会只是标榜“民主共和制”的一件摆设品，在国家政治生活中发挥的作用非常有限，因此其秘书机构也起不到多大作用。

3. 北洋政府时期地方政府秘书机构

北洋政府时期的地方行政区划分为省、道、县三级。

省行政首长先后称为民政长、巡按使、省长，省行政机关则先后称为行政公署、巡按使公署、省长公署。其秘书机构则为“总务处（科）”，负责办理机要、印信、统计、人事、记录、文书、会计、庶务等事项。

道行政长官先后称为观察使、道尹，道行政机关称观察使公署、道尹公署。公署的一般事务由内务科兼办，另设秘书一人，专管机要事项。

县行政长官称县知事，行政机关则一律改称为县知事公署。公署内部分设各科，其中第一科掌办总务，包括机要、印信、统计、收发、档案、庶务等秘书事项及人事、会计工作。

二、北洋政府时期的文书工作

1. 袁世凯独裁政府的文书工作

袁世凯统治初期，基本沿用了南京临时政府的公文程式，1912年11月6日，袁世凯政府公布了新的《公文程式令》，将公文名称改为令、状、咨、公函、呈、批等七种，并详细规定了每种公文的具体用法。这一公文程式令除将公函正式列为公文外，与南京临时政府颁布的公文名称基本一致。

1914年5月，为复辟帝制做准备，袁世凯公布了新的公文程式，分大总统公文程式、政事堂公文程式、一般官署公文程式。其中《大总统公文程式令》规定：大总统任免文武职官、颁给爵位、勋章并其他荣典时，以“策令”行之；公布法律、教令、条约、预算，对于各官署、文武职官之指挥训示及其他依职权执行之事件，均以“申令”行之；对人民之宣示以“告令”行之；裁答各官署之陈请，以“批令”行之；与立法院往复公文，以“咨”行之。

以上公文程式反映了修改约法后总统权力的扩大，并大量沿用了封建王朝的公文名称，如“策令”“申令”“封寄”“交片”“详”“饬”“禀”等，在公文程式上实行了总统皇帝化，命令上谕化，为袁世凯复辟帝制做准备。

1915年12月12日，袁世凯正式称“中华帝国皇帝”。与此相适应，公文程式也发生了一些变化。首先是恢复已被废除的封建皇权时代臣民上书皇帝用的“奏折”，凡向袁世凯呈报事项，“奏折”中均用“伏乞皇帝圣鉴训示”之类的格式和用语。其次是更改纪年，1915年12月31日，下令自1916年1月1日起，废除中华民国纪年，将这一年定为“中华帝国洪宪元年”，自是日起“所有奏、咨暨一切公牍，只署洪宪元年某月某日”。政府公报中也改“呈”为“奏”，各省致袁世凯的文电也改“钧鉴”为“睿鉴”了。政治上的逆流马上反映到公文程式中。

1916年3月21日，袁世凯被迫宣布取消帝制，公文程式也随之变化。废除“洪宪”年号，恢复中华民国纪年；废除“奏折”，改用“呈”。

从袁世凯时期公文程式的几次变化可以看出，围绕中央政权政体的斗争，文书工作制度也不断发生着变化。统治权的争夺在文书工作制度方面也有一定的反映。

袁世凯统治时期秘书工作的另一特点是文牍主义严重，当时公文运转要经过60道繁琐的程序；陆军部1914年一年发文达53466件，平均每天发文146件，文件中套语连篇。

2. 军阀混战时期的文书工作

袁世凯死后不久，北洋政府于1916年7月29日公布了新的《公文程式》，这个《公文程式》使用时间比较长，它规定中央机关使用的公文种类有：令（大总统令、国务院令、各部院令）、任命状和委任令、训令、指令、布告、咨、咨呈、呈、公函、批等，并严格规定了各种公文名称的使用条件。

由于北洋军阀政府必须维持民主共和制度的外在形式，加上不管哪一系军阀掌权，都要以某一列强为靠山，因此各项行政制度也多模仿资产阶级近代国家制度的形式。在文书工作方面，袁世凯后的军阀政府基本沿用南京临时政府的程式和制度。

三、北洋政府时期的档案工作

1. 各机关普遍建立了专门的档案机构

北洋政府设立了三个独立档案机构：国史馆（1914年成立）、清史馆（1913年成立）、故宫博物院文献部（1925年成立）。这些专门的档案机构的主要任务是保管、清理、编纂历史档案，带有很强的学术性。

在北洋政府各机关中设立了隶属于秘书厅、总务厅的专门的档案工作机构，如外交部总务厅设有专门清理、保存档案文件的档案房，内务部设有档案科，司法部设有文件保管室等。在一些较小的机关中也设有专任的档案保管人员或确定专人保管档案。这些档案机构或人员主要保管本机关在行政活动中形成的新的文书档案，同时也保管本机关的历史档案。这些档案工作是秘书工作一个极为重要的组成部分。

2. 形成了一些档案工作制度

北洋政府时期在各机关形成的档案工作制度主要有：

（1）文书立卷归档制度——本机关形成的文书档案要按照主管业务机构编制的案卷目录进行立卷，案卷要编号、编目、分类保管。各部门设管档人员，负责对办理完毕的文件“汇为卷宗，登簿存储”，保管一定时期后再按规定送交专门的档案房统一保管。

（2）按文件重要程度分级立卷的制度——司法部的《文件保存细则》

规定：所有需要保存的文件按重要程度分为“正辑”“要辑”“杂辑”三类，每类分别组卷。凡文件可为将来引证之例规者编为正辑，永远保存；凡文件可备查考而无须永远保存者，编为要辑，保存三至七年；凡例行文件而无关紧要者编为杂辑，保存一至二年。这实际上是按档案保管期限来分别立卷。

（3）档案借阅制度——有的机关规定了严格的档案借阅制度，有的还印制了文件调取证，建立了调阅档案的阅览室。“调取文件应先就档案（指经过编纂的档案资料）取阅，如档案缺漏或有疑义，再调原件。”

3. 两起破坏档案的恶性事件

以上情况表明，我国档案工作在北洋政府期间有了较大发展，这是因为北洋政府实行的是近代共和体制（袁世凯复辟帝制的短暂时间除外），在国家机构的管理上模仿西方国家，档案工作与国家机器的运转密切相关，因此也受到西方国家重视档案管理和利用的影响。但是由于北洋政府的反动性和腐败性，也出现了对重要档案大破坏的恶性事件，其中最典型的有两件：

一是袁世凯为销毁他篡权复辟的罪证，下令销毁大量有关复辟帝制活动的档案文件。1915年12月21日，在袁世凯宣布帝制后不到10天，这位即将登基的“洪宪皇帝”就以“办理国民会议事务局”的名义通电各省：“请将改革国体文电信函除法律规定者外，一律查明销毁。”1916年3月22日，当了83天皇帝的袁世凯被迫宣布取消帝制，为了彻底销毁罪证，在取消帝制之前他又通过御用的“参政院”下令将各省区的“推戴书”全部销毁。3月29日，仅总统府就销毁有关复辟帝制的档案840多件。

二是1921年教育部及其下属的历史博物馆将极其珍贵的八千麻袋历史档案作为废纸以4000银元卖给了北京同懋增纸店，造成历史档案的大流失，史称“八千麻袋事件”。当时在教育部任职的鲁迅先生对此有所了解，他于1927年写了《谈所谓〈大内档案〉》一文，揭露了腐败官僚破坏档案文献的丑恶嘴脸。鲁迅先生指出，当时教育部官僚对清廷档案的“整理”

和“检查”，实际上是官僚“考古学家”的分赃，是对档案资源的公开的破坏和抢劫；历史博物馆拍卖八千麻袋档案后，一些官僚阔人将以前偷去的档案文献拿出来发表，并谎称是八千麻袋中的东西。“中国公共的东西，实在不容易保存。如果当局是外行，他便将东西糟完，倘是内行，他便将东西偷完。”

四、北洋政府的文官考试选拔制度

北洋军阀政府的官吏制度仿效西方国家的常任文官制度，由国会通过并颁布了《文官保障法》《文官高等考试法》《文官普通考试法》《文官惩戒条例》等法规，明确规定了行政官员的等级、资格条件、考试办法、任用程序、服务规则、薪俸待遇、职业保障及惩戒处分等。其中文官考试制度在中国行政史和秘书史上很有特色。

文官普通考试每三年在首都举行一次，应试者必须为年满20岁的中国男子，且须具有教育部认可的相当于中等以上专门学校的毕业文凭，或过去曾在政府任过初级文职。1919年又规定，应试人须在考试一个月前，取各县同乡荐任官以上京官一人的“保结”，亲赴国务院铨叙局报名，并呈验有关文件。凡被褫夺或停止公权尚未复权、品行卑污被控有案、亏欠或侵蚀公款等情况者，不得参与考试。普通考试分为三试，内容分别为国文、行政专业知识以及口试（主要考核应试者的口语交际能力和应变能力），三试平均合格，才能正式进入文官队伍，录取后还要到各官署实习一年，期满而又成绩优良的，即可作为候补，授以具体职务。

文官高等考试也是每三年在首都举行一次。应试人为年满25岁的中国男子，且须具有国内或国外高等学校的毕业文凭。高等考试分为四试，第一试、第二试、第三试为笔试，第四试为口试。四试平均合格，才能录取。录取后分发到各官署实习二年，期满且成绩优良者，即可作为候补，授中等文职。

从形式上看，北洋政府的文官考核任用制度比较重视文凭和实际能力，在笔试和口试合格录取后，尚须经一至两年的实习，成绩优良者方正式任用或升迁，相对于前清的八股科举和官员自聘幕僚的制度要合理得多。但是北洋政府大权实际掌握在大军阀手中，他们为争夺控制地盘和国家权利连年内战，某些合理的制度并没有真正实行，尤其是这些军阀要员的亲信秘书官，实际上采取的是一套“任人唯亲”的路线，高级秘书只看其是否为长官亲信，而不考虑资格、能力以及是否通过考试等其他条件。

参考文献：

[1] 杨树森、张树文：《中国秘书史》，安徽大学出版社2006年版。

[2] 杨剑宇：《中国秘书史》，武汉大学出版社2000年版。

[3] 邹家炜等：《中国档案事业简史》，中国人民大学出版社1985年版。

[4] 费正清：《剑桥中华民国史（上卷）》，杨品泉等译，中国社会科学出版社1994年版。

[5] 来新夏等：《北洋军阀史》，南开大学出版社2001年版。

[原载《秘书之友》2007年第5期]

从委员长侍从室的设立到文书工作的三次改革

——南京国民党政府（1927—1949）的秘书工作

1927年大革命失败后，在南京建立了国民党一党专政的国民政府，代替了统治中国16年之久的北洋军阀政府。

一、国民党政府的秘书机构

以蒋介石为代表的国民党政府为了巩固自己的统治，对中央和各级政府机关进行了大调整，在各级政府机关中建立了一整套秘书机构。

1. 中央政府的秘书机构

南京国民政府刚成立时设有秘书处，秘书处有秘书长1人，秘书8人，科员8到12人，另有书记官若干人。秘书处下设总务科、机要科、撰拟科，分别负责中央政府的一般事务、文书的处理和保管、文件的撰拟。

1928年，国民政府改为“五院制”，即将中央国家机关按权限分为行政、立法、司法、考试、监察五院，将原中央政府秘书处改为文官处，设文官长1人，秘书8到12人，负责国务会议和政府的一切机要文书工作。五院内和行政院下的各部中又分别设有秘书处，有秘书长一人，秘书若干名，负责各院或各部的事务和文书、机要工作。

2. 蒋介石的亲信秘书机构——侍从室

蒋介石为了更有力地控制党政军大权，于1932年起设立了自己的亲信秘书机构——侍从室。侍从室全名为“军事委员会委员长侍从室”，据其《组织大纲》规定，侍从室的职责为：“掌机要之承启传达，委员长行动时随侍行动。”侍从室处于蒋介石与政府各部之间的枢纽位置，所有面呈蒋介石的报告、公文须先送侍从室，再由侍从室分门别类、分轻重缓急先后转呈蒋，对有些文件还可自行处理。凡是“谒见委员长”者，除蒋介石指名召见者外，概由侍从室主任代见。

侍从室机构虽小，地位极高。蒋介石对于侍从室的高级秘书，提出了一些特别条件：必须是黄埔军校毕业或者已在国民政府中任职数年者；必须是有经验、有能力、有充沛精力、严守秘密者；必须经过蒋介石本人直接审查，亲自召见面试合格者。侍从室主任地位低于部长，但实际职权则远高于任何部长。在八年抗战中，担任侍从室主任的有：钱大钧（上将）、林蔚（中将）、贺耀祖（上将）、张治中（上将），都是蒋介石的亲信。后来任国民党中央政治委员会秘书长、人称国民党“第一支笔”的陈布雷曾任侍从室第二处处长，而国民党首脑人物之一的陈果夫曾任侍从室第三处处长。

侍从室是一个可圈可点的精干高效的机要秘书班子，其特点颇似清代的军机处。侍从室于1945年抗战胜利后撤销。

3. 地方政府中的秘书机构

国民党各省政府都设有秘书处，并有秘书长一人，秘书若干人。秘书处掌管的事务有：（1）关于一切机要及省政府委员会会议事项；（2）关于撰拟、保存、收发文件事项；（3）关于省政府委员会会计事项；（4）关于编制统计及报告事项；（5）关于记录省政府各厅处职员进退事项；（6）关于典守印信事项；（7）其他不属于各厅事项。（参见1928年4月《修正湖北省政府组织法》）

在国民党各专员公署和县政府内设有秘书室。这些秘书机构的职责基本相同：掌管、撰写、收发机要文书，保管卷宗，典守印信，缮印校对文件，负责会议记录，调查统计，办理不能归属于各科室的勤杂事务。

以上情况说明，国民党政府统治时期，现代秘书工作机构和体系已经初步形成。

二、国民党政府的文书工作

国民党政府为提高行政效率，曾先后进行了三次规模较大的文书工作改革。

1. 1927年至1933年的文书工作改革

国民政府成立之初，发起了第一次文书工作改革。这段时间，政府先后颁布了三个公文程式条例，并采取了一些必要的辅助措施，对秘书工作和文书制度做了一定的改革，其主要内容有：

（1）明确规定政府机关使用的公文文种，确定了机关之间的行文关系。1928年公布的《公文程式条例》规定，政府机关使用的公文文种有九种：令、训令、指令、布告、任命状、呈、咨、公函、批答。

（2）对公文的形式做了统一规定。1928年颁布的《暂行公文革新办法》规定，取消公文中的习用套语，提倡公文使用白话文；行文要用新式标点符号，分段书写以便提高阅文效率。1929年颁布的《划一公文用纸办法》对公文用纸的尺寸、颜色、质料以及装订要求等做了统一规定。

（3）对公文处理程序做了统一规定。1928年颁布的《修正内政部办事细则》规定：收文处理程序为验收、拆封、编号登记、摘由、呈阅、分送、拟办、检查、归档；发文处理程序为交拟、拟稿、核稿、判行、缮校、用印、编号、录由、登记、封发、立卷、归档等，如系两个以上机关联合发文，还有会签、会稿等手续。《细则》还对文书处理的每一道程序都做了具体的明确要求，如拟稿时每行要留有余地等。

这次公文改革形成了国民党政府文书工作的基本模式。

2. 1933年至1935年的公文改革

这期间国民党政府发起了一场“行政效率改革”运动，在秘书工作方面主要是推行“文书档案连锁法”，规定各机关由总收发室将全部收文、发文统一分类、编号、登记，然后送往主办单位办理，办理完毕的公文由机关档案室立卷归档。这次为时不长的改革对于统一文书档案处理程序起到一定的积极作用，但是由于阻力较大，一些行之有效的程序未能在较大范围推广，收效甚微。

这个时期国民党政府还派员去欧美考察西方先进的文书档案工作，回国后进行宣传介绍。行政院于1934年成立了行政效率研究会，下设专门的文书档案组，对秘书工作的改革进行研究。这些研究对我国文书学和档案管理学的形成起到一定的推动作用。

3. 1938年至1945年的文书工作改革

为适应战时行政体系，国民党政府于1938年颁布了《公文改良办法》，对公文的判行、会稿、承转、编号等提出了改革办法。1940年国民党政府颁布《三联制大纲》，推行“行政三联制”，即由各机关将拟出的工作计划呈报中央政府汇总后进行总设计，然后指示各机关贯彻执行，在执行中和执行完毕后进行考核。为配合“三联制”的推行，文书工作实行分层负责制，加强了对秘书工作的统一管理和集中指导。

4. 国民党政府文书工作的成就和弊端

国民党政府为巩固其统治，强化一党专政，对文书工作做了多次改革，1947年还在国统区范围内开展了一次全面的“文书工作竞赛运动”，其直接目的与三次文书改革一样，是为了提高文书工作乃至整个行政管理的效率。通过这些努力，国民党政府在简化公文结构、规范公文用语、限制公文篇幅、统一公文办理程序等方面，均取得了一定效果，促进了我国文书工作的近代化进程。

由于政治腐败，国民党政府对文书工作多次进行改革的许多措施并没有真正有效地推行。各级机关官僚主义严重，腐败成风，使得文书工作者改革文书制度的良好设想难以落实。许多机关文牍主义泛滥，公文数量之多、手续之烦使人难以想象，有的机关每天收文达千件以上，根本无法办理，绝大多数成为一纸空文；而中央政府一个文件发到基层，有的要经过200道手续。另外，国民党政府的文书工作改革本身也有一些不科学的地方，例如规范公文用语本来可以净化书面语言，但是规定得过细过多则成了繁文缛节，如规定"勉励语"必须用"勉旃毋违"或"有厚望焉"，"警告语"必须用"致干咎戾"或"致干惩处"，规定使用的这些与白话文不协调的专门用语，竟达百余种之多。

三、国民党政府的档案工作

国民党政府的档案工作较之北洋军阀政府的档案工作又有新的发展。

首先是中央政府各机关和各地方政府更加普遍地建立了专门的档案工作机构，1934年，行政院还一度设立档案管理处，作为全国档案工作的领导机构。

其次是许多机关建立了档案集中管理制度，将本机关所有档案交档案室统一集中管理。如1928年内政部制定了《档案室办事细则》，1930年行政院颁布了《保存机关旧有档案令》，同年考试院和交通部各自制定了《文卷管理规则》，随后，几乎所有机关都制定了档案工作细则。

再次是各档案机构建立了归档文件总登记簿、卷目分类簿、索引簿、目录卡片等检索工具，为查找、使用档案提供了方便。

档案工作与文书工作历来就无法截然分开。国民党政府多次文书工作改革对档案工作也产生了较大影响，尤其是30年代前期推行的"文书档案连锁法"，就是根据当时文书工作与档案工作脱节、档案保管分散而混乱的现象而提出的方案。这一方案对简化文书处理程序、加快文件运转、提高行政效率起到积极作用，对于防止文件在转化为档案之前就丢失以及打击少数“卷阀”垄断案卷暗箱操作也不失为一种好的方法。但正如一些档案学专家所指出的，“连锁法”“混淆了文书与档案、文书工作与档案工作性质的差别”，“混淆了立卷和分类的关系”，“是不利于档案工作的发展的”。(邹家炜等《中国档案事业简史》)

档案管理水平的提高是与吸取国外先进的档案管理经验相联系的。国民党中央党部秘书处直属的中央档案整理处的主管人员，30年代初到美、英、苏、德等国考察档案工作，回国后根据外国的经验编订了较为先进的档案管理办法。这对国民党政府各级各类机关的档案管理工作有很大影响。

虽然国民党政府对机关档案建立了“集中制”的管理办法，但实际上许多单位没有真正执行。1934年成立的行政院档案管理处还没有正式开展工作就被撤销，所以实际上没有对全国档案工作进行管理的机构，加上地方县级档案文卷多为世袭“卷阀”把持，他们因循守旧，拒绝近代先进的档案管理方法，严重阻碍了档案管理工作的开展。因此国民党政府的档案管理总体上还处于分散、落后的状态。

四、国民党政府时期文书学、档案学的学术研究和人员培训

1. 我国文书学、档案管理学的产生

在国民党政府为提高行政效率多次进行的文书工作改革过程中，我国一批行政管理学者和一些文书档案工作者，也对文书档案工作做了比较多的研究探讨。尤其是在20世纪30年代前期和中期，陆续发表了不少文书档案学方面的学术文章和专著，如徐望之的《公牍通论》、许同莘的《公牍学史》、周连宽的《档案管理法》和《县政府档案处理法》、傅振伦的《公文档案管理法》、陈国琛的《文书之简化与管理》、梁上燕的《县政府公文处理与档案管理》、何鲁成的《档案管理与整理》等。此外，在《行

政效率》《文献论丛》等学术刊物上，也发表了一批文书处理和档案管理方面的学术论文。这些研究成果的发表，标志着我国文书学和档案管理学作为新兴学科的形成，对我国文书工作和档案工作的开展，起到一定的推动作用。

文书处理和机关内部的档案管理是近代秘书工作的重要内容，但是它们毕竟只是秘书工作中一个组成部分，因此30年代一批文书学和档案学教材、专著和论文的发表，尚不能视为我国“近代秘书学理论体系的构建”，也不能说是“掀起了秘书学研究的高潮”。我国秘书学作为一门有其特定研究对象的学科，是1980年以后才正式产生的。

2. 文书档案管理人才的培训

为提高行政效率，国民党政府自20年代后期开始，通过各种方式对文书档案管理人员进行了一些培训。

第一种形式是在培养国民党行政官员的“训政学院”中开讲“公牍通论”课程，如我国第一部文书学专著《公牍通论》就是徐望之根据他在国民党河北训政学院中主讲公牍课时编写的讲义加工而成的。

第二种形式是在一些私立学校中开设档案管理专业。例如，1939年国民政府教育部在湖北私立武昌文华图书馆专科学校内开设档案管理专科，招收高中毕业生，共培养了30余名档案管理专业毕业生，这是目前所知道的我国最早的档案专业的高等教育。1946年，私立重庆崇实档案学校也设置文书处理科、档案管理科，两年多共招生近300人。在其他一些地方也有一些私立学校开办过以文书档案管理人员为培养对象的专业。

第三种形式是对在职的文书档案管理人员进行职业培训。国民党政府于1941年6月颁文规定，对县政府的文书档案人员进行培训，文书处理和档案管理为主要课程。1942年文华图书馆专科学校被指定开办档案管理职业培训班，学制4个月，先后开办7期，培训在职档案管理人员二百余名。

虽然国民党政府对文书档案管理人员进行了一些培训，但是从全国范围看，真正接受近代文书档案管理方法培训的人员在整个文书档案管理人员中所占比例微乎其微，档案人员的总体水平不高。尤其需要指出的是，国民党政府档案管理人员仍然存在封建世袭现象，尤其是县一级的管卷人员，大都继承了封建书吏把持案卷的恶习，在档案管理上拒绝现代管理方法，而是别出心裁另搞自己的一套，特殊的管理方法只传给子孙门徒，秘不外传。他们用这种方法保住自己饭碗，并在自己年老后将位置传给子孙。档案管理人员的这种世袭现象严重阻碍了档案工作的开展，当时有人称这些人为“卷阀”。

参考文献：

［1］杨树森、张树文：《中国秘书史》，安徽大学出版社2006年版。

［2］杨剑宇：《中国秘书史》，武汉大学出版社2000年版。

［3］邹家炜等：《中国档案事业简史》，中国人民大学出版社1985年版。

［4］费正清：《剑桥中华民国史（上卷）》，杨品泉等译，中国社会科学出版社1994年版。

［5］张令澳：《侍从室回梦录》，上海书店出版社1998年版。

［原载《秘书之友》2007年第6期］

从“一大”兼职秘书到长征中的中央秘书长

——从建党初期到抗战之前中国共产党的秘书工作

1921年7月23日，中国共产党第一次全国代表大会在上海召开，宣告了中国共产党成立。与此同时，党的秘书工作也就开始了。

一、毛泽东任中共首任秘书

参加党的第一次全国代表大会的正式代表共有12人，代表全国53名党员。当时没有专职的秘书，会务工作都由代表自己完成。在会上年仅28岁的湖南代表毛泽东被推举负责会议记录、文件保管等秘书工作。

中国共产党成立后，党员人数发展很快，党所领导的工人运动掀起高潮，党中央机构的秘书工作也日益繁重。为了适应这种形势，1923年6月于广州召开的中国共产党第三次全国代表大会通过决议，决定设立党中央秘书一职。据这次代表大会通过的《中国共产党中央执行委员会组织法》规定，党中央秘书的职权是担负起草党内外文书、通讯及会议记录的责任，并兼管党的文件；党内所有文函须由党中央委员长（即总书记）和党中央秘书共同签署才能生效；中央执行委员会召开的一切会议，须由党中央委员长和党中央秘书共同主持召集。上述规定表明，党中央秘书在党内的地位和作用是相当重要的，实际上超过后来的中央秘书长。三大召开后不久，最先担任党中央秘书这一重要职务的也是毛泽东，他于1923年6月至1924年9月担任党中央秘书。据党史资料记载，这期间由毛泽东经手并妥善保管的党内文件达数百件。

二、中共建党初期的秘书工作

中国共产党是马克思主义政党。建党之初，党的秘书工作就表现出鲜明的时代特点和创新精神，主要体现在以下两个方面：

第一，文书语言是白话文，并使用新式的标点符号。党的早期领导人陈独秀、李大钊等人，本身就是五四新文化运动的旗手，而提倡白话文、使用新标点正是新文化运动重要内容之一，所以，从党成立起，就提倡用工人、农民、城市贫民能够看懂的白话文书写文件，并使用新式标点符号。从1921年11月《中国共产党中央局通告》等建党早期的文件档案看，中共正式文件用的都是白话文。这在公文用语方面是一个了不起的变革。

第二，反对文牍主义，提倡务实文风。从现存的为数很少的建党初期的文件来看，当时的公文文风是非常注重实用、极为简洁朴实的。中央多次强调反对空洞无物、不得要领的文风，要求党内文件必须材料充实，要对革命斗争中的实际问题进行实事求是的分析。1923年11月中国共产党第三届第一次中央执行委员会通过的《教育宣传问题议决案》还明确要求党的宣传材料要"使用口语，求其通俗化"。

三、大革命时期党的秘书工作

1924年1月，有许多共产党员参加的中国国民党第一次全国代表大会在广州召开，标志着第一次国共合作正式建立和大革命时期的开始。这一历史阶段党的秘书工作有了新的发展。

1. 党的各级组织普遍设置秘书职务

1925年5月召开的中国共产党扩大执行委员会通过的《党内组织及宣传教育问题议决案》明文规定："为履行种种职任起见，党的组织应当采取下列的形式及办法：（甲）地方委员会由三人组织之：委员长兼宣传部，秘书兼组织部……第三人管理工农部。”根据这个文件，党的各级组织中的“秘书”一职，与“三大”规定的中央秘书一样，是领导成员之一，相当于后来的秘书长。

2. 成立中央秘书处和设立中央秘书长

随着党组织的扩大和革命运动的发展，党的秘书工作越来越繁重，中央仅设一名秘书已不能适应工作需要，必须建立一个专门的秘书机构。1926年7月召开的中国共产党中央扩大执行委员会会议通过的《组织问题议决案》明文写有“增设中央秘书处，以总揽中央各种技术工作”。

中央秘书处成立初期，受周恩来、罗亦农领导，其主要职责是安排中央各种会议，起草、制作、保管党内文件材料，负责保密工作和通信联络工作等。与此同时，设置了中央秘书长一职。担任首任中央秘书长职务的是中共早期杰出的活动家王若飞，在大革命时期担任这一职务的还有邓中夏、周恩来、李维汉等同志。

3. 党的“五大”的大会秘书处

由于党的队伍迅速扩大，党的代表大会的规模也越来越大，据党史资料记载，自党的“五大”（1927年4月27日至5月10日在武汉举行，有正式代表80人）起，党的全国代表大会召开期间除选有主席团主持大会外，另由主席团设立大会秘书处，负责会议的会务工作，起草和印发大会文件。党的“五大”的秘书长蔡和森，毛泽东、瞿秋白、邓中夏则分别担任秘书处下设的三个委员会的秘书。

4. 大革命时期的文书档案工作

大革命时期，党吸取了建党早期文书工作缺少制度因而文件丢失较多的教训，陆续形成了一些初步的文书工作制度，主要有文件收发登记制度、文件秘密传递制度等。党领导的工人运动掀起高潮后，军阀政府对党的活动加强了监视，使党内文件的传递增加了难度，为此党中央设置了秘密交通员，专门传递机密文件。1925年1月，中共"四大"决定在党内建立内部交通网。大革命时期建立的地下交通网，在民主革命时期一直发挥巨大的作用。

四、白色恐怖下的秘书工作

1. 邓小平出任中共中央秘书长

1927年4月和7月，蒋介石、汪精卫先后叛变，国共合作破裂，大革命失败。8月7日，中共中央在汉口召开紧急会议（史称"八七会议"），当时任中央政治秘书的邓小平筹备并参加了会议。"八七会议"纠正了陈独秀的右倾路线，选出了新的中央领导机构——临时政治局，临时政治局下设有文书科，不久改称秘书处，负责中央机关的秘书、文书和档案工作。1927年秋，中央从武汉迁回上海。当时的上海处于一片白色恐怖之中，中央秘书处的工作在秘密状态下进行。邓小平在极为困难危险的情况下首次出任中央秘书长，主持秘书处工作。

2. 中央"秘密委员会"成立

为了适应地下状态的革命斗争，1928年中央成立了"秘密委员会"，由周恩来、邓小平领导。根据1928年12月4日通过的《秘密工作条例》的记载，中央秘密委员会的任务是：（1）选择机关地址；（2）保护文件安全；（3）建立交通工作；（4）确定秘密接头方式；（5）准备会议。这些工作多数属于秘书工作的性质，因此"秘密委员会"实际上是党在特殊时期的一个秘书机构。

3. 瞿秋白起草《文件处置办法》

中央秘书处每天要处理大量文件，但原来没有一个处理和保管文件的规范的成文“办法”。1931年初，时任中共中央政治局常委、中央军委书记的周恩来指示瞿秋白起草了一个《文件处置办法》，初稿完成后又经周恩来审阅批示执行。《文件处置办法》详细规定了中央应当收集的文件档案资料的范围、内容，以及整理、保管、销毁文件的原则和方法。《办法》还指出：“如有可能，当然最理想的是每种二份，一份存阅（备调阅，即归还），一份入库，备交将来（我们天下）之党史委员会。”

《文件处置办法》是目前发现的我党历史上第一个系统的关于文书工作的指导性文件，它反映了在白色恐怖的艰难条件下，中共高层领导对文书工作的重视，他们坚信党的事业最终将取得胜利，充分认识到文书归档工作的重要意义。这份文件在现代秘书工作史和档案工作史上都占有重要地位。

4. “中央秘密文库”对文件的保管

党中共非常重视保留文书档案，“中央秘密文库”原来是中共中央秘书处文件保管处，1932年底中央机关即将完成向苏区的转移时，文库共存有几十箱文件和其他资料。中央在撤离上海时，决定将中央秘书处保管的这几十箱文件留在上海，这样就形成了秘密的中央文库。1935年2月，由于叛徒告密，上海地下党组织遭到严重破坏，在极端艰苦危险的条件下，文库保管人员几经转移保卫了中央秘密文库的安全。这些中央文件被安全地保管到上海解放，其间中央曾于1943年通过拍成胶卷和无线电发报的形式，从中央文库调阅了一批文件，作为延安整风运动的历史资料。中央秘密文库在极端艰苦的条件下，为党长期保管了大量珍贵的历史文献。

5. 白区秘书工作的一些特殊形式

为了适应白色恐怖下革命斗争的恶劣环境，党的秘书工作者创造了许多特殊的工作方式：

（1）密写——将文件用特殊的药水写在纸上或出版物上，收件人用显影液一类的药水刷涂后，文件内容即显示出来。

（2）暗语——在文件中将一些容易暴露自己的话用其他语词来代替，用来瞒骗敌人。

（3）职业掩护——党的秘书工作人员必须有公开职业和身份，一般形式有开店（卖书报、卖花等）、组成假家庭（夫妻）等。

（4）建立地下交通网——1927年党的“八七会议”决定，中央建立通达各省的交通，各省委建立通达各县的交通，各县委建立通达各乡的交通，构成了全国交通网。地下交通网在抗战时期的敌占区和国统区，在解放战争时期的国统区继续发挥重要作用。

（5）打入国民党的秘书部门——为了获取国民党的机密情报，党组织派一些优秀党员打入国民党的秘书部门，有的人担任了机要秘书的职务。这些同志长期潜伏于国民党内部，向中共党组织提供了大量核心机密，为革命做出了巨大贡献。

五、红军和苏维埃政权中的秘书工作

1. 红军中的秘书机构和秘书人员

1927年8月1日，由周恩来、贺龙、朱德等领导的南昌起义，打响了中国共产党直接领导武装斗争的第一枪。起义爆发后成立的革命委员会设有秘书厅，由吴玉章任秘书长。

1927年10月，毛泽东率秋收起义队伍进入湘赣边境，建立了井冈山革命根据地。1928年4月，朱德、陈毅率南昌起义余部到达井冈山与毛泽东会师，成立了中国工农红军第四军。在红四军政治部和所属各纵队政治部中，都设有秘书处。1929年初，红四军开赴赣南闽西，开辟闽赣革命根据地，即后来的中央苏区。1929年12月，红四军在福建上杭县古田镇召开第九次代表大会（古田会议），建立了红军的政治工作制度。此后，在红军团、营级士兵委员会中，设立了秘书一职，由士兵委员会委员兼任或另行聘任。

1931年11月，在成立中华苏维埃中央临时政府的同时，组成了中央革命军事委员会，朱德任主席，王稼祥、彭德怀为副主席。中央军委和红军总政治部都设有秘书处和秘书长，1933年，邓小平同志曾一度担任红军总政治部秘书长。

2. 中华苏维埃共和国政权成立后的秘书机构

1931年11月，在江西瑞金成立了中华苏维埃共和国中央临时政府，毛泽东任中央执行委员会主席。中央革命委员会主席团下设办公处，由秘书长和技术书记负责文书处理和日常事务。1933年12月通过的《中华苏维埃共和国地方苏维埃暂行组织法（草案）》又恢复了地方苏维埃政权的秘书一职，它规定："区执行委员会得用秘书一人，文书一至二人；县执行委员会得用秘书一至二人，文书一至三人"；乡苏维埃也任用文书一人，以助理乡苏维埃主席团工作。1934年1月第二次全国苏维埃代表大会通过的《关于苏维埃建设的决议案》指出，为提高政府机关的工作效率，克服官僚主义，必须尽可能改进秘书工作，减少公文数量，提高公文质量。这说明当时的中央苏维埃政权的领导层已经注意到秘书工作的质量对提高领导机关工作效率的重要意义。

六、长征途中的秘书工作

1934年10月，中共中央机关和中央红军开始了两万五千里长征。由于环境艰苦，中央和红军总部原来的一套秘书机构不复存在。长征途中负责中央机关和红军总部秘书业务的机构只有一个军委机要科，其主要职责就是抄译电报。在当时的条件下，电报几乎成了唯一的文件和通讯方式。军委机要科的译电员和报务员由周恩来亲自带领，完成中央机关和红军总部的机要通信工作。其他文件没有专门机构负责，由各中央领导同志的秘书人员（当时叫参谋）负责保存。

长征开始时，邓小平同志的职务是红军总政治部《红星报》的主编。

1935年底，在极端艰苦的条件下，他再次出任中共中央秘书长，他以秘书长的身份参加了遵义会议，为会议的召开和各项决议的准备做了大量工作，对党的路线的历史性转移做出了极大的贡献。

参考文献：

［1］李欣等：《中国现代秘书工作基础》，高等教育出版社1989年版。

［2］中共中央党史研究室著，胡绳主编：《中国共产党的七十年》，中共党史出版社1991年版。

［3］杨剑宇：《中国秘书史》，武汉大学出版社2000年版。

［4］杨树森、张树文：《中国秘书史》，安徽大学出版社2003年版。

［原载《秘书之友》2006年第8期］

从组建中央办公厅到设立人民政府秘书厅

——从抗战到新中国成立前中国共产党的秘书工作

一、抗战时期中共中央的秘书工作

1. 抗战时期的中央秘书机构

（1）恢复中共中央秘书处——中央机关和红军到达陕北后，很快恢复了中央秘书处，秘书处受中央秘书长直接领导，总领中央机关的秘书业务工作。秘书处分设机要、文书、材料、会计四个科。此后中央机关的秘书工作逐步走上正轨。

（2）正式组建中央办公厅——抗日战争前期，中共中央秘书长由我党杰出的领导人王若飞担任。1941年，由王若飞起草、经中央书记处书记任弼时修改，以中共中央名义制定了《秘书长日常管理业务》，这一文件明确规定了秘书长的八条任务。1941年9月，王若飞调任他职，任弼时同志兼任中共中央秘书长，同时在原中央秘书处基础上组织建立中央办公厅，执行书记处的日常工作。办公厅的任务是：指导秘书处工作，协助秘书长管理政治工作，负责书记处的会务工作等。

（3）设立中央书记处办公处——1945年党的七大前，中央设立了中央书记处办公处，其职责是直接协助中央最高层领导人处理文件、电报、会务和日常事务。办公处与毛泽东、周恩来、刘少奇、任弼时等中央常委相邻办公。中央书记处办公处是直接为中共领导核心服务的秘书班子，编制精干，人员不多，是一个高效率的机要秘书班子。

2. 文件签发制度和文件传阅制度的形成

中央到达陕北后，对过去的秘书工作经验做了认真总结，其中文件签发制度和文件传阅制度的形成在秘书史上具有重要意义。

1938年，中央制定的《机要规则》正式规定了文件签发制度：任何正式文件（包括电报）必须有领导人签字才能生效。《规则》还规定了文件的签发人：中央文件必须由中央政治局委员签发，中央各部的文件必须由部长和秘书长签发，中央军委文件必须由正副书记、政治部主任和参谋长签发，军、师、旅、团的文件必须由部队长、政委、政治部主任和参谋长签发。《机要规则》关于文件签发的规定是中共严格执行签发制度的开始。

随着党中央政治生活的正常化，重要事项集体议决成为一项重要的领导制度，适应这种领导方法，抗战初期逐步形成了文件传阅制度：凡属重要文件，都由秘书附上一张“传阅单”，列出传阅人的名单顺序。重要文件中央主要领导人都要传阅，不是因为文件少，而是领导人通过传阅可以交流意见，互通信息。领导阅文时通常要写上简单批语，表明自己对有关事项的态度。文件传阅制度是一直沿用至今的一项重要的办文制度。

3. 党的“七大”的会务工作

1945年4月至6月在延安召开的中国共产党第七次全国代表大会，有正式代表547人，候补代表208人，是到当时为止规模最大、时间最长、内容最多的一次大会，大会的会务工作也达到了相当高的水平。

“七大”由大会秘书长统筹各项会务工作，秘书长下设有大会秘书处、大会总务处、大会警卫处。大会规定了8条会场规则，每位代表都发有代表证，代表证上有证号、座位、姓名和会议注意事项。这次会议形成的大量文书材料得到很好的整理和保存。“七大”的会务工作除了会场条件简陋，没有电子计算机等现代化设备外，其组织水平已与今天的会务工作没有多大差别。“七大”的会议组织水平表明中共秘书工作已经走向成熟。

二、抗日民主政权的秘书工作

1. 抗日民主政权的秘书机构

抗战爆发后，中国共产党领导的八路军、新四军先后开辟了十几个抗日根据地，在根据地中成立了抗日民主政权，其中最重要的有陕甘宁边区政府、晋察冀边区行政委员会和晋冀鲁豫边区政府。这三个抗日民主政权成立最早，存在时间最长，行政机构最健全，秘书工作和秘书机构也比较正规。

在抗日民主政权中都设有专门的秘书机构——秘书处。《陕甘宁边区政府组织条例》规定：秘书处的职责是“管理边区政府委员会会议通知及记录，撰拟、保存及收发文件，管理边区政府会计杂务，编制统计报告，登记边区政府各厅、部、处职员进退，典守印信，以及不属于各厅、部、处的各种事务”。秘书处由边区政府秘书长领导。

陕甘宁政府还设有政务会议，它是执行政务的领导机关。政务会议也设秘书长1人（由边区政府秘书长兼任），另有秘书1人。《政务会议暂行规程》规定：秘书在需要情况下，经会议许可，方可临时出席正式会议，在会上只有发言权，没有表决权。

在边区政府所属各厅、部、处等机构及各专区、县的政府机构中，都设有秘书室，秘书室工作由主任秘书负责，下设秘书、文书、收发员等职务。

2. 抗日民主政权秘书工作的改革

根据党的抗日民族统一战线政策，抗日民主政府实行“三三制”政权制度，即政府工作人员中，共产党员、非党左派进步分子、中间派各占三分之一，一些旧政权的文职人员进入了抗日民主政府，由于政府内工农分子文化普遍不高，秘书职位大多由旧政权秘书人员担任，他们把旧政权中官僚主义、等级观念以及秘书工作的形式主义、文牍主义带进了民主政权，对抗日民主政府的秘书工作和整个行政工作带来极为不利的影响。为了克服这种不利影响，提高工作效率，抗日民主政府对秘书工作进行了比较深入的改革。1938年3月，陕甘宁边区政府发布了一项训令，对秘书工作制度和公文处理的方法做了改进。紧接着，晋察冀边区行政委员会于1938年4月发出《改革公文的理论与实际》的指示信，提出了改革公文的任务和具体办法，废除了一些旧的公文名称、格式和套语，规定下行文用信、复、函、令，上行文用报告、请示。

三、整风和精兵简政对秘书工作的影响

1942年，在抗日战争最艰苦的年代，中国共产党开始了整风和精兵简政两项运动，这两件事对秘书工作都产生了重大影响。

整风运动将“反对党八股以整顿文风”作为三大任务之一。1942年2月8日，毛泽东做了《反对党八股》的著名报告，一针见血地指出党八股的不良文风是思想上的主观主义和组织上的宗派主义的反映。报告列举了党八股“八大罪状”：空话连篇，言之无物；装腔作势，借以吓人；无的放矢，不看对象；语言无味，像个瘪三；甲乙丙丁，开中药铺，等等。这些党八股的表现形式在秘书工作中有非常突出的表现。毛泽东还尖锐地批评了具有党八股性质的不良会风：“每处每回无大无小”的会都要按照“一开会，二报告，三讨论，四结论，五散会”的“死板的程序”来开，“做起‘报告’来，则常常就是‘一国际，二国内，三边区，四本部’，会是常常从早上开到晚上，没有话讲的人也要讲一顿”。他呼吁对不良文风和会风都“应该加以改革”。

通过整风，中共党内和革命军队、民主政权的秘书工作中存在的脱离群众、脱离实际的文牍主义和形式主义得到一定程度的改正，公文写作摆脱了空洞陈腐的八股腔，逐步形成了鲜明生动的文风；会务工作摆脱了单

调呆板的八股味，出现了简短务实的良好会风。

精兵简政是中共为了克服日寇封锁造成的经济困难而采取的一项重要政策。精兵简政的对象当然也包括秘书机构。1942年，陕甘宁边区政府各部门实行了合署办公，成立了合署办公厅，下设秘书处、总务处、交际处等，秘书处统一管理合署办公的各部门的会议记录、公文处理、档案保管等事项。边区各专区和县则取消了秘书室和总务科，改设政务秘书和事务秘书，政务秘书协助专员或县长处理日常政务，事务秘书管理机关事务、文书印信等事项。通过精兵简政，秘书机构和秘书队伍变得精干有力，秘书工作的效率反而有所提高。精兵简政对秘书工作的影响表明，秘书机构庞大、秘书人员众多不一定有助于搞好秘书工作，关键是要有精干的秘书工作者队伍，开展注重实效的秘书工作。

四、抗战胜利后中央秘书机构的变迁

在抗战胜利到新中国成立这4年时间中，中共中央机关先后从陕北延安转移到河北平山县西北坡，再转移到北平（北京）。

抗战胜利后，中央机关的秘书机构仍然是中央办公厅和书记处办公处。

1947年3月，国民党政府集中兵力向陕北和山东解放区发动重点进攻。为适应战争形势，中央决定将中央机关撤出延安，毛泽东、周恩来、任弼时等多数领导人率中央和解放军总部的精干机关继续留在陕北，指挥全党工作和全国各战场作战；刘少奇、朱德等组成中央工作委员会，转移到华北（后来远在河北平山县西柏坡）进行中央委托的工作；另外由叶剑英等组成中央后方委员会，转移到晋西北统筹后方工作。与此相适应，中共中央办公厅也一分为三，主体部分留下来，跟随毛泽东等转战陕北；一部分人跟随刘少奇等转移到西柏坡，为中央工作委员会工作服务；第三部分跟随叶剑英等转移到山西临县，为中央后方工作委员会工作服务。

1948年4月，毛泽东率中共中央机关来到西柏坡，中央工委自行撤销，中央办公厅恢复正常工作。1949年4月，中央办公厅随中央机关进入北平。此后为中国人民政治协商会议（当时行使全国人民代表大会职能）的召开和共和国的成立做了大量的辅助工作。

五、解放区人民政府秘书机构——秘书厅

1948年8月，原晋察冀边区政府和晋冀鲁豫边区政府合并，成立了华北人民政府，它是中央人民政府正式成立前中共领导下的一个规模最大、机构设置最健全的政府机构，为以后中华人民共和国中央人民政府的建立和各省市人民政府的组建积累了宝贵的经验。华北人民政府设有专门的秘书机构——秘书厅，秘书厅与各部、委、院并列。秘书厅由秘书长领导，统一负责政府机关的秘书工作。

1949年2月，人民解放军进驻北平，随后成立了北平市人民政府，由叶剑英同志任市长。北平市人民政府的机构设置吸收了华北人民政府的经验，设立了秘书长领导下的秘书厅，秘书厅下再设二级机构秘书处、行政处、人事处、新闻处、交际处（接待处）、调查研究室等。这种机构设置的模式为新中国成立后各级人民政府秘书机构的设置提供了有益的经验。

六、民主革命时期中共秘书工作的特点

1. 老一辈革命家非常重视秘书工作

许多老一辈革命家直接担任过秘书职务。毛泽东同志是党的一大兼职秘书，又是中共中央第一位专职秘书，是中共建党初期秘书工作的开创者；邓小平同志在大革命失败后（1927年秋）和红军长征途中（1934年底），曾两度出任中共中央秘书长，这两次都是中共历史上最艰难困苦的时期；周恩来同志长期主持和领导党中央的秘书工作。毛泽东、周恩来、刘少奇等领导人亲自为党中央和中央军委、人民解放军总部起草了大批重

要文件，形成了中共秘书工作一个好传统——重要文件应由领导人亲自起草，不要秘书代劳。

2. 秘书机构和秘书工作方式灵活多样

从建党到建国的28年中，秘书工作机构多次变动，秘书工作方式也有许多变化。不但各个革命历史时期不同，同一时期中白区和苏区不同，敌占区、国统区与边区不同，革命军队和革命政权不同。这是由不同时期、不同性质的领导机构的工作重点和工作性质不同决定的。秘书机构的多变性，秘书工作方式的灵活性，完全符合秘书工作必须适应领导工作的实际需要这一秘书学的基本原理。

3. 秘书工作条件极其艰苦

革命斗争环境中不但秘书的生活条件和工作条件十分艰苦，而且秘书人员随时有生命危险，许多革命先烈就是在秘书工作岗位上，为了保守党的文件和机密而献出了宝贵生命，他们有的牺牲在敌人的屠刀之下，有的牺牲在战场之上，有的牺牲在长征途中。多数秘书工作人员保持了革命的气节和必胜的信念，他们在艰苦的条件下兢兢业业为革命从事平凡的秘书工作，为民主革命的胜利做出了不可磨灭的贡献。

4. 善于总结经验，形成了一些比较成熟的制度

中国共产党的秘书工作可以说是从无到有白手起家的。到建国前党和革命政权有了比较规范的秘书机构和秘书工作制度，是党在革命实践中不断总结秘书工作经验而逐步形成的。早在大革命时期，我党就形成了文件收发登记制度和文件秘密传递制度；土地革命时期，在白区工作的党中央又形成了严格的文书保密制度，1931年《文件处置办法》则明文规定了文书存档制度。中央到陕北后，在总结过去秘书工作经验的基础上，于抗战初期形成了文件签发制度和文件传阅制度。以上制度大多数一直沿用至今。

参考文献：

［1］李欣等：《中国现代秘书工作基础》，高等教育出版社1989年版。

［2］中共中央党史研究室著，胡绳主编：《中国共产党的七十年》，中共党史出版社1991年版。

［3］杨剑宇：《中国秘书史》，武汉大学出版社2000年版。

［4］杨树森、张树文：《中国秘书史》，安徽大学出版社2003年版。

［原载《秘书之友》2006年第10期，发表时题名《抗日战争和解放战争时期中国共产党的秘书工作》］

从建立各项秘书制度到大兴调查研究之风

——从共和国成立到“文革”前我国的秘书工作

一、各级政府机关秘书机构的设置

秘书机构是国家行政机关重要组成部分，在新中国成立初期的政权建设中，秘书机构的设置受到党中央和中央政府的充分重视。

1949年9月21日至30日，中国人民政治协商会议第一次全体会议通过的《中央人民政府组织法》规定：中央人民政府设秘书长一人，职责是协助政府主席执行职务。1949年12月4日发布的《政务院及其所属各机关组织通则》规定：“各机关得设办公厅；为分掌业务，得设司或处”，用法规形式确定了掌管机关综合性事务的秘书机构与分掌专门业务的部门平列的机关格局，同时规范了我国各级各类秘书机构的名称——办公厅（室）。此后，各省、地市、县级行政机关基本上是按照政务院的格局设置了相应的秘书机构，其中省、部级以上机关秘书部门为“办公厅”，地市以下机关秘书部门为“办公室”。

二、1951年全国秘书长会议

为了及时总结新中国成立后各级行政机关秘书工作经验，使秘书工作走上规范道路，中央人民政府政务院于1951年4月召开了全国秘书长会议，周恩来作了题为《目前的形势和任务》的报告。会议讨论通过了一系列有关秘书工作的文件。这次会议在中国的秘书工作史上具有极为重要的地位。

这次会议的主要任务是规范行政机关的秘书机构和秘书工作。会议结束以后不久，中央人民政府政务院根据会议讨论的结果，公布了《政务院关于各级政府机关秘书长和不设秘书长的办公厅主任的工作任务和秘书工作机构的决定》。文件的主要内容有：①规定了秘书长、办公厅主任的七条工作任务。②规定了秘书工作的性质、方法、原则和作风。③规定了秘书组织机构的设置原则。

政务院根据全国秘书长会议精神做出的这一“决定”，在相当长的时期内被看成是各级党政机关秘书工作的指导性文件，它不仅是建国后近两年政府机关秘书工作的总结，也是中国共产党领导下的苏区、边区、解放区政权建设中长期积累的丰富的秘书工作经验的总结。1951年全国秘书长会议的召开和《政务院关于各级政府机关秘书长和不设秘书长的办公厅主任的工作任务和秘书工作机构的决定》的发表，标志着现代中国的秘书工作开始进入正规化、规范化的轨道。

三、各项秘书工作制度的形成

在第一次全国秘书长会议召开前后，中央人民政府政务院发布了一系列文件，规定了各项秘书工作制度。其中主要有：

1. 印信管理制度

1950年2月政务院发布《印信条例》，对全国各级机关的公章的格式、字体、尺度、质料以及制发办法等做出了统一的规定。《印信条例》规定，中央政府所属机关、省人民政府、驻外使馆的印信“一律由中央人民政府制发”，“县、市以上机关的印信均由省人民政府制发”，其他“各机关印信均由各该主管机关制发”。

2. 保密制度

1950年2月发布了《政务院关于各级政府工作人员保守国家机密的指示》，对国家机密的范围、各机关和工作人员的保密纪律，以及对泄密人员的处罚等做了严格的规定。其中有一条特别指出："各机关担任记录、抄写、印刷、盖印等工作人员，应特别注意保守机密的良好习惯，不得泄露。"这一条是专门针对秘书工作人员规定的。"指示"还规定，"有关机密的文电、资料等应由机要秘书或首长指定之人员负保管之全责"，这就将保密工作列为秘书部门常规业务之一。

1951年6月，根据全国秘书长会议的精神起草的《保守国家机密暂行条例》，经中央人民政府政务院第87次会议通过，并报请中央人民政府主席批准后正式颁布实行。这是建国以后关于保守国家机密的第一个法规性文件。

3. 信访工作制度

1951年6月7日发布了《政务院关于处理人民来信和接见人民工作的决定》。

文件指出，"各级人民政府应该密切地联系人民群众，全心全意地为人民服务；并应鼓励人民群众监督自己的政府和工作人员。因此，各级人民政府对于人民的来信或要求见面谈话，均应热情接待，负责处理"。文件还规定，"对人民所提出的意见和问题，凡本机关能办理的，必须及时办理。需要转交下级机关或其他有关部门办理的，应及时转送，并检查催办……若有特殊情况不能及时处理，亦应告知来信本人……对于人民所提问题的处理结果，应及时通知本人"。文件还明文规定，"严禁被控机关或人员采取报复行为；如有报复者，应予以处分，情节严重者并应送司法机关依法惩处"。

政务院"决定"下达后，信访工作就成为秘书工作的一项重要内容，并形成了一系列有关制度。

中国共产党和人民政府信访制度的建立，与毛泽东同志对信访工作的重视是分不开的。据《毛泽东和他的秘书田家英》一书记载，建国前后，党中央收到的人民来信逐渐多了起来，开始毛泽东几乎对每一封来信都亲自阅示，有的是毛泽东直接回信，大部分由田家英代为回信。后来人民来信越来越多，就成立了一个机构，专门为毛泽东和其他中央领导人处理信访工作。

1951年5月，毛泽东在转发中央办公厅秘书室关于处理群众来信的报告时写下了如下重要指示："必须重视人民的通信，要给人民来信以恰当的处理，满足群众的正当要求，要把这件事看成是共产党和人民政府加强和人民联系的一种方法，不要采取掉以轻心置之不理的官僚主义的态度。如果人民来信很多，本人处理困难，应设立适当人数的专门机关或专门的人，处理这些信件。如果来信不多，本人和秘书能够处理，则不要另设专人。"

毛泽东关于正确对待人民来信的指示发出后20天，中央人民政府就做出了关于信访工作的上述"决定"。

4. 机关文书工作和档案工作制度

1951年5月政务院发布了《行政公文处理暂行办法》和《政务院所属各部门、各级政府行文关系的暂行规定》，这两个文件对行政机关的公文种类和名称、行文关系、文书处理的程序、公文的格式等做了具体规定。

1954年12月，中共中央组织召开了党的机关第一次全国档案工作会议，会议通过了《中国共产党中央和省（市）级机关文书处理和档案工作暂行条例》。这个文件对党的机关文书处理工作和档案工作规定了一系列切实可行的制度，其中文书档案由文书部门立卷后再移送档案室保管的规定是对文书工作和档案工作分工协作关系的一项重大改革。根据中央批示，上述"条例"原则上适用于军队和政府机关。1956年4月，国务院发布了《关于加强国家档案工作的决定》。1956年11月，中央办公厅根据上述条例又制定颁布了《中国共产党县级机关文书处理和档案工作暂行办法》。至此，我国党政机关文书工作和档案工作形成了相对稳定的制度。

四、会务工作的新水平

办会历来是秘书部门重要业务之一。实践证明，对规模较大的会议，组成临时的大会秘书处是办好大会的行之有效的方法。

中共取得全国政权后，和平环境为会务工作提供了良好的外部条件，会议规模也空前扩大。从建国到“文革”爆发，有几次大会对当代历史产生了重要影响，其中1954年第一次全国人民代表大会第一次会议、1956年中共第八次全国代表大会和1962年扩大的中央工作会议（史称“七千人大会”）具有代表性，这些大会之所以能够取得圆满成功，与大会周密、高效的会务工作是分不开的。下面以“八大”为例，说明会务工作的新水平。

“八大”的大会秘书处阵容强大，由中共中央政治局委员邓小平任大会秘书长，王稼祥、胡乔木、杨尚昆、谭震林等13人为秘书处成员，其中有9人是大会主席团成员。参加大会的各代表团也设有秘书长和秘书处，各代表小组则设有秘书。整个会务工作在邓小平主持下进行得井井有条，受到代表和中央的一致好评。

“八大”的政治报告是刘少奇作的，而开幕词是毛泽东致的。毛泽东作报告，做演讲，写文章，从来不让别人代笔。“八大”的开幕词毛泽东本来也打算自己写，他起草过两个稿子，不知什么原因，自己不满意，因而没有写完。后来他让陈伯达起草，又不满意，说写得太长，扯得太远，于是将任务交给田家英。毛泽东特别关照“不要写得太长”。田家英花了一个通宵写出初稿，毛泽东比较满意，送中央其他领导看后，又经过多次修改才定稿。毛泽东致开幕词后，许多人都称赞开幕词写得好，毛泽东对大家说：“开幕词是谁写的？是个年轻秀才写的，此人是田家英。”毛泽东当众说明自己的报告是秘书写的，体现了他对秘书劳动的尊重。

五、60年代初的调查研究之风

“八大”以后的几年，中央在一系列问题上发生了严重偏差，其中包括1957年开始的严重扩大化的“反右”运动，1958年开始的“大跃进”和人民公社化运动，以及1959年庐山会议将彭德怀等定为“反党集团”为标志的“反右倾”运动等等。一系列决策失误造成的极其严重的后果，使全党和中央逐步清醒过来，决心认真调查，纠正错误。

1961年初，毛泽东在八届九中全会等一系列会议上多次讲话，要求全党恢复实事求是、调查研究的作风。他说，我们党是有实事求是的传统的。最近几年，调查做得少了，不大摸底了，大概是官做大了。我这个人就是官做大了，从前在江西那样的调查研究现在就做得很少了。请同志们回去大兴调查研究之风。（中共中央党史研究室著，胡绳主编《中国共产党的七十年》）

全会以后，毛泽东组织了三个调查组，分别由陈伯达、胡乔木、田家英担任组长，每组6人，分赴广东、湖南、浙江农村进行调查。与此同时，周恩来、刘少奇、朱德、邓小平等人也分别深入基层调查研究。这期间还将毛泽东1929年写的《关于农村调查》一文，改名为《反对本本主义》正式出版。在毛泽东的倡导下，一时调查研究蔚然成风。党的建设和国家经济建设也在20世纪60年代前期有过一段相对稳定的发展。但是，好景不长，从1962年党的八届十中全会开始，再次将阶级斗争提到全党工作的中心地位，不久即开始在农村进行以阶级斗争为主要内容的“社会主义教育运动”，并进一步发展为全国性的“无产阶级文化大革命”。

六、“文革”前我国秘书工作的特点

1. 中央领导人对秘书工作十分重视

这是中共自民主革命时期就形成的优良传统。新中国的秘书机构建设、秘书制度建设都是在中央领导直接关怀和指导下进行的。1951年5月，毛泽东在一份文件上做了“必须重视人民的通信”的重要批示，政务院随即做出了《政务院关于处理人民来信和接见人民工作的决定》。周恩来直接主持了1951年的全国秘书长会议，并在会上作了重要报告。实际上政务院关于秘书工作一系列法规性和指导性文件都是在周恩来总理直接指导和参与下制定的。邓小平1954年起任中共中央秘书长，1956年任党的“八大”秘书长，八届一中全会上当选为中共中央政治局常委、中央委员会总书记，主持中央书记处工作长达10年之久，直到“文革”前夕。

2. 秘书工作在封闭状态下由逐步发展到基本停滞

建国初期我国秘书工作一度受到苏联秘书工作模式的影响，但这种影响并不明显。我国秘书机构的设置原则和秘书工作的具体程序，主要是继承了民主革命时期中国共产党及其领导下的革命政权秘书工作的做法，在封闭的状态下不断总结新的经验，逐步发展起来的。

十七年当中，由于我们对西方的秘书工作和秘书学知之甚少，这在一定程度上使新中国的秘书工作自50年代中期以后基本上处于停滞状态，影响了秘书工作向科学化、现代化、高效化方向发展。我国秘书工作虽然基本上能够满足当时党政领导机关工作需要，但秘书工作的手段比较陈旧，办公设备比较落后，工作效率不高。

3. 秘书教育和秘书理论研究比较落后

在“文革”之前（以及“文革”之中），我国没有一所高校招收秘书专业学生，学科体系中没有秘书学的地位。各机关选拔秘书一般采用两种方式：一是从高等学校中文等专业毕业生中录用，二是从机关其他部门选调一些写作能力较强的人员。这些人进入秘书岗位后，一般又是以“师傅带徒弟”这种比较原始的方式接受秘书业务的指导。

由于秘书学没有形成独立的学科，秘书业务理论研究基本处于空白状态，除了文书、档案工作的理论有一些像样的成果外，秘书业务的其他方面最多只有一些工作经验交流一类的成果。秘书业务理论研究的落后状况与当时对西方管理科学缺乏学习引进是分不开的。

参考文献：

[1] 中共中央党史研究室著，胡绳主编：《中国共产党的七十年》，中共党史出版社1991年版。

[2] 董边、镡德山、曾自：《毛泽东和他的秘书田家英（增订本）》，中央文献出版社1996年版。

[3] 杨树森、张树文：《中国秘书史》，安徽大学出版社2003年版。

[原载《秘书之友》2006年第11期]

从田家英被迫害致死到形式主义文风泛滥

——“文化大革命”期间我国的秘书工作

一、“文革”对秘书工作的冲击

以1966年5月中共中央发出“五一六通知”为标志，到1976年10月“四人帮”被粉碎，长达十年之久的“文化大革命”对中国的政治、经济、文化和社会生活各方面都造成了极大的破坏。

“文革”的矛头一开始就指向“党内一小撮走资本主义道路的当权派”。在“文革”初期，上至党中央副主席、国家主席刘少奇，下至基层党政机关和企事业单位的一些大大小小的领导，都以“走资派”的罪名受到批斗。秘书部门作为直接为领导服务的机构，也受到严重冲击。具体表现为：

其一，秘书部门的负责人，包括各级党政机关的秘书长和办公厅（室）主任，也被当作“走资派”受到批斗。许多兢兢业业为党工作的秘书工作人员，被称为“走资派的忠实走狗”，受到批斗和歧视；还有一些秘书工作人员因为忠实地遵守保密纪律，不向造反派提供“走资派”的“罪证材料”，而被作为“保皇派”受到打击迫害。

说到“文革”期间秘书人员受到的冲击，不能不提到“文革”初期被迫害致死的田家英。

田家英自1948年10月至1966年5月任毛泽东秘书，长达18年之久。

毛泽东与田家英在长期相处中建立了深厚感情，曾让田家英当儿子毛岸英的国文教员。田家英为毛主席整理过诗词，并自始至终参与了《毛泽东选集》1—4卷的编辑工作。建国初期田家英受命为毛泽东处理人民来信，1956年毛泽东请田家英起草“八大”开幕词，60年代初受毛泽东派遣深入农村调查研究。就是这样一位曾经深受毛泽东信任又有较高理论修养和文化功底的秘书，因为对毛泽东晚年的某些思想和做法有自己的看法，自1962年后逐渐被毛泽东疏远。1965年12月初，毛泽东召集陈伯达、胡绳、田家英、艾思奇、关锋到杭州，研究为几部马列著作写序言的事，但是毛泽东在会上没有谈多少写序的事，却讲了一通哲学问题，特别是对姚文元批判新编历史剧《海瑞罢官》的文章（江青策划的为发动“文化大革命”造舆论的重点文章）做了一些评价。其中说了这样一段话：“《海瑞罢官》的要害是罢官。嘉靖皇帝罢了海瑞的官。彭德怀是海瑞，我们罢了彭德怀的官。”田家英作为序言编写组正式成员和毛泽东秘书，在整理毛泽东的这个讲话时，提出不要把这段与编写马列著作序言无直接关系的话写进去，并在整理关锋、艾思奇提供的纪要稿时，删去了这段话。尽管后来发表时恢复了毛泽东的原话，但关锋将这一事件向陈伯达、江青告了密。就在“五一六通知”发出几天之后，一项“篡改毛主席著作”的罪名栽到田家英头上，5月22日，田家英被宣布“停职反省”，并被限令搬出中南海。在巨大的精神打击下，田家英选择了朋友们不希望他选择的道路——在中南海自己家中的图书室自尽！临死前田家英留下了振聋发聩的遗言：“相信党会把问题搞清楚，相信不会冤沉海底！”

作为最高领导人曾经信赖的秘书，田家英在“文革”初期被迫害致死是发人深省的。从此事也可以想见当时秘书队伍受到的冲击有多么严重。

其二，在1967年1月由上海掀起的波及全国的“夺党内一小撮走资派的权”的狂潮下，许多党政机关的秘书机构直接受到造反派的冲击。

“一月风暴”的发源地在上海。1967年1月3日，文汇报社造反派夺取了报社的领导权。1月5日，以王洪文为头目的“上海工人革命造反总司令部”等11个群众团体联合在《文汇报》上发表了《告上海全市人民书》，掀起所谓的“一月风暴”。1月9日，经毛泽东同意，中央人民广播电台向全国播发了《告上海全市人民书》，表示中央对上海造反派夺权的支持，上海市委主要领导人和数百名干部被揪到人民广场公开批斗，上海市委、市人民委员会（即人民政府）所有机关的工作陷入瘫痪。

这一时期，由上海掀起的夺权狂潮迅速蔓延到全国范围，致使几乎所有城市和部分县级机关无法开展正常工作。在这一形势下，不用说秘书工作一系列规章制度无法执行，就连秘书人员履行正常职责也不可能。这种无政府主义状态导致了建国以后形成的许多切实可行的秘书工作制度被废止。

其三，在“文革”初期的一段时间，一些档案保管部门受到一些别有用心的人的冲击，许多宝贵的档案材料散失了，有的历史档案被严重歪曲篡改，成了抓“叛徒”、揪“特务”的“重磅炸弹”。

“文化大革命”开始后，林彪、“四人帮”为了打倒刘少奇，抓住1936年一批共产党人出狱一事大做文章。康生和中央“文革”小组的成员一再挑动红卫兵追究所谓“六十一人叛徒案”。在这种鼓动之下，全国范围内掀起了“抓叛徒，揪特务”的狂潮，许多地方造反派冲击档案管理部门，破坏档案工作制度，违章查阅档案，断章取义地摘取旧档案中的只言片语用于批判“走资派”。造反派一旦查到谁曾经被国民党逮捕过，谁就成了当然的叛徒；查到谁新中国成立之前曾在旧政权任过职，谁就成了当然的国民党特务。

对档案肆意伪造和断章取义最典型的材料，莫过于江青等人直接控制的专案组向中央提供的《关于叛徒、内奸、工贼刘少奇罪行的审查报告》。该报告“采取弄虚作假、断章取义、逼供信等恶劣手段，拼凑虚构的、牵强附会的材料，伪造证据，报送中央”，党的八届十二中全会在党内生活处于极不正常的状态下通过了这份《报告》和附件《罪证》，宣布中央“把刘少奇永远开除出党，撤销其党内外的一切职务，并继续清算刘少奇及其同伙叛党叛国的罪行”，造成了共和国历史上最大的一桩冤案。（以上材料引自《中共十一届五中全会关于为刘少奇同志平反的决议》）

共和国主席刘少奇1969年11月12日被迫害致死。从这一冤案可以想见“文革”时期我国档案工作受到冲击的程度。

二、“文革”中秘书队伍素质下降

“文革”期间，我国秘书工作者的整体素质明显下降。其主要原因有二：

一是在极不正常的政治气氛中，一些工作多年的富有责任心和工作经验的同志被迫离开了秘书工作岗位。例如，“文革”尚未正式开始，中共中央办公厅主任杨尚昆就被打成“彭（真）、罗（瑞卿）、陆（定一）、杨（尚昆）”反党集团主要成员而靠边站。再以毛泽东身边的秘书为例，1956年，中央正式任命了毛泽东的“五大秘书”：陈伯达、胡乔木为政治秘书，田家英为日常秘书，叶子龙为机要秘书，江青为生活秘书。前三位都是中共党内著名的“笔杆子”，有较高的理论水平和文化素养，都参加过《毛泽东选集》的整理和出版。这几位秘书在“文革”中的情况如何呢？

田家英“文革”前即遭冷落，“文革”初被迫害致死。

胡乔木1959年庐山会议时因赞同彭德怀等反“左”的主张，差点难以过关，好在长期担任毛泽东秘书，毛泽东对他印象不错，得以摆脱了危机。1961年，胡乔木因健康状况不佳需长期疗养，经毛泽东同意离开毛泽东身边。胡乔木在“文革”中先后被揪斗、游街、抄家，不断地写检查，根本不能参加正常工作。直到1975年邓小平重新主持中央工作后，他才被任命为国务院政策研究室主任，恢复工作，但再也没有回到毛泽东身边当秘书。

陈伯达自1939年起即为毛泽东秘书，早年做过一些有益的工作，是中共党内杰出的“理论家”。此人善于见风使舵，在“文革”前期受到毛泽东重用，曾主持起草“五一六通知”，不久被毛泽东提名为“中央文化革命小组”组长，这个小组后来实际上取代了中央政治局。八届十一中全会上，陈伯达被选为政治局常委，成为中共第五号人物，并主持起草了《中共中央关于无产阶级文化大革命的决定》（即“十六条”）。但是毛泽东对陈伯达的信任是有限的。1969年“九大”前，陈失去了毛泽东的信任，他起草的“九大”政治报告毛泽东没有拆封就退了回去。“九大”以后，陈伯达开始投靠林彪，1970年8月在九届二中全会上，他配合林彪就设国家主席问题发起突然袭击，遭到毛泽东的怒斥。毛泽东写下了《我的一点意见》，称“我跟陈伯达这位天才理论家之间，共事三十多年，在一些重大问题上从来就没有配合过，更不去说很好的配合……我们只有站在马列主义的立场上而决不能跟陈伯达的谣言和诡辩混在一起”。九届二中全会宣布对陈伯达进行审查，1971年林彪叛逃事件发生后，陈伯达被投入监狱。

江青本是负责毛泽东生活事务的生活秘书。1962年以后江青渐入政坛，“文革”初期担任“中央文革”第一副组长，实际上掌握着“中央文革”的领导权。从理论水平、写作能力和综合素质看，江青远远不及陈伯达、胡乔木、田家英，但在“文革”这一特殊时期江青飞黄腾达，成为中央政治局委员，直到毛泽东逝世、“四人帮”被打倒。

从毛泽东主要秘书人员地位的变化之一“斑”，可以窥见秘书队伍整体素质下降之全貌。

在“夺权”以后新成立的“革命委员会”的秘书机构中，一些造反派或极左思想严重的人占据了负责人的位置。

二是“文革”期间我国教育事业遭到严重破坏，全国高校1966年到1971年停止招生，1971年以后则不经考核而招收了为数有限的基础水平参差不齐的“工农兵大学生”，他们上大学的任务主要不是学知识，而是“上、管、改”，即上大学、管理大学、改造大学，这使得学校管理一片混乱。在这种情况下，一些真正想学习知识的学员也难以学到真正的知识。这一时期不但高校多年不招学生，就连中小学教育的正常秩序也受到严重干扰。我国公民特别是青年的文化素质普遍下降。在这种形势下，因缺少受过正规教育的新鲜血液的补充，导致秘书队伍整体素质普遍下降。

三、"文革"时期的公文文风

"文革"时期，党的实事求是的正确思想路线被抛弃，民主集中制的领导原则也受到严重破坏，思想、组织路线上的错误也影响到公文文风。毛泽东在延安整风运动时曾做了《反对党八股》的著名演讲，倡导生动活泼的文风。1958年，毛泽东在为中共中央起草的《工作方法六十条（草案）》中指出："文章和文件都应当具有三种性质：准确性、鲜明性、生动性。准确性属于概念、判断和推理问题，这些都是逻辑问题。鲜明性和生动性，除了逻辑问题外，还有词章问题……现在许多文件的缺点是：第一，概念不明确；第二，判断不恰当；第三，使用概念和判断进行推理的时候又缺乏逻辑性；第四，不讲求词章。看这种文件是一种大灾难，耗费精力又少有所得。一定要改变这种不良风气。"

毛泽东反对形式主义的文风，反对文章不讲逻辑，无疑是正确的。遗憾的是，由于种种原因，毛泽东晚年未能坚持这一思想。在"文革"这一特殊的历史时期，我国公文文风不正的问题表现得尤为突出：

一是形式主义泛滥。如：任何公文前都必须引用"最高指示"（林彪发明的对毛泽东语录的称呼），公文中凡是引用的毛泽东的原话都必须用黑体字印刷，以表示对"最高指示"的绝对重视，等等。

二是个人崇拜盛行。这一时期公文中口号连篇，"万岁"泛滥，对毛泽东的个人崇拜达到登峰造极的地步，甚至认为毛泽东的话"句句是真理，一句顶一万句"。在1967年到1968年各省、市、自治区革命委员会成立大会给党中央、毛主席的贺电中，文头普遍写有"我们最最最最敬爱的伟大领袖、我们心中最红最红的红太阳毛主席"的称呼；而文尾则写上"衷心敬祝伟大领袖毛主席万寿无疆！万寿无疆！祝毛主席的亲密战友林副主席身体健康！永远健康！"

三是弄虚作假不讲逻辑。明明因为武斗升级使国民经济遭到严重破坏，正常工作秩序受到严重干扰，林彪在1967年"代表毛主席、党中央和中国政府”所做的国庆讲话中却总结说，“文化大革命”“取得的成绩最大最大最大，受到的损失最小最小最小”。“文革”期间的公文中类似“‘文化大革命’就是好！就是好！就是好！”“谁反对‘文化大革命’，我们就砸烂谁的狗头！”一类毫无道理可言的语言随处可见。

为了说明“文革”期间公文文风的状况，下面引录1969年4月1日林彪在“九大”所做的政治报告最后一节：

全党团结起来，全国人民团结起来，高举毛泽东思想伟大红旗，下定决心，不怕牺牲，排除万难，去争取胜利！

无产阶级“文化大革命”的伟大胜利万岁！

无产阶级专政万岁！

伟大的、正确的、光荣的中国共产党万岁！

伟大的马克思主义、列宁主义、毛泽东思想万岁！

我们伟大的领袖毛主席万岁！万岁！万万岁！

参考文献：

[1] 中共中央党史研究室著，胡绳主编：《中国共产党的七十年》，中共党史出版社1991年版。

[2] 董边、镡德山、曾自：《毛泽东和他的秘书田家英》，中央文献出版社1996年版。

[3] 叶永烈：《毛泽东的秘书们》，上海人民出版社1994年版。

[4] 杨树森、张树文：《中国秘书史》，安徽大学出版社2003年版。

[原载《秘书之友》2006年第12期]

从提出“三服务”宗旨到推行公务员制度

——十一届三中全会以来我国的秘书工作

一、三中全会后秘书工作的全面恢复

1. 1981年全国秘书长办公厅主任会议

1978年12月中国共产党召开了十一届三中全会，完成了党的思想路线的历史性转折和全党全国工作重心的战略转移，我国进入了全面进行现代化经济建设的新的历史时期，秘书工作也随之出现了全新的局面。

1981年3月，中共中央办公厅召开了一次全国各省市秘书长办公厅主任座谈会，对建国后三十多年秘书工作正反两个方面经验教训进行了全面总结。这次会议充分估计了“文革”对秘书工作造成的巨大破坏，对“文革”前形成的一系列秘书工作制度进行了认真讨论。会议认为“文革”前许多秘书工作制度在当时是完全合理的和行之有效的，重申其中许多制度在新时期仍然需要认真执行。会议同时指出，随着时代的发展，原来的一些制度在新时期需要进一步修改完善。

2. “公文处理办法”的发布和修订

1981年全国秘书长办公厅主任会议召开后，国务院办公厅根据会议精神，于1981年2月 27日公布了《国家行政机关公文处理暂行办法》，这是对1951年5月政务院发布的《关于行政公文处理暂行办法》第一次全面修订。1987年、1993年国务院办公厅对这一办法又进行了两次修订。2000年又进行一次重大修订，并以国务院的名义发布了《国家行政机关公文处理办法》，2001年1月起在全国行政系统施行。

3. 关于领导干部要亲自起草重要文件的指示

领导人亲自动手起草重要文件，是中共从革命战争年代起就形成的优良传统。但是，这一优良传统建国后没有得到保持和发扬，经过十年“文革”，更是被破坏殆尽。

为了恢复和发扬党的优良传统，1981年5月7日，中共中央发出了《关于各级领导干部要亲自动手起草重要文件，不要一切由秘书代劳的指示》。文件规定：“今后，领导者个人的重要讲话、报告，一律要亲自动手起草。领导机关的重要文件，一律由领导者（或指定一位负责同志，或由若干人合作，一人负主责）亲自动手，亲自指导、主持起草工作。所谓亲自动手，主要是指领导者必须开动脑筋，提出文件的基本思想，包括主要的观点、意见、办法……文字的加工整理，可以由秘书或其他适当人员协助，但不得把起草工作全部推给他们。”指示阐述了领导干部亲自动手起草重要文件的重要意义，指出这“不是技术性的问题，而是领导工作的原则性问题”。

中央的这个指示是对各级领导干部发出的，但它在重要文件的产生程序和内容上的要求、秘书人员在起草重要文件过程中的作用、秘书和领导的关系等方面，对秘书工作者也有重要的指导意义。

二、新时期秘书工作的新要求和新内容

1. 1985年全国秘书长办公厅主任会议

1985年1月，中共中央办公厅主持召开了全国秘书长办公厅主任座谈

会，这次座谈会总结了1981年秘书长办公厅主任会议以后四年来秘书工作的经验，确定了今后秘书工作的发展方向，在共和国秘书工作史上具有特别重要的意义。

第一，这次会议着重研究了新形势下如何发挥秘书部门的参谋助手作用问题，第一次把参谋作用提到助手作用之前，对秘书工作提出了新要求。

第二，这次会议明确了秘书工作必须坚持“为领导工作服务，为各部门和下级单位服务，为人民群众服务”（简称“三服务”）。

第三，这次会议从强化秘书部门参谋职能出发，明确提出新时期秘书工作必须实现“四个转变”：从偏重办文办事转变为既办文办事又出谋献策，从收发传递信息转变为综合处理信息，从单凭老经验办事转变为实行科学化管理，从被动服务转变为主动服务。

2. 秘书工作内容的拓展

随着秘书部门参谋职能的强化，秘书工作在领导决策的形成和实施过程中的辅助作用越来越重要，秘书工作的内容在20世纪80年代后有了新的拓展。这主要表现在以下几个方面：

（1）调查研究在秘书工作中的地位得到提高。从80年代早期起，各地市以上党政领导机关办公厅（室）中的“研究室”陆续从办公厅中分离出去，成为与办公厅平行的机构，这说明调查研究在秘书各项业务中相对地位的提高和工作量的增加。

（2）信息工作成为秘书部门一项重要的经常性业务。信息作为一个科学概念的形成，以及信息论成为一门科学，在西方也是最近几十年的事。信息对科学决策的重要意义使得信息工作成为当代秘书工作最重要的内容之一。

（3）督促检查成为秘书部门一项重要职责和常规业务。20世纪90年代后，各级办公厅（室）中相继成立了督查工作处（科）等专门机构，承担越来越繁重的督查业务。

（4）秘书部门的协调职能得到充分重视和强调。协调是领导者的职责，秘书部门本来就有义务协助领导做协调工作。20世纪80年代以来，办公厅承担了越来越多的协调事务。

3. 档案工作和保密工作的法制化

档案工作和保密工作历来是秘书工作的重要内容。20世纪80年代，我国的档案工作和保密工作走上法制化的轨道。

1954年中共中央曾发布了《中国共产党中央和省（市）级机关文书处理和档案工作暂行条例》，1956年4月，国务院又发布《关于加强国家档案工作的决定》。但是，这两个文件并不具有国家法律法规性质，而且它们所规定的一些行之有效的档案工作制度，在“文革”期间遭到严重破坏。1983年4月，国家档案局根据中共中央和国务院有关档案工作的决定和指示，制定发布了《机关档案工作条例》，并随之发布了《关于文书档案保管期限的规定》。这个具有法规性质的重要文件发布以后，全国上下各机关单位都按照《机关档案工作条例》的规定，建立了档案室，配备了专职的或兼职的档案工作人员。1987年9月，六届人大常委会通过了《中华人民共和国档案法》，并于1988年起在全国施行。至此，我国档案工作实现了法制化管理。

早在建国后不久，中央人民政府政务院就发布了《保守国家机密暂行条例》。进入新时期后，国际国内形势发生了深刻变化，原来规定的一些制度已经不宜继续执行，而一些有效的制度由于十年动乱的巨大冲击又亟待恢复，根据这一形势，1988年9月，七届人大常委会通过《中华人民共和国保守国家秘密法》，从法律上对国家秘密的概念和范围、保密制度、泄密失密的法律责任等做了严格规定。国家对保密工作实行了法制化管理。

三、秘书教育和秘书学科研的大发展

1. 高等教育秘书专业的创办和迅速发展

“文革”前，我国高等学校没有秘书专业，学科体系中也没有秘书学这门学科。十一届三中全会后，大规模经济建设和管理现代化对秘书人才数量和质量的要求，将秘书专业的高等教育提上日程。我国高等院校中，最早创办秘书专业的是上海大学文学院。1980年秋，该校为适应三中全会后社会对秘书人才的广泛需求，在全国率先招收秘书专业学生（专科）。此后不久，成都大学、江汉大学、安徽师范大学等院校也开设了秘书专业。

由于秘书专业顺应社会经济发展的大趋势，秘书专业毕业生一时成为“抢手货”，在当时计划经济条件下，他们大多被分配到党政机关、事业单位和大中型企业（包括当时为数不多的“三资”企业）工作。毕业生广受欢迎，受到教育行政主管部门的关注，刚刚创办的秘书专业在很短的时期内得到迅猛发展。据不完全统计，到1985年止，全国设置秘书专业或秘书学课程的高等院校已达120多所。到90年代中期，设有秘书专业的高校达到400余家，秘书专业已经发展成为全国高校招生人数最多的专业之一。其中上海大学、四川大学、南京师范大学、安徽师范大学等二十来所院校已经陆续将秘书学专业从专科提升到本科层次，为社会培养了大批高质量的秘书人才。

2. 秘书学理论研究兴起

高校开办秘书专业，对学生进行系统的秘书专业知识和技能的教育培养，标志着秘书学作为一门新兴学科的正式诞生。

秘书学是我国独立创办的一个新学科。由于我国管理模式与西方国家有很大不同，我国秘书工作与西方国家也有很大差异，加上长期对外封闭，我国秘书学的产生基本上没有受到国外秘书学的影响，而主要是在总结中共领导下的秘书工作历史经验的基础上创建的。

伴随着秘书教育的发展，秘书学理论研究在20世纪80年代以来得到迅速发展，其主要表现有：

（1）秘书学教材和专著大量出版。据不完全统计，到2000年止，我国正式出版的秘书学教材和专著不下一百种，其中既有《秘书学》《秘书学概论》一类通论性著作，也有《涉外秘书》《商务秘书》等带有行业特点的专门性著作。虽然这些秘书学读本质量差别很大，但众多专著教材的出版从一个侧面反映了秘书学研究的活跃。

（2）秘书学杂志纷纷创刊。1983年，我国第一家秘书杂志《秘书》（上海大学文学院主办）创刊。此后又有若干家秘书学杂志出版。其中影响最大的除《秘书》外，还有中共中央办公厅秘书局主办的《秘书工作》，兰州大学主办的《秘书之友》，国家档案局主办的《办公室业务》等。这些杂志为秘书学理论研究和秘书工作经验交流提供了阵地，也从一个侧面反映了秘书学理论研究的繁荣。

（3）秘书学学术组织相继成立，学术活动活跃。自20世纪80年代中期起，全国陆续成立了十多个秘书学学术组织，除各省秘书学会和各行业秘书学会（协会）外，还成立了全国性的学术研究机构和学术组织，如中国管理科学研究院秘书学研究所、中国高等院校秘书教学研究会等，学术活动相当活跃。

（4） 国外秘书学书籍陆续被翻译介绍到中国。20年来，先后出版的国外秘书学译本有美国的安娜·埃克丝蕾等主编的《韦氏秘书手册》，苏联卡捷琳娜等著的《机关秘书》，日本夏日通利著的《企业秘书》等。这些国外秘书学书籍的翻译出版，使人们比较全面地了解到国外秘书工作的现状和发展趋势，对我国秘书学的研究和秘书工作的开展具有重要参考价值。

四、市场经济条件下秘书工作的新发展

1992年春天邓小平南方谈话和当年秋天召开的中共十四大确立了社会主义市场经济理论。市场经济体制逐步确立，使中国社会生活发生了深刻的变化，也对秘书工作产生了巨大的影响。这主要表现在以下几个方面：

1. 非公有制公司秘书和私人秘书数量迅速增加

20世纪80年代以后，伴随着非公有制单位的出现，私人秘书、非公有制单位的秘书也就出现了。90年代后，非公有制经济成为我国社会主义市场经济的重要组成部分，非公有制公司秘书和私人秘书急剧增加，成了我国秘书队伍中不可忽视的重要组成部分。

2. 公关工作和谈判事务成为秘书部门重要工作

在市场经济条件下，企业要在竞争中生存发展，必须建立良好的公众形象，这就离不开公共关系工作。我国大多数企业的公关工作是由秘书部门承担的，许多单位配备了专门的“公关秘书”；即使那些设有专门公关部的公司，办公室也承担不少公共关系事务。经济谈判目前已经成为各级机关和各类企事业单位领导经常性的公务活动，秘书要为领导的谈判提供各种服务，承担谈判的具体事务，经常直接参加领导的谈判活动，有时还在领导的授权下代表单位进行谈判。因此，谈判事务在90年代后便成为秘书部门经常性的业务工作之一。

3. 办公自动化迅速发展

办公自动化在我国到20世纪90年代初才真正起步，但发展速度比较快。现代化的办公设备进入了一般单位办公室，省级以上办公厅和部分地市级机关、大型企事业单位的办公部门实现了计算机联网，而且我国科技人员开发了一些适合我国国情的办公自动化软件。

4. 国家公务员制度正式推行

1993年4月，国务院发布了《国家公务员暂行条例》。从1995年开始，全国各省市陆续按照条例规定，以公开考试的办法面向全社会录用公务员，每次招考录用的职位中，文秘人员都占有较大比重。公务员录用考试使得国家行政机关新录用的秘书人员的素质得到保证。这些基本素质好、文化水平高、思想观念新的年轻人不断补充到国家行政机关的秘书队伍中来，必将加快我国秘书工作现代化的进程。2005年4月27日，在《国家公务员暂行条例》基础上制定的《中华人民共和国公务员法》获十届人大常委会十五次会议通过。

参考文献：

[1] 中共中央党史研究室著，胡绳主编：《中国共产党的七十年》，中共党史出版社1991年版。

[2] 杨树森、张树文：《中国秘书史》，安徽大学出版社2003年版。

[3] 中共中央整党工作指导委员会编：《十一届三中全会以来重要文献简编》，人民出版社1983年版。

[4] 杨树森：《秘书学概论》，安徽人民出版社2005年版。

[原载《秘书之友》2007年第1期]

中国古代的会议和会务工作[①]

会议自古以来就是行政管理的一种常用手段。“办会”历来是秘书工作的一项重要业务。了解古代会务工作的一般情况，对我们理解当代管理活动中的会议的作用，以及如何做好会务工作，有一定的借鉴价值。

一、原始社会部落联盟会议和会务工作

会议的历史与人类社会的历史一样长。在漫长的原始社会早、中期，会议仅限于规模较小的氏族内部，不需要专门的会务组织工作，可以说那时只有会议而没有会务工作。

到了原始社会末期，若干氏族组成了胞族，若干胞族组成部落，若干部落组成部落联盟。部落和部落联盟实行原始民主制，重要问题集体议决，因此产生了频繁的原始会议。

原始社会末期的会议大致有以下几种：

一是部落联盟首长召开的议事会议，类似于今天的办公会议，如由最

① 本文及以下11篇文章，为中共中央办公厅秘书局主办的《秘书工作》2007年“中国古代秘书知识”专栏全年12期的全部文章。该专栏是笔者为该刊策划设立的全面介绍古代各项秘书工作的概况的栏目。其中8篇文章为笔者主笔，另有4篇为笔者组稿，由安徽师范大学秘书学教研室的其他老师撰写。为使读者阅读本书时获得较完整的古代秘书工作的有关知识，这4篇文章也收入本书，并按发表时间顺序排列，文章标题下皆署原作者名。

高部落联盟管理者和各部落酋长参加的议事会等。据传说，尧在确定派谁去主管治水时就召开了部落联盟会议，尽管他本人觉得鲧不可靠，但还是服从了多数人的意见，决定派鲧去治水；尧去世后，已经掌握实际管理权的舜提议让尧的儿子来继位，但遭到与会人员的反对，大家一致推选舜来领导。

二是战争动员大会。如黄帝在发动对南方蚩尤部落战争前，就召开了一次大会，动员所有参战人员团结一致，勇猛进攻，最终于战胜了蚩尤；又据《墨子·兼爱》记载，禹在代替舜指挥伐苗战争前，也举行了战前动员大会，还在会上发表了“伐苗誓辞”。

三是庆祝大会。如黄帝击败蚩尤、炎帝之后，被大家拥戴为“天子”不久，在釜山（今河北涿鹿）举行庆祝大会，参加会议的有“万国”之多。

四是礼仪性质的朝见大会。大禹即“天子”位不久，先后在涂山（今安徽怀远）和苗山（今浙江绍兴），举行了各国诸侯（实际为各部落酋长）大会，要求他们服从中央指挥。这种礼仪性会议仪式非常讲究，有仪仗队、乐队、舞队，禹头戴垂珠曳玉冕，身穿日月星辰山龙华虫绸花袍，气派威严，隆重非常。

从传说中的这些部落联盟会议看，参加人数已比较多，一议决的事项也比较重要，这些会议必然有许多会务工作，诸如会议的准备、通知、仪式的确定、指挥等等。这些工作是在会议主持者领导下由“百模”“纳言”等秘书官负责实施的。

二、历代会议概览

阶级和国家出现以后，作为国家管理重要手段的会议也逐渐增多，处理国家内部事务和国与国之间行政事务的会议相继产生，对会议的组织工作要求越来越高。如春秋战国时期，诸侯列国之间盟约会议，会议的主持人、记录人等，都比较齐备。

由于封建王朝是专制政权，国家大政方针的形成往往缺少民主讨论的过程，因此历代会议虽然不少，但大多为礼仪性的会，如天子登基、册封太子、祭祀祖先的仪式等等。在历史上，对国家施政产生重大影响的会议为数不多，其中最著名的要数西汉中期的“盐铁之议”和唐代的“政事堂会议”。

1. 西汉的“盐铁之议”

汉昭帝时，中央政府召开了一次由盐铁官营问题引起的有关国家政策的辩论大会。汉武帝在元狩年间起用桑弘羊等人，制定和推行一系列新经济政策，如统一币制，盐铁和酒类官营，实行均输平准、算缗告缗（两种重要的税收政策）等，这虽然充裕了国家财政，但是广大农民负担愈来愈沉重。这些客观情况促使武帝晚年的政策发生重大改变。征和四年（前89）武帝诏令：此后务必禁绝苛暴，不得擅兴赋役，应致力农耕，从而在一定程度上恢复了汉初的“与民休息”政策。汉武帝在政策上的转变，对于稳定汉王朝的统治是必要的，但统治集团内部意见并不一致。武帝死后，继位的昭帝年幼，大权掌握在霍光手里。为了保证“与民休息”政策的实行，昭帝始元六年（前81）二月下诏命丞相田千秋、御史大夫桑弘羊召集郡国所举贤良文学六十多人在长安开会，询问民间疾苦。贤良文学之士与桑弘羊意见不一，他们就汉王朝的内外政策进行了几十天的辩论。西汉桓宽编撰的《盐铁论》详细记载了盐铁之议的情况，这本书可以说是中国古代一部比较完整的会议纪要和会议文件汇编。

这次具有确定治国方策性质的会议，反映了统治阶级内部对当时经济和政治形势的不同认识，以及由此而提出的不同的治国政策。经过这次辩论，“与民休息”的政策进一步得到肯定，对昭帝、宣帝时期社会经济的恢复和发展产生了积极的影响。

2. 唐代“政事堂会议制度”

魏晋南北朝时期逐渐形成的中央政府机构的“三省制”，到唐代得到逐步完善。三省之间的关系是“中书出令，门下审议，尚书执行”。中书省是起草政令的机关，中书舍人拟稿后由中书令或中书侍郎选定并补充修改，再呈送皇帝画一“敕”字，然后送达门下省，经过门下省审议后再由皇帝亲自批准，才能成为国家的正式法令交尚书省执行。

中书省拟好的政令送达门下省时，如遇门下省反对，就会将它“封还”，命令即算作废，皇帝的“画敕”也等于无效。所以唐代皇帝欲下诏敕，一般先由门下省和中书省举行联席会议，会议场所称为“政事堂”。政事堂会议的出席人包括中书门下两省长官及副官，多时有至十几人，最少时只有两人。开会时有一主席，称为“执笔”。讨论结果，由他综合记录，等于现在之书记长。此项主席轮流充任。有时一人轮十天，有时一人轮一天。

尚书省长官一般不出席政事堂会议，他们只有执行命令之权，而无发布命令及参与决定命令之权。皇帝命令，在“敕”字之下须加盖“中书门下之印”，即必须在政事堂会议正式通过，然后才能送尚书省执行。若未加盖“中书门下之印”而由皇帝直接发出的命令，在当时被认为是违法的，不能为下面各级机关所承认。

中央政令须由政事堂会议通过才有效，皇帝一人说话不算数，这在封建社会中算是最“民主”的决策制度了。贞观三年（629），唐太宗对中书、门下两省的官员说：“中书、门下，机要之司。擢才而居，委任实重。诏敕如有不稳便，皆须执论。近来唯觉阿旨顺情，唯唯苟过，遂无一言谏诤者，岂是道理？……自今诏敕疑有不稳便，必须执言，无得妄有畏惧，知而寝默。”由于政事堂会议制度使中央政令在下发前经过充分的论证，避免了中央政府决策失误，“由是鲜有败事”（《资治通鉴》）。它对“贞观之治”的出现起了重要作用。这一制度的合理性对于我们今天起草重要文件、出台重要政策或形成重要决定，仍然有很高的借鉴价值。

古代类似盐铁之争这样的会议究属少数，大多是一些例行会议。各个朝代会议之频繁、会务工作之繁琐，均大同小异。下面引录潘林杉先生的《中国古代秘书通论》（安徽人民出版社1990年版）一书中对清代会议概况的介绍，以便读者了解封建社会会务工作的大致情况。

三、清代的会议概况

1. 清代会议的种类

清代的会议多种多样。就朝廷会议而言，已形成完备的会议制度。从它的形式名称划分大致有六种：

第一，常朝会，这是皇帝例行的办公会。一般情况下一日一次，特殊情况下改为二日、三日乃至五日一次，于黎明时辰举行。会议由皇帝亲自主持，与会人员除有关朝官外，还有掌玺、记注官等服务人员。内容通常是预先拟好的谕诏，由皇帝在会上宣布，有时也议论一些问题。

第二，大朝会，有定期和不定期两种。定期的大朝会为每年新年、冬至、万寿（皇帝生日祝寿）各举行一次的“三节会”，不定期的指皇帝登极、大婚（包括公主结婚）、册封皇妃或太子等大会。大朝会是朝廷举行的规模最大、最隆重的大会。参加大会人员，除在京的朝廷文武官员、皇室亲王等成员外，地方各省还派人参加，人员多在500人上下。会议内容多由内外官进表献辞，对皇帝和朝廷歌功颂德。

第三，军礼大典会，这是不定期的会议，与大朝会有相同之处，参加对象不尽相同。内容有大阅、亲征、命将、纳降、凯旋、献俘等，均与军队活动和战争行动相关，其仪式也很隆重。

第四，皇帝会见被“引见”官员会议，通过“引见”，皇帝可以直接面视县以上官员，并予以任免。清代这类会议比较多，是临时性的会议。

第五，外交活动举行的各种会议，诸如朝觐、迎送外国使者等，这类会议，自第一次鸦片战争以后与日增多。

第六，探讨统治方略的会议，由皇帝随时召集身边重臣或参谋顾问咨询官员座谈讨论。

从内容上看，以上六种会议只有第一种和第六种才是真正商议事情的会议，其他五种都是礼仪性的集会。

2. 会务工作的落实

以上各种会议的会务事项，由内阁、军机处等秘书工作部门负责安排统筹，具体工作则由礼部、太常寺、鸿胪寺、光禄寺等有关机构负责落实。譬如：太常寺负责庙坛祭祖典礼的安排；光禄寺负责节庆、祭典婚丧等会议的筵席；鸿胪寺负责朝会、宴会、祭祖礼仪事项，通知参加大朝会等官员名单、排定班次，确定不同官员穿戴官服，安排行礼礼仪。清末光绪帝官制改革后将光禄、太常、鸿胪并入礼部，宣统三年又改礼部为典礼院，故具体工作先后由礼部、典礼院安排。

礼部分置了许多部门分管会务礼仪，如仪制清吏司掌嘉礼、军礼事务，祠祭清吏司掌吉礼、凶礼事务，主客清吏司掌典礼和接待外宾事务，精膳清吏司掌“燕飨廪饩牲牢”事务，等等。吉礼、嘉礼、军礼、宾礼等会议，执事官（殿内侍班、领侍卫内大臣、豹尾班侍卫、记注官等）都是东西相向站立，殿内侍班有一定法定人数。

每一种会议，由皇帝的侍卫处按法定程序，负责安排随从警卫。侍卫处由御前大臣统领，内有几百人编制。

从清代会务的数量、会务组织机构和事务看，封建朝廷的会务工作是极其烦琐的，且所承办的会议大多是维护封建帝王的威严的礼仪性会议。所以，古代在会议组织方面的秘书工作没有多少值得今天借鉴的有益经验，反倒有许多做法是今天应该努力避免的。

［原载《秘书工作》2007年第1期，发表时题名《古人是怎样开会的?》］

中国古代的信访工作

张树文

一、中国信访工作的起源

中国古代最早的信访工作，可以追溯到原始社会末期的尧舜时代。《史记·文帝本纪》上说："古之治天下，朝有进善之旌、诽谤之木。"这里所说的"古之治天下"，指的就是尧舜治理天下的时代。

所谓"进善之旌"，乃是尧在位的时候在朝廷前设置的一面旗帜，它的作用就是让老百姓站于这面旗帜下向他直接指陈对政事的意见、建议和批评，只要是站在这面旗帜下说的话，不管内容对错，也不管语言是否尖锐，一律不追究责任。据《大戴礼记·保傅》《后汉书·杨震传》等典籍记载，尧的这一措施乃是广开言路的一大妙招，旗杆一竖，前来提意见和建议的人很多，"使天下得尽其言"。当时尧正派鲧去治理泛滥成灾的洪水，鲧用筑坝造堤的方法治水，九年不见成效，大水冲毁了堤坝，水灾反而更严重了，老百姓意见很大，于是尧听从人民意见，命舜巡行天下考察民情。舜虽然不辞劳苦四处巡视，仍担心自己见闻有限，办事有遗漏，出差错，便在自己的门前设了"诽谤之木"（古代"诽谤"一词不含贬义）和"敢谏之鼓"。所谓"诽谤之木"，就是在门前立了一根木柱，无论谁发现了舜的过失，都可以在木柱前大胆地指出来，由安排在木柱前的书记员记录下来，转告给舜。所谓"敢谏之鼓"，就是在门前放上一面大鼓，无论是哪个人想举荐贤良之士或进献治世之策，都可以击几下大鼓，舜就接见他们，听取意见。通过这种办法，舜得知颛顼帝的八个子孙、帝喾的八个子孙，世代贤德，为百姓办了不少好事，便委他们以重任。舜又得知帝鸿氏的后代浑沌行凶作恶，包庇奸邪；少皋氏的后代穷奇不讲忠直信义，散播凶言恶语；缙云氏的后代饕餮唯利是图，贪求财货。舜便将这些凶恶的家族发配到边荒之地。舜还听说在丹水的丹朱鼓动南方的三苗发动叛乱，便亲自率众，前去讨伐。此外，舜见鲧治水多年，毫无成效，就将他免职，发落到了羽山。在这些传说中，"进善之旌""诽谤之木"和"敢谏之鼓"，都是为了广泛听取臣民的意见、批评和建议，这些做法开创了我国古代信访工作之先河。

二、西周的"路鼓""肺石"和专掌信访官员的出现

西周时代，中央政府在夏官、秋官中分设太仆、朝士等官，掌理上访之事，同时设立了"路鼓"和"肺石"。

路鼓乃"敢谏之鼓"的沿用。《周礼·夏官》记载，"太仆……建路鼓于大寝之门外，而掌其政，以待达穷者与遽令"，"御仆掌群吏之逆，及庶民之复……以序守路鼓"。这里所说的"逆"和"复"，就是群臣的建言和老百姓的批评。在内朝门外设置路鼓，并派专人看守接待，听取他们对政事的意见和申冤，由御仆将他们的意见报告太仆，太仆再报告天子和六卿。

西周初年，周公还下令在外朝门外置"肺石"，让京畿内外之老幼穷苦百姓申冤。此石之所以叫肺石，是因为颜色和形状都像动物的肺脏而得名。"以肺石达穷民，凡远近茕独老幼之欲有复于上，而其长弗达者，立于肺石三日，士听其辞，以告于上而罪其长。"（《周礼·秋官·大司寇》）西周上诉须事先交纳"保证金"，贫苦百姓往往无力交付这笔"保证金"。周公这一命令的意思就是说，不管远近，凡孤独无援，无力交纳诉讼"保证金"的老少百姓，如上诉后地方官扣压冤情不上报，百姓可以

站在肺石上三日，表示有冤屈要申诉。这时，管理肺石的“士”就得出来接见，倾听他的陈诉，并将情况上报六卿或天子，调查核实后予以处理，并要处罚扣压冤情不上报的地方官。

三、秦汉的“公车司马”官职和“诣阙上书”制度

秦代开始，朝廷中设置了“公车司马”（后改称“公车令”）一职，其职责之一是接待和安排上书或请求面见皇帝陈言的吏民，是兼管信访事务的官员。

西汉时又设有“诣阙上书”制度。所谓“诣阙上书”，指的是百姓或下级官吏若蒙受冤狱，可越级上书中央司法机关申冤，是一种典型的越级上诉行为。出现这种越诉行为的原因主要有：地方官员判案不公，造成冤狱，受害者不得以如此；地方官吏互相推诿，不负责任，受害者冤苦无诉，不得以如此；被告人权高位重或案情重大，受害人或知情人不得不越级上诉。“诣阙上书”制度的确立，对纠正地方官衙办案不公、减少冤假错案、缓和社会矛盾等具有积极意义。

四、我国最早的专门信访机构——唐代的匦使院

唐代是我国古代信访制度相对完备的朝代。唐初防周制，在朝廷前备置“肺石”“登闻鼓”，臣民可通过叩石击鼓鸣冤上访。

公元684年，武则天称帝，改国号为周。为巩固皇位，打击政敌，在中书省设立了一个特殊的机构——匦使院，其主管官员称“知匦使”。匦是一种铜铸的大匣子，置于宫门外，其形如小舍，相当于一只巨大的信箱，四面均开有可进不可出的投书口。东面名为“延恩”，专供怀才抱器、希于闻达者投书；南面名为“招谏”，专供愿匡正政治过失、有益于理政者投书；西面名为“申冤”，专供含冤负屈、无辜受刑者投书；北面名为“通元”，专供作赋颂扬朝政者投书。有匦始有院，匦使院就是专门管理大

匦的机构，它是一个名副其实的信访机构。

武则天还专门下了一道诏令，鼓励各地官民人等进京投书告密，并规定凡欲进京投书者，沿途由州县官府供给驿马和食宿，并严令各地官府不得询问告密者的投书内容。告密有功者可获奖励，内容不实者不追究责任。在朝廷鼓励下，四方来京投书告密者不计其数，匦使院收到的投书堆积如山。武则天除专门任用大批官员去审理这些信件外，她自己还亲自召见投书告密者。

设置匦使院的主要目的是鼓励告密以网罗罪名打击政敌，特别是规定告密不实者不予追究，加上那些审理告密信的官员多为酷吏，所以造成许多冤假错案。尽管如此，匦使院的设立毕竟从形式上开辟了一条最高统治者了解下情的渠道，它是我国最早的中央政权的信访机构，在秘书史上具有重要意义。

武则天以后，唐朝历代沿用其制。匦院主官名称略有变更：玄宗改知匦使为献纳使；肃宗复称知匦使；德宗除仍以谏议大夫为知匦使外，并增设理匦使，由御史中丞充其任。

五、宋代中央政府的信访机构——鼓院和检院

宋代中央政府分设两个不同层次的独立信访机构——鼓院和检院。

鼓院是初级的信访部门，宋初叫作鼓司，后改称登闻鼓院。仿照唐代的匦使院，在院门前放置大匦，供投书用。凡有关朝政得失、陈功求赏、申冤理屈的上书，以及不属于官府正常上行文书和无法呈送皇帝的文书，均可投入匦内，如无人受理，则可击鼓。

检院原称匦院，为高一级的信访部门。检院门前也置有匦。凡吏民人等投书鼓院未被受理，或感到处理不公，可再向检院投书。检院有处理投书的规章制度：凡紧急投书当天就要呈送皇帝，一般上书每5天呈送一次。

北宋时皇帝对两院比较重视，他们为了通过两院直接了解民情，往往

选派比较可靠的官员来主管两院事务。由于设立了两级信访部门，上书者就多了一次投书的机会，不至于上书被一个部门扣压。这是信访工作的一大进步。

六、明清两代的信访机构和信访制度

明代和清代中央信访机构有通政使司和登闻鼓院（厅）。洪武三年（1370），朱元璋特设“察言司”，职掌为受理吏民申诉，洪武十年（1377）该机构改名为“通政使司”。“通政”是政情畅通之义，其职掌范围很宽，既是中央政府的总收文机关，又参与议决大政，是高级参谋班子；同时负责受理四方陈情、建言、申诉冤屈或检举不法行为的上书。明代后期设置了登闻鼓院，清代称登闻鼓厅，从初期到末期一直未变。

清代形成了一种名为“叩阍”的信访制度。“叩阍”分两种方式，即鼓状和告御状。凡是上访的官民遇有冤屈不平之事，原审衙门不理或审断不公时，可以直接到通政司击鼓诉冤，先由通政司讯问录供，如确实有冤情，奏报皇帝交刑部查办。而告御状则是从前代延续下来的上访申诉形式。

古代历朝的信访工作，通常由行政系统和监察系统两个系统负责。一般投书由行政系统受理，有关刑名断狱的信访案件，则由监察系统掌管，这与当代检举揭发性的或申诉冤案的来信来访通常由司法机关和监察部门受理颇为类似。

古代信访制度对统治阶级了解民情、治理国家、巩固统治具有重要意义；对缓和阶级矛盾和统治阶级内部矛盾，对广开言路、招贤纳谏、处理刑名断狱、纠正臣僚徇私舞弊，都曾起过积极作用。一些开明君主对吏民上访、上书非常重视，而不重视臣民信访者往往是一些昏庸无能之辈或专断暴戾之徒。

到了封建社会晚期，朝廷和各级官府仍设有信访机构，但由于封建政权日趋腐败，统治者远远脱离民众，他们设置信访机构只是打着“让民上访”的旗号，实际上却对信访者处处设置障碍，从各方面加以限制。如清代规定，吏民上访击鼓“必关军国大务、大贪大恶、奇冤异惨”；官民诉讼之事在地方审理不得解决时方可上告到朝廷，否则处以重刑。如《东华录·顺治朝》卷17曰：“自今以后，凡有奏告之人，在外省应先于各该管司道府州县控诉，若司道州县官不予审理，应于该管总督巡抚巡按内控诉，若总督巡抚巡按不准或审断冤枉，再赴都察院衙门击鼓鸣冤。”“越诉得实者免罪，不实乃戍边。”《清史稿·刑法志》还载：“若越本管官司辄赴上司称诉者，笞五十。”对老百姓信访的种种严格限制，无异于取消了臣民上访的权利。

［原载《秘书工作》2007年第2期，发表时题名《古人是怎样做信访工作的?》］

中国古代的档案工作

王茂跃

一、中国历史上最早的档案工作

档案是人类社会发展到一定阶段的产物。在文字发明前，人们用结绳和刻契来记事，以作备忘、信守和凭证之用，结绳和刻契具有原始档案的性质。我国传统的观点认为，档案和档案工作是国家出现之后的产物。笔者以为，从理论上看我国历史上最早的档案和档案工作应当出现在原始社会末期，人类进入文明社会的重要标志之一就是能够用文字来书写文献、记录历史，而文字从起源到广泛应用有着漫长的演化过程，不可能一进入阶级社会就产生文书档案，而此前根本就不存在。因此，认为“阶级社会前没有档案和档案工作，一旦建立国家就突然产生了档案和档案工作”的观点显得非常勉强。

二、古代档案管理机构和档案人员

古代文献中有夏朝档案工作的确切记载，商代档案工作则有出土的大量甲骨档案作为证明。在夏、商、西周三代，档案主要由史官保管。西周出现了中央政府正规的档案机构——天府，保管文书档案的正本，负责管理天府的史官称“守藏史”，而文书档案的副本则由秘书机构太史寮中太史、内史、御史等保管。战国时期各诸侯国管理档案的官员名称不一，赵国称御史，齐国称掌书，秦国称尚书。秦朝中央设三公、九卿，九卿少府中的尚书是专管文书档案的官员。西汉御史府是中央政府主管文书档案的重要机构，御史中丞主管宫中兰台图籍秘书，令史是实际的管理人员。东汉时尚书台则成为主管文书档案的中枢机构，档案由尚书主管。魏晋南北朝时期，中央政府逐渐形成三省制，并于中书、门下、尚书三省外另设“秘书省”，主要管理历朝档案和本朝档案。隋朝在秘书省内设立了“史馆”，是专门的档案机构，唐代的史馆收集了大量历代和本朝档案，并根据档案资料编修了从晋到隋的八朝正史。宋代从中央政府各部门到各地方官府，普遍设置了专门保管档案的“架阁库”，其主管官员称“管勾”，档案人员称为“守当官”“勾当官”。元朝和明朝都继承了宋朝的架阁库制度。清朝中央和地方档案工作机构一般称为“清档房”“档房”，专门从事文书处理和保管档案的人员称为“书吏”。

需要说明的是，唐、宋之前，印刷术没有得到广泛应用，当时档案和珍贵图书是不加分别的，天府、兰台等机构，既是中央档案馆，也是皇家图书馆。

三、古代档案管理的重要制度

1. 档案归档制度

文书办理完毕必须送档案部门保管的制度称为归档制度。归档是档案工作的前提和基础，没有统一的归档制度，就没有完整的档案。

我国档案归档制度在商朝已经形成。当时的甲骨档案形成之后，绝大部分集中贮存于殷都宗庙的窖穴中，殷王在外地占卜形成的甲骨档案也运回殷都归档保存。周代档案分为按月归档和按年归档两种情况。唐朝规定，文案处理完毕，要在文书上打红色标记，并在文书上方记明年月日后，才能归档入库。北宋时期，尚书省所辖六部的文书，一般是在部保存两年再归档。元朝档案由文书处理部门立卷后，经监察机关照刷通过，案卷才能归档保存。明清两代档案归档制度更为完备。

2. 档案的分类制度

档案达到一定数量就要按照一定得标准和方法进行分类，“同其所同，异其所异”，否则就不便于整理、保管和利用。

商朝多数窖集中贮存一个朝代的甲骨档案，也有积累几个朝代的，还有甲和骨分别贮藏的情况，说明商朝已有意识地按朝代、按载体进行分类。周朝已建立以职官为标准的分类制度。秦朝对计书（赋税档案）要求以实际收支年份登簿，不得跨年度。宋朝档案一般都按文种分类，普遍采用按年月时序排列、登记、编号、保管的方法，后来还创立了“千文架阁法”进行分类上架排列。“千文架阁法”就是“以千字文为号”，“以岁月为次”，给每一份档案设立存放和查找标号。清朝前期的档案按照文种、时序或问题分类整理，到清朝末年，发展为按地区、作者、问题和重要程度分类。

3. 档案副本制度

原始档案只有一份，不能再生，一旦出现损毁等意外，无法补救。因此，建立档案副本且在异地保存就是很有创见的做法。平时使用档案副本，有利于保护档案正本。

副本制度是从西周开始的。周朝职官所产生的重要档案，档案正本移交到天府保存，副本（当时称为“贰”）则由各职官保存，用作现行工作的查考。此后，历代都在继承前代的基础上，建立自己的副本制度。

4. 档案修缮制度

东晋规定公文必须用纸书写后，促进了文书和档案数量的增加。但同时也带来了纸质档案因破损而需要修复的问题。唐朝曾对甲历（人事档案）有选择地进行过修复。明朝曾对赋役黄册酌情修补过一次。清朝乾隆年间修缮了“满文老档”，后来修缮档案就成为制度。嘉庆时规定，军机处档案定期修复。

5. 档案鉴定销毁制度

唐朝规定，入库档案分常留（长期保存）和非常留两类，非常留者每三年一“拣除”（销毁）。宋代事关统治“重害”的档案需要长期保存，一般档案保存十年，每三年“检简”（鉴定）一次，需要销毁的还要进行复查。

6. 档案统计制度

《唐六典》规定，各机关收到的制敕和上报的计书、奏书以及收到尚书省文书的数量，年终进行统计，并报送尚书省。尚书省将召集令史核对数据，如有隐瞒漏报的，记录在官员的考核材料上。据《后湖志》记载，明朝万历三十年（1602）黄册库收贮黄册153万余册，明末收贮黄册多达179万余册。可见，档案统计已成为一项基本的制度。

四、古代档案的保护

1. 注重档案库的保管条件

商朝的地窖，西周的天府，两汉时的石渠阁、天禄阁、兰台、东观，唐朝的甲库，宋、金、元、明、清代的架阁库，明朝的黄册库、皇史宬，清代的方略馆大库、档房等，都是古代的档案库。我国古代都非常重视档案库的建设，为档案的保管提供良好的条件。

商朝甲骨档案的保存采用窖藏法。周朝特别重要的档案收藏在“金匮石室”。金匮是一种保存档案的装具，用金属封缄的柜子，专门用来收藏一些最机密、最重要的档案。石室，就是用石头修筑的档案库房。明清时期的皇史宬，全部砖石结构。室内筑有1.42米高的石台，上置贮藏档案的雕龙云纹镏金铜皮木柜。铜皮木柜既能防火，又可防潮，有利档案文献的安全保护。

无论是地窖，还是金匮石室，这一类档案库房都坚固耐久，有利于防火，有利于保存王朝特别重要的档案。

西汉石渠阁阁下以石砌成渠沟，用以盛水导水。东汉东观高大华丽，最上层高阁十二间，四周殿阁相望，绿树成荫，环境幽雅。明代后湖黄册库位于南京后湖（今玄武湖）中的群岛上。库房均东西向，前后有窗，以便通风日晒，册架一律木制，不准用竹，以防虫蛀。库内禁绝灯火。

2. 加强对档案的保护

为了保护以竹木为载体的简牍档案，我国古代发明了“杀青避蠹”的方法。草药避蠹也是古代档案防虫的重要措施。兰台就是当时普遍用兰草防蠹而得名。晾晒档案也是保护档案的方法之一。“秘书省岁曝书……曰曝书会。”即定期将朝中保存的档案图籍进行一次大规模的晾晒。宋朝规定，档案“为水漂坏者”，需要晒曝，“有损烂者”，要雇人誊写。明朝规定六月六日是晾晒京城地区档案图书的法定日期。黄册库的黄册档案也有定期晾晒的规定。档案定期晾晒可以防止档案发生霉变，也可以杀死或赶走档案中的害虫。

五、古代档案的利用

档案能起到“资治”和“存史”的作用。我国古代非常重视档案的利用，档案利用的方式主要有：

1. 利用档案修史

“以史为鉴，可以知兴替。”历代统治者把修史作为巩固统治的一项重要措施，从中总结治理国家的经验教训。中华文明没有中断得以延续下来，与我国历代始终注重治史有着直接的关系。

有着“正史”之称的“二十四史”，从西汉司马迁的《史记》到清代乾隆年间的《明史》，整个编撰过程长达1800多年，记事起于传说中的黄帝，止于明崇祯十七年（1644），长达4000多年。每一部史书都是利用档案修撰而成的，没有档案就没有信史。

2. 利用档案编写地方志

编修地方志是我国特有的传统。自汉代以来，盛世修志已绵延2000多年。

地方志简称方志，是一个地区的综合性资料书，具有“资政、教化、存史”的作用。编修地方志需要大量的、多方面的、真实可靠的资料，如档案、图书、报刊、文物等。其中，档案的作用最大。清朝方志学家章学诚认为，档案是方志之骨。

隋朝大业年间，皇帝曾下诏各地积累档案以备修志。明代共修成各类志书2892种，流传至今的有1017种。清代是方志的全盛时期，据统计，全国现存的8000多种志书中，清代的占5000多种。

3. 档案汇编与公布

商周时期档案深藏官府，为贵族统治者专用。春秋时期社会动乱，档案流散到社会。孔子进行搜集整理，编定了“六经”，《尚书》就是我国历史上第一部档案汇编。孔子利用“六经”作为教材，扩大了档案利用的范围，加快了古代文化的传播。

我国历代虽编有档案汇编，但都出于施政或修史的需要，因而很少能为民众所用。随着时代的发展，清末刊印了带有公布档案性质的《官报》，创办了刊布折件的《政治官报》，发行范围很广。“无论官民，皆当购阅”，这就突破了档案利用的传统形式，开辟了档案利用的新领域，具有重大意义。

总之，我国古代在档案的收集、分类、保管、保护和利用方面，创立的一些档案工作方法和制度，对近现代档案工作产生了深远的影响。

［原载《秘书工作》2007年第10期，发表时题名《古人是怎样做档案工作的?》］

中国古代的值班工作

谈　菁

值班是秘书部门常规工作之一。在古代，值班称为“直日”“当直”，夜间值班则称为“直宿”。

唐代大诗人杜甫有一首五律诗《春宿左省》，是以值夜班为题材的：

花隐掖垣暮，啾啾栖鸟过。
星临万户动，月傍九霄多。
不寝听金钥，因风想玉珂。
明朝有封事，数问夜如何。

这首诗写于唐肃宗乾元元年（758）春，是杜甫任左拾遗时在门下省值宿时所作。诗题中的“宿”指值夜班；“左省”即左拾遗所属的门下省。诗歌描写了作者夜间认真处理次日要上报的密封的奏疏（封事）时的心情，表现了他忠勤为国的思想。

这类以值班为题材的古代诗篇并不少见，例如白居易《夏日独直寄萧侍御》、姚合《和李十二舍人直日放朝对雪》、欧阳修《雪后玉堂夜直》等。这些诗篇说明，值班自古以来就是秘书官员们经常性的任务。

一、古代值班制度的形成和发展

现在能看到的有关值班的文字记录出现在春秋战国之交形成的史书《国语》中：晋国权臣赵简子到国君的园囿打猎，太史墨牵着一条猎狗守候在园门外。赵简子看到后问这是干什么，太史墨回答说要在园中试狗。简子问为何不早禀告我呢？太史墨回答说："君行臣不从，不顺。主将适蝼而麓不闻，臣敢烦当日。"意思是："国君有所行而臣子不从，那是不合规矩的。现在您到国君的园囿打猎，连主管园囿的麓官事先都不知道，小臣又怎敢麻烦值日官向您通报今天要在这儿试狗呢。"实际上是暗讽赵简子到国君园囿来打猎是违规的。

这段记载说明，至少在春秋时期各诸侯国就形成了官员值班的制度。从理论上推断，值班制度应该出现得更早，只是未发现史书上有明确的文字记载而已。

汉代以后，有关秘书官员值班的记录多了起来。东汉时期以德才兼备闻名的黄香在尚书台任职时，"常独止宿台上，昼夜不离省闼，帝闻善之"（《后汉书·黄香传》），即经常一个人值夜班，忠于职守，受到皇帝的嘉奖，后被提拔为朝廷秘书首领——尚书令。

汉末，西曹令史王思在丞相府值班时处理公文出了纰漏，使曹操非常恼火，要严加惩办，前来接受质询的是第二天值班的秘书另一位西曹令史梁习，他未做申辩代人受过被关了禁闭。王思得知后立即前去自首，曹操感慨道：没想到这两个部属如此仗义，敢于承担责任。于是原谅了他们的过失，后来还找机会提拔了两人。

唐代朝廷形成了非常严格的成文的值班制度。当时中书省有一个职务做"直令史"，就是专门管理值班事务的秘书官。唐初，朝中除尚书左右丞、御史中丞以上的高级官员外，都要值夜班。唐太宗在贞观五年曾下了一道敕令："文武官妻娩月，免宿值。"这一方面体现了唐太宗对臣下的关心——妻子分娩期间丈夫可以免于机关值夜班的义务，另一方面也可看出当时官员值班的制度比较严格。

武则天时，“令宰相每日一人宿值，其后与中书、门下官通值”（《唐会要》卷八二），从此中书、尚书、门下三省的首长都要参加本部门的轮流值班。当时各省都有一本“直簿”（即值班记录本），由直令史逐日事先发给轮到本夜值班的官员，次日交还。唐玄宗开元二年某日，直令史将直簿送呈宰相姚崇，让他当夜值班，姚崇是武则天、唐睿宗、唐玄宗三朝元老，年事已高，请求照顾免于值班，直令史碍于情面，便将值班簿往下传，但其他人对宰相违规都不满，不愿意接受值班任务，令史又将值班簿送给姚崇。如此来回数次，姚崇在值班簿上批写道：“告直令史，遣去又来，必欲取人，有同司命。老人年事，终不拟当。”意思是让我这么大年纪的人值夜班，等于要我的老命，这样拘泥于排班制度也未免有点不合情理吧？大家看过后，就不再坚持要他值夜班了。

清代的军机处实为皇帝的机要秘书处，军机大臣由满汉大学士、各部尚书、侍郎、总督等兼任，人员无定额，他们以轮流值班的方式对皇帝提供智力服务，值班成了主要的工作方式。今北京故宫隆宗门内西侧宫墙下有一溜低矮普通的瓦房，就是军机处所在，当时昼夜有人值班，故称“直庐”，也就是我们今天所说的值班室。

二、古代秘书值班的主要职责

1. 应对皇帝或主官的咨询

喜欢读书学习、善于听取臣下意见的统治者常让有学问的秘书官员值班，以便随时向他们咨询学问上或政事方面的问题。例如，唐太宗李世民为秦王时就开文学馆招来房玄龄、杜如晦等18位文士，分为3班，每天6人值宿，切磋学问和历史经验。他当皇帝后为了充分纳谏又命令五品以上的官员要在中书省轮换值班，听从随时召见，以便充分听取众人的意见。清代康熙皇帝执政时，设置了一个特殊的秘书机构——南书房，他选择

"才品兼优"的汉族知识分子轮流值班，名为切磋学问，实际上成为自己的智囊班子，"或代拟谕旨，或咨询庶政，或访问民隐"，对于朝廷的决策产生了重大影响。

2. 起草重要、紧急的文件

最高统治者许多重要决策是退朝后做出的，所谓"禁中夜半定天下"指的就是这种情况，其中有的比较紧急的事项需要及时行文，因此文字秘书值夜班在古代乃为常例。唐代担任朝廷诏令起草的中书舍人是中央政府的机要文字秘书，他们要轮流在中书省值夜班，而直属皇帝的侍从秘书翰林学士又负责起草任免将相等的密诏，也要值夜班。明初朱元璋废除丞相一职，自任宰相亲主政务，他每天批阅奏章二百份，此外还有几百件公事要处理，便挑选一些才学好的人做殿阁学士，其工作性质略同于唐宋的中书舍人，主要任务就是动笔写诏，因此他们值夜班是家常便饭，有的甚至常常连值数班。

3. 保管皇帝玉玺和衙门印章

天子的玉玺是皇权的象征，中央各部门和地方各官府的印章也具有法定效力，因而印玺成为值班保护的重点，唐代尚书省共有24司，下班后所有印信全部交到"直厅"（专门的值班室）集中保管，各部门的印信须在上班后到此领用，下班前到此缴还。皇帝玉玺和衙门印章由值班室统一保管，就从制度上把偷盖印章的可能性降到最小限度，同时又保证了下班以后或例假日紧急公文急需加盖皇帝玉玺和官府大印的需要。清代还明文规定，各衙门印信封存在署，如有窃失，当月值宿的官员要受革职处分，应负领导责任的主官，受革职留任察看处分。

4. 处理突发事件和紧急公务

朝廷退朝或衙门下班后，难免会出现一些突发性事件或紧急公务，处理它们是值班人员的重要职责。汉武帝驾崩后，八岁的昭帝登基，武帝的亲信谋臣霍光为防不测每晚在禁中值班。一天夜里宫里的一棵老树突然折倒，发出的奇怪响声引发宫内一片混乱，霍光一面布置卫士严密守卫小皇帝的寝宫，一面带人直奔收藏玉玺符节的符玺台，见值班的符玺郎严守制度才放心离去。古代小说《水浒传》第十八回写济州府刑警队长何涛到郓城县缉拿劫走生辰纲的晁盖等人，恰逢"知县退了早衙"，便与"直日"押司（秘书）宋江接洽，没想到宋江不顾杀头之罪通风报信放走了晁盖。这则故事告诉我们，古代县衙门下班后负责接洽紧急公务的就是值班秘书。

三、古代秘书值班的纪律规定

1. 不得泄漏机密

秘书值班能掌握许多机密，因此，不得泄漏机密便成为秘书值班最重要的纪律。像宋江利用值班之便泄漏机密放走要犯，从国家角度看就是犯了杀头之罪。清代大学者纪晓岚也曾涉嫌利用内廷值班的便利向亲家泄漏机密，被发配到乌鲁木齐。但古代自觉遵守值班保密纪律的也有很多，如宋真宗时，曾召晏殊进宫起草一份任免宰相的制书，晏殊是其他官职兼"知制诰"的"外制"，按规定拜相的制书应由"内制"翰林学士拟定。晏殊主动说明"臣是外制，不敢越职"后，真宗改召翰林院值班学士钱唯演来起草，晏殊又主动对皇上说："臣恐泄漏，请止宿学士院。"意思是我已看见任免名单了，为避免泄漏机密的嫌疑，就甘愿软禁于此了。

2. 不得擅离职守

值班尤其是值夜班是很辛苦的差事，仅靠自觉是不够的，还要借助于纪律和制度来约束，以保证值班人员不到岗或值班时擅离职守。《唐律·职制律》规定："诸在官应直不直，应宿不宿，各笞二十；通昼夜者，笞三十。"宋仁宗有一次招值班翰林学士杨伟起草任职宰相的文书，竟然找不到其人，只好派人把不当班的另一位翰林学士赵概紧急招来起草该文。次日，宋仁宗就专门给翰林学士院下达诏书，要求他们严格执行值班制度，不得再出现脱岗现象。

3. 不得醉酒误事

人在醉酒的状态下不能正常思维，因此秘书值班不得酗酒也就成了一条纪律。南朝齐高帝萧道成一次命值班的中书舍人虞整起草敕命，次日早朝就得颁告天下，而虞整因夜间喝酒过量昏睡不醒，无法操笔。萧道成只得另召中书舍人刘素宗拟制，刘不慌不忙，挥笔拟就，补救了同僚的失误。后来刘素宗成了萧道成的心腹重臣，虞整则因酒误事，从此默默无闻。宋初翰林学士、中书舍人王著一天在宫中值夜班时喝得酩酊大醉，不能自控，深夜无端请求宋太祖召见，太祖见王著披头散发，醉得人不像人鬼不像鬼，就下令贬黜了他的官职。

[原载《秘书工作》2007年第11期，发表时题名《古人是怎样值班的?》]

中国古代的宫廷服务

余大芹

机关事务管理是秘书部门主管的业务之一，但是现有秘书史读本中却没有古代这方面工作的内容。下面介绍的是古代帝王宫廷服务的点滴情况，其中可供继承的经验不多，而值得深思的教训不少。

一、古代主管宫廷服务的官职和机构

古代最早的管理宫廷事务的官员是“宰”。“宰”的意思是主宰，商代为商王管理家务和奴隶之官。据杨剑宇先生《中国秘书史》介绍，宰本来是天子的厨师，属事务官，因经常接近天子逐渐成为亲信，西周时国王就让宰掌管宫廷事务。春秋时期家国不分，原来管理王侯宫廷事务的“宰”逐渐成为管理国家政务的官员，其管理的事务已经远远超出了宫廷事务。

秦汉两代，掌管宫廷事务的官员是少府，少府内设有中尚署、左尚署、右尚署、织染署、诸冶监、铸钱监等部门，分工很细，如中尚署“掌供郊祀圭璧及天子器玩、后妃服饰雕文错彩之制”，织染署“掌供冠冕、组绶、织纴、色染、锦、罗……绢、布”，等等。少府一职魏晋以后仍有沿置，但隋唐的“少府”不是宫廷主管，而是指县尉，王勃《送杜少府之任蜀州》诗中的“杜少府”指的是即将上任的姓杜的县尉。

南北朝以后，掌管宫廷服务的官署主要是内侍省。北齐初置中侍中省，隋初改称内侍省。唐、宋内侍省专用宦官，由内侍监、内侍、内常侍等为首官，掌守御宫门、洒扫内廷、内库出纳和照料皇帝的饮食起居等事务。元代称侍正府。与秦汉时期的少府一样，内侍省设有诸多分工明确的二级机构，如掖庭局“掌宫人簿帐、女工”，宫闱局“掌侍宫闱，出入管钥”，内仆局“掌中宫车乘”，内府局“掌中藏宝货给纳”，等等。

明代不设相当于内侍省的统辖宫廷事务的机构，而设十二监、四司、八局分别负责宫廷各项服务工作。清代又设总掌宫廷服务的内务府，但由士官主持，宫内宦官皆归其统管。

除少府、内侍省外，一些朝廷还另设名目繁多的专项服务机构，如专管宗庙礼仪的太常寺，专管御用车马的太卜寺，专管膳食帐幕的光禄寺，等等。

自秦代开始，宫廷服务大多是由宦官来承担。宦官本不应干预政事，但由于他们接近皇帝、皇后，常得到宠信，有时出现宦官干政的现象，这在东汉、晚唐和明代后期表现的比较明显。

古代宫廷还设女官，西周王宫内专为王后掌管礼仪等的女史是我国历史上最早的女秘书。隋唐两宋宫内女官自成体系，有“六局二十四司”之设，“六局”为尚宫局、尚仪局、尚服局、尚食局、尚寝局、尚工局，每局下都设有“四司”，如尚服局下设的四司为“司玺、司衣、司饰、司杖”。

二、古代宫廷服务的内容

少府、内侍省等机构庞大，人数众多，为皇室提供的服务包括服饰、居住、饮膳、车马、仪仗、祭祀、典礼、娱乐生活、生老病死等等。

封建社会“朕即国家”，皇室的生活通常极其铺张、奢侈。以膳食为例，清代管理皇帝膳食的有内务府下属的御膳房、御茶房、内饽饽房、酒醋房、菜库等，仅御膳房就有正副尚膳、正副庖长以下370余人及太监数十人。宫中膳食有份例规定，皇帝每日份例为：盘肉22斤，菜肉15斤，猪油1斤，羊2只，鸡5只，鸭3只，时令蔬菜19斤，各种萝卜60个，茬蓝、干闭瓮菜各5个，葱6斤。调料玉泉酒4两、酱及清酱各3斤、醋2斤。8盘240个各种饽饽用白面32斤、香油8斤、白糖核桃仁及黑枣各6斤，芝麻、沙橙若干。

皇帝的膳单需由御膳房在数日前开出，交由内务府主管大臣审批。皇帝通常独自用膳，届时由御前侍卫向御膳房传膳，御膳房将膳食放在膳盒里或膳桌上，由侍卫抬送至用膳地点。太监按规定布好菜点，经过验膳、尝膳等程序后，皇帝始用。用膳时，皇帝坐北朝南，面前为一上下两层大膳桌，桌上布满精美食具和菜肴，太监报菜名，皇帝有中意者，太监便盛入皇帝碗碟中。

一个皇帝一天要消耗这么多的荤素食品，要有那么多人为其服务，其奢侈程度令人惊叹！

古代宫廷服务还有一项特殊内容——嫔妃管理。皇宫有成百上千妃嫔宫人等待皇帝去宠幸，需要加强管理。这种管理到清代形成了相当严密的制度：管理皇帝卧房事务的机构为敬事房，最高负责人为敬事房太监，其任务是安排、记载皇帝和后妃行房。在皇帝和皇后行房时，敬事房太监必须详细记录年、月、日和时辰，以作为受胎的证据。皇帝宠幸妃子的程序与皇后不同，妃子各有一张绿色名牌，在侍候皇帝吃晚饭时，敬事房太监会把十几张或几十张名牌置于大银盘中端到皇帝面前，等皇帝餐毕，他就跪在皇帝面前听候指示，如果皇帝无意找哪个妃子过夜，说一句“退下”。如果皇帝要找哪个妃子过性生活，就把这个妃子的名牌翻转过来。敬事房太监退下后，就通知被选中的妃子香汤沐浴，做一切必要的准备。皇帝就寝的时间到了，太监就背她入皇帝寝宫承幸。敬事房太监和另几个太监守候在皇帝寝宫外，等候皇帝过性生活结束。敬事房太监同时要记录年、月、日和时辰，以作为日后受胎的证据。这种制度可查清子女是否确实出自皇帝血统，对皇位继承问题有很大影响，因而管理相当严格。

三、与宫廷服务有关的两位历史名人

中国历史上有两个闻名世界的人物与宫廷服务有关。

第一是相传为造纸术的发明者蔡伦。许多人搞不懂，造纸术的发明者为什么会是一个宦官？这要从蔡伦的身世和发明造纸术的动因谈起。

蔡伦（61—121）出身于湖南一个普通农家，15岁被选入宫内为宦者，当时幼年宦者须识字读书习礼，蔡伦因成绩优异被任命为黄门侍郎，后被拔升为中常侍，能出入宫禁。东汉元初元年（117）邓太后诏儒者于东观校订宫藏经传，以便向全国提供经书的标准文本，蔡伦受命监典此事。因要将所抄经典副本颁发各地，形成大规模用纸抄写儒家经典的高潮。正是适应宫廷中大量用纸的需要，蔡伦在总结西汉麻类纤维纸制作技术基础上，主持完成了以木本韧皮纤维造纸的技术突破，扩充了原料来源、革新了造纸工艺，使皮纸生产很快发展起来，不但满足了中国文化传播的需要，也对世界文明做出了巨大贡献。造纸术的发明和改进是适应宫中大规模用纸的需要而完成的，主持这项技术创新的宦官蔡伦被尊为造纸术的发明者，也就在情理之中了。

第二是明代大航海家郑和。郑和（1371—1435）本姓马，云南人，信仰伊斯兰教，父亲与祖父曾朝拜过伊斯兰教圣地麦加，熟悉远方异域、海外各国情况。明朝统一云南战争后，郑和被带到南京，受阉做了宦官，后被分到北平燕王府服役。郑和因为学习刻苦、聪明伶俐、才智过人、勤劳谨慎，取得了燕王朱棣的信任，被选在身边做贴身侍卫。在“靖难之役”中，郑和跟随朱棣出生入死，南征北战，建立了许多战功，明成祖朱棣登上皇位之后，赐姓“郑”，又将其升为内官监太监，因郑和小字三保，人称“三保太监”。

郑和最主要的贡献在于，受明成祖之命先后七次率领庞大船队下西洋，经东南亚、印度洋远航亚非地区，最远到达红海和非洲东海岸，航海足迹遍及30多个国家和地区。这七次航行的规模之大、人数之多、组织之严密、航海技术之先进、航程之长，不仅显示了明朝国家的强大，也充分证明了郑和统率千军的才能。学术界对郑和下西洋的动因有种种不同的说法，但他的船队从非洲和东南亚国家带回了大量的红木原料，让能工巧匠们将这些木质坚硬、细腻、纹理好的红木做成家具、工艺品及园林设计建筑，供皇宫帝后们享用。直到明朝后期，红木家具才流散到民间。这样看来，说郑和下西洋的壮举与宫廷服务有着直接关联，大约一点也不为牵强吧。

［原载《秘书工作》2007年第12期，发表时题名《古人是怎样搞宫廷服务的?》］

中国古代保密工作和印玺管理

从原始社会末期出现部落之间的冲突和部落联盟之间的战争起，就有了原始的保密工作。据传说，中原的黄帝部落和南方的蚩尤部落曾经爆发一场非常激烈的战争，当蚩尤率领南方军队来犯时，黄帝将平时驯养的猛兽放出来助战，蚩尤因为平时不了解黄帝的这一秘密的手段，被打得大败。这一传说不一定真实，但它至少说明当时已经有了保密和窃密的斗争。

到阶级出现、国家形成之后，严格意义上的保密工作也随之产生了。在阶级斗争、民族斗争和统治阶级内部的矛盾冲突中，窃密与保密斗争非常激烈，保密工作始终受到高度的重视。统治者和各派政治力量从本身根本利益出发，总是将保密置于十分重要的地位。

一、历代保密工作概况

1. 先秦时代的保密工作

阶级和国家出现以后，统治者为了巩固政权，将保密作为维护国家安全、巩固统治秩序的重要措施。他们任用专门的秘书官职史官掌管国家机要，史官都是贵族子弟，并受过专门训练，为朝廷和各级统治者所信赖。史官将“图”“法”等档案秘藏于王室宗庙，只有国王及其亲信方可看到，其他人无权查看。

春秋战国时期，各诸侯国之间的斗争更为频繁激烈，窃密和保密的斗争也备受重视。古代有野史说越国向吴国进献美女，就带有刺探情报的任务。战国后期，韩国派水利专家郑国到秦国去帮助秦人兴修水利，派他入秦的初始目的是消耗秦国的人力财力，缓和对韩国的军事威胁，并向韩国提供秦国的政治、军事情报。郑国的行为带有间谍的性质，被秦人知道后，秦王就对六国来事秦者下了“逐客令”。但后来为李斯劝阻。

2. 秦、汉、魏晋南北朝时期的保密工作

秦、汉两代由丞相府和御史府分掌机要。汉武帝起改由皇帝直接控制的内廷尚书署处理朝廷机要，其目的是防止朝臣把持大权，同时这也是保密的重要措施。东汉初期明帝刘庄对尚书台官员说：“尚书盖古之纳言，出纳朕命，机事不密则成害，不慎欤!”（《全后汉文·明帝纪》）说明统治者已经从理论上认识到保密工作的重要性。

魏晋南北朝时期，民族矛盾和统治阶级内部矛盾异常尖锐，窃密与反盗密的斗争也非常激烈。在《三国演义》中有许多关于窃密反窃密斗争的情节，虽然这是一部文学作品，但作为历史小说，其情节并非完全虚构，有的就来自《三国志》等正史。

3. 唐、宋两代的保密工作

唐代保密工作的一个显著特点是制订了一套比较完整的保密工作法律制度。唐太宗贞观十一年（637）正式颁布的《唐律》共502条，其中不少条款是对泄密罪的惩治办法。例如：

> 诸盗制书者，徒二年。官文书，杖一百；重害文书，加一等；纸券，又加一等。
>
> 诸漏泄大事应密者绞。非大事应密者，徒一年半；漏泄于藩国使者，加一等。

诸密有征讨，而告贼消息者，斩；妻、子流千里……若化外人来为间谍，或传书信与化内人，并受及知情容止者并绞。

以上所引《唐律》对泄密、失密的处刑是十分严厉的。它使官吏民众有法可依，对窃密、泄密者起到震慑作用。这是唐代对保密工作的一大贡献。

两宋时期民族矛盾极为尖锐，宋政权与北方的辽、金政权长期处于对立状态。各政权间窃密与反窃密的斗争十分激烈。辽、金为了窃取宋的机密，曾重金购买宋内部文件。宋政权则采取了一系列保密措施，诏令“凡议时政得失，边事军机文字，不得写录传布；本朝会要、实录，不得雕印”；“无使国之机事传播间阎，或流入四夷”。（《宋会要辑稿》）

宋政权参照《唐律》制定了严格的对失密、泄密行为的处罚规定。与唐代不同的是，宋律除规定了对泄密者的惩罚外，还制定了对告发违反保密规定行为的奖励办法，如告发藏匿弃毁拆换机密档案者，可以获得五十贯至一百贯的奖赏。

4. 元、明、清的保密工作

元代统治者为蒙古人，出于国家保密需要，对汉人总是不放心。政府的重要机密一般控制在蒙古人之手，不让汉族官吏经手。

元代仿照唐宋，制定了保密刑法条文，对泄密罪的处罚极为严厉，轻则“出军（充军）”，重则“处死”。

明中期以后，最高统治者重用宦官干预中枢机要，控制了政府机要重权，保密斗争异常剧烈。明律对违反保密制度造成的泄密行为，不但处罚当事者，还处罚其上司，也就是要追究“领导责任”。对泄密罪的处罚也重于唐宋，“诸衙门官吏，若与内官及近侍人员互相勾结，泄漏事情，夤缘作弊，而扶同奏启者，皆斩，妻、子流二千里”。“若近侍官员漏泄机密重事予人者，斩。常事，杖一百，罢职，不叙。”（《明律集解》）

清代雍正、乾隆时，发出许多保密谕旨，基本形成了适应封建制度需要的系统而详备的保密规章制度。皇帝圣旨也分为“明发谕旨”和“寄信谕旨”，前者处理例行事项，后者关涉机密事项，这也是为加强保密工作而采取的重要措施。

二、古代的公文保密制度

秘书工作是一项涉及机要的工作，历代统治者都选择忠实可靠之人掌管机要。公文多涉及机密，因此文书保密历来是保密工作的重点。历代关于文书保密的制度有以下三个方面。

一是公文传递中采取必要的保密措施。魏晋之前的简牍文书，主要采用“封泥”的办法来防止文书在传递过程中泄密或被更改、伪造。王国维《简牍检署考》考证“封泥”的方法是：“书函之上，既施以检，而复以绳约之，以泥填之，以印按之，而后题所予之人，其事始毕。”意思是简牍文书由多片竹简或木片用绳系连而成，最外面稍宽的那片叫作“检”，一份文件卷成一卷后用细绳捆扎，外面再糊上一层粘泥，在粘泥上加盖印章，显出印文，然后再写上收文者，文件才算制作完毕。这是一种设计得非常周到的文件保密措施。对晋以后的纸质文书，则用专门的封皮折角密封，并于封皮两端加盖印章或署上姓名。

二是制定专门的文书保密规定。如宋代为防止文书内容泄密，特发诏令规定：“诸举人程文辄雕印者，杖八十，事及敌情者，流三千里。”“诸狱四案款不连粘或不印缝者，各徒一年。有情弊者，以盗论。”（《庆元条法事类》）

三是对泄露、窃取文书机密者处以很重的刑罚。历代法令都有这方面的专门条款。例如《唐律》规定，“诸私发官文书印封视书者，杖六十；制书，杖八十；若密事，各依漏泄坐减二等。即误发，视者各减二等。”《大明律》规定：“遗失制书、圣旨、印信者，杖九十、徒二年半，若官文书，杖七十，事干军机、钱粮者，杖九十、徒二年半。俱停俸。”“诸衙门官吏，若与内官及近侍人员互相勾结，泄漏事情，夤缘作弊，而扶同奏启者，皆斩，妻、子流二千里。”可见对文书泄密行为的处罚在历代都是非常严厉的。

三、古代印玺的管理和公文用印制度

1. 先秦时代印玺的使用方法

在先秦典籍中“印”这个词很少见，一般都称“玺”。玺在西周之前多用于私人作为凭信，到春秋后期才用于封盖文书。当时频繁的政治活动需要有官玺作权力的凭证，密切的个人交际及经济往来也需要有私玺以保证信用。东汉蔡邕在《独断》中说：“玺者，印也。印者，信也……古者尊卑用之。”可见当时的玺是上下均可用的。

先秦的简牍文书玺印是加盖在“封泥”上的，这种文书叫作“玺书”，如果没有这种封泥印章，公文就不能生效。

文书用印制度保证了公文的有效性和机密性，可以防止公文被伪造、篡改或泄密，加强了对文书的管理和控制，它的形成是文书工作的一大进步。

2. 印、玺的分家和秦汉文书用印制度

随着统一的中央集权帝国的建立，秦代以前君臣尊卑均可用的玺，成了帝王的专用之宝，称为“玉玺”。秦代皇帝的玉玺有六种，即皇帝行玺、皇帝之玺、皇帝信玺、天子行玺、天子之玺、天子信玺，不同内容的文书加盖不同的玺。据传秦始皇除六玺外还命丞相李斯制“受命于天，既寿永昌”之玺，该玺成了我国封建社会前期“传国玺”，秦王朝覆灭时，秦子婴将该玺拱手奉献刘邦，此后几代相传，一直传到西晋永嘉六年（312）在战乱中遗失为止。

秦代百官的印章统称为印，不同官职印材的质地、印钮的样式、印文的名称、印绶的色彩等，均井然有序，以此标示官阶，区别尊卑。玺印的

广泛使用和用印制度的统一，体现了中央政府对各级各类文书控制之严，是君主集权制的必然产物。

汉代的官署之印（犹今之单位公章）和长官之印（犹今之领导人公务章）功能不分，有时既有官署印又有长官印；有时官署不置印，只备主官印。主官印的印文注明了官衔名称，对外行文同样有法定效用。汉代实行一官一印，罢官时其印或上交，或带走，新官需刻新印。

3. 官印移交制度

魏晋南北朝时期建立了官印移交制度。《南史·孔琳之传》记有孔琳之向朝廷的建议："夫玺印者，所以辨章官爵，立契符信……终年刻铸，丧功消实，金银铜炭之费，不可称言，非所以因循旧贯易简之道。愚请众官即用一印，无烦改作。"孔琳之的这一建议被宋明帝采纳。从此，官府主官任免交接时，就不再新刻官印，而由离任官员向接任官员移交。

4. 骑缝盖印制度和公文改动盖印制度

南北朝时，随着纸质公文流行，出现了骑缝盖印制度。所谓骑缝，指的是两张相连的公文纸的粘贴之处。有的公文篇幅较长，一张纸写不下，就要将几张公文纸拼接起来。南北朝时规定，凡重要公文，骑缝处必须加盖印章，其目的是防止公文被篡改、伪造。骑缝印在现代秘书工作中仍然使用，不过不是盖在两纸"粘贴连接处"，而是盖在介绍信一类的文书的正本和存根的连接之处，或两页以上证明材料的右边沿（一印横跨数页纸）。

唐代用"贴黄"的方法改动公文，凡贴黄处，必须加盖印章，以示公文发出前已经改动。宋代以后，贴黄被用作公文内容摘要，公文誊抄缮写中如有错漏，可直接用笔作局部改动，所有改动处也必须加盖印章。此制度沿用至今。

5. 元代的印玺制作保管制度

元代各级官府主官多为蒙古、色目人，大多数不识汉字，连自己的名字也不会写，在公文上签押时只能以印章代替，所以元代对印章的制作、保管、使用就特别重视。元代中央政府内，设有专门的印玺管理机构，如铸印局掌管刻制和销毁各级官衙的印章，符宝局掌管皇帝宝玺等。在中央和各行省、州府官衙中还设有专掌官印的秘书职务——知印官，多由长官的亲信属吏担任。在掌有重权的官衙中，还设有监印官，负责监视、守护、使用印章，与知印官相互制约，防止滥用、冒用印章。

6. 明代的行文半印勘合制

明初统治者为防止中央部门和地方官吏擅自行文，同时也为了安全保密，于洪武十五年（1382）规定了行文半印勘合制。其具体做法是：由内府制作专用的空白公文纸，加盖印章，统一编号，装订成册；各官府若需行文，一律到内府领取此公文纸，公文纸的半边作为存根留在内府，上面登记有领用的衙门和公文所涉事项，并留有半边印章；凡是不用这种专用公文纸制作的文件一律无效。其操作细节与“骑缝盖印”和今天的专用介绍信的使用方法很相似，但目的不同。朱元璋还专门下了一道敕谕规定：“诸司不凭勘合，擅接无勘合行移，及私与行移者，正官、首领官各凌迟处死，吏处斩。”（《明典章》）行文半印勘合制对控制文件的数量，保证公文的严肃性起到了一定的作用。

[原载《秘书工作》2007年第3期，发表时题名《古人是怎样保密的?》]

中国古代的督查工作

督查是对领导的重要决策或工作部署贯彻执行情况进行督促检查。中国古代没有与今天秘书部门的“督查”完全对应的专门机构和专项工作，但是历代统治者为了维护中央的权威，使最高统治者的意图和朝廷的决策得到贯彻执行，也需要对行政系统内的衙署和官员进行督促检查，为此还设置了相应的机构，配备了相应的官职，建立了相应的制度。需要说明的是古代对政令贯彻情况的“督查”与对官员本身的“监察”是结合在一起进行的，很难截然分开，因此本文介绍的内容中有一些在今天看来属于纪检监察部门的职责。

一、中国古代的督查机构和督查官职

中国在先秦时代已经有了督查工作的萌芽，但是真正比较规范的督查，则是自秦始皇建立中央集权的封建国家开始。此后历代朝廷的督查职能主要由御史府（台）承担。

1. 御史大夫和御史府（台）

在统一中国之前，秦国就设有御史一职。《史记·廉颇蔺相如列传》载：渑池会上秦王请赵王奏瑟，“秦御史前书曰：‘某年月日，秦王与赵王会饮，令赵王鼓瑟。’”此记载说明当时秦御史是跟随国王的文字秘书。公元前221年，秦始皇统一天下以后，在中央实行三公（丞相、御史大夫、太尉）九卿（中央各部门的长官）的政体。“三公”都设有自己的衙门——丞相府、御史大夫府、太尉府。其中丞相府是协助皇帝处理全国政务的行政机构，太尉府是掌军事的机构，而御史府则是主要的秘书机构，御史大夫则相当于朝廷的办公厅主任。在御史府的主要职掌中，“对大小官员的监督和考察”“受命代皇帝巡视各郡县，并监理郡务”，以及“受命处理皇帝亲自交办的特殊事宜”等几项，都可以归属于今天的督查工作。

御史府督查的主要对象是丞相府。它通过对以丞相为首的行政官员的督促检查，以保证行政系统忠实地贯彻执行皇帝的决策意图。为了强化这一功能，秦始皇规定：御史大夫为“候补丞相”，他虽然不直接插手丞相府的具体事务，但一旦丞相的位子出现空缺，御史大夫就自动升为丞相。古代帝王一方面要依靠一人之下万人之上的丞相去管理国家政务，另一方面又总是担心丞相对自己不忠，害怕丞相权力过大而使皇权旁落。秦始皇年轻时在这方面有过痛苦的经验，他13岁即王位时，秦国的大权被相国吕不韦操纵，每遇大事必经“相父”同意才能决策，直到九年后除掉吕不韦，他才真正掌握秦国的决策权。为了协调皇权和相权之间的矛盾，秦始皇在他统一中国后就根据自己的执政经验，设立了御史大夫一职来监督约束丞相，并明确御史大夫为“候补丞相”。这样一来监督者就会瞪大眼睛去挑丞相的过错，以找机会弹劾丞相以便自己升迁，而丞相为了免遭弹劾，便会小心谨慎，奉公守法，忠实贯彻国君的统治意图。

虽然秦始皇设计的这种相互制衡的监督机制并没有避免秦王朝的灭亡，但是这种由御史府承担督查职责的机制为汉代袭用。东汉后御史府改称御史台，基本职能未变，一直到明代初年。

明初，朱元璋废除宰相一职，御史台自然失去原来的监督宰相（丞相）的职能，遂改名为“都察院”，其职掌是“纠劾百官，辨明冤枉，提督各道，为天子耳目风纪之司”，成为主要监督考查一般官员的机构，其主要官员仍然叫作“御史”。

2. 明代和清代的“六科”

朱元璋建立大明王朝后，为巩固皇权，废除了宰相一职，由皇帝自任最高行政长官，原隶属于中央行政机构中书省的吏、户、兵、礼、刑、工六部改为直接对皇帝负责。为适应这种集皇权、相权于一身的体制，朱元璋除了设立了规制庞大的中央秘书处——内阁外，还专门设立了以督查为主要职能的秘书机构——六科。六科的主要职掌是：对吏、户、礼、兵、刑、工六部贯彻执行皇帝旨意的情况实施监督，以保证皇帝的政令（制敕）通行全国。六科于皇宫午门外东、西朝房内集中办公，具体分管对各部的督查。每科配都给事中（主管）1人，左、右给事中各1人，给事中若干人。给事中官位很低（七品），但权力很大，皇上交派各部办理的事项，由他们每五天检查督办一次，倘若有拖延不办，或是动作迟缓者，由他们及时奏报皇上，若各衙门顺利完成了皇上的重大指令，也由六科备案核销。

明朝前期几代皇帝依靠六科了解、督查六部贯彻政令的情况，较好地实现了对行政机构的控制。自明代中期开始，宦官集团逐渐控制了朝政，六科的督查功能削弱。万历年间，六科划归内阁管理。清代初年重新设置了独立于内阁的六科，对六部实行“对口督查”。雍正时将六科改由都察院管理，但它的主要职能仍为对六部进行督查，直到清末才撤销。

3. 监御史、刺史、监察御史和巡按

御史府（台）和六科的职责主要是督察丞相府和中央各部，监御史、刺史、巡按则是朝廷对地方官员进行督促检查的主要官员。

为加强对地方的控制，秦始皇向各地派出监御史，对郡县长官进行监督查办。西汉对地方的监察最初沿用秦朝的做法，汉惠帝时规定：监御史两年一任，每年10月到朝廷奏事，12月再回到自己的岗位上去。汉武帝撤销了在各郡设置监御史的做法，下诏将全国分成冀、幽、并、兖、徐、青、扬、荆、豫、益、凉、交趾、朔方等13州即13个监察

区，每区由皇帝任命一名刺史，并给刺史规定了明确的监察职责——“六条问事”，具体内容是：第一条，豪强恶霸侵占田地，以强凌弱；第二条，二千石的郡守对抗中央，欺压百姓；第三条，二千石的郡守贪赃违法，乱杀无辜；第四条，二千石的郡守任人唯亲，不举贤能；第五条，二千石的郡守依仗权势，乱拉关系；第六条，二千石的郡守勾结豪强，不奉政令。这里规定的督察对象“二千石的郡守”就是一郡之首，相当于今天的省长，“六条问事”主要就是查看这些“高级干部”是否认真贯彻执行朝廷的方针政策，是否滥用刑法、欺凌百姓等等。刺史任期为9年，如果能较好地履行职责，可以直接升为郡守。刺史虽然被赋予的权力不小，但官阶不高（俸禄只有六百石），如果在任期9年内尽心尽职，就可望直接升迁为二千石的郡守，这种机制就迫使刺史竭尽全力去做好任期内的督查纠劾工作。（“刺史”一职后来演变为地方行政长官，此为后话）

汉代这种对地方官员进行督查的机制为魏、晋及以后各朝继承，只是后来这个官职的名称不再叫“刺史”，而叫“监察御史”（隋唐）“巡按”（明清，又称“巡按御史”），这些由皇帝直接派出的督察官员，虽然官品不高（如明代巡按御史为正七品），但是由于直接受皇帝派遣，在加强中央政府对地方的控制、整治地方官员行政不力现象方面能够发挥重要作用。例如，明代宣德年间的巡按御史黄润玉“出按湖广，斥两司以下不职者至百有二十人”（《明史·黄润玉传》）。

二、中国古代督查的形式

1. 最高统治者亲自巡视督查

《明史·职官志》说：“巡按则代天子巡狩”，这说明刺史或巡按的职责就是受派遣代替天子本人对地方行政官员的进行监察和督查。《孟子·梁惠王》说：“天子适诸侯曰巡狩。巡狩者，巡所守也。诸侯朝于天子曰述职。述职者，述所职也。”这里所说的“述职”就是下级对上级的汇报，与它相对应的“巡狩”则是上级对下级的督查。从这个角度看，帝王为了督促地方政府贯彻执行自己的统治意志而亲自到各地进行视察，也是古代督查的一种形式。

天子出巡始于古代关于尧舜的传说，西周有“天子巡狩诸侯”的记载，春秋战国时期逐步演变为国君的行政视察。秦始皇灭六国后在帝位12年，先后5次出巡，足迹所及，几达当时秦国的所有国土。后来的汉武帝、唐太宗、武则天、朱元璋、康熙、乾隆等一些有作为的帝王，都经常到各地进行巡视。

2. 督查官员奉旨督查

监御史、刺史、巡按等受皇帝指派代表皇帝出巡，以检查诏令贯彻落实情况，这是古代对地方进行督查的最基本的形式。前文已有介绍，此不赘述。

3. 建立办文时限制度进行催报督查

领导机关的政令一般是通过公文下达的，因此明确规定办文时限，并以此为据对下级贯彻落实政令的情况进行催办催报，是督查工作的一个重要手段。这种督查形式始于唐代。《唐律疏议·名例》规定：“小事五日程，中事十日程，大事二十日程。”《唐义疏议·职制》规定：“稽程者，一日笞十，三日加一等，罪止杖八十。”对皇帝制敕诏令和军国重事的公文，则要求随到随办，一旦成案，“即日行下”，“当日并了”，不得延误。如有稽缓者“一日笞五十，十日徒一年”。

宋代规定：对收文办理，应“当日受，次日付”；对发文办理“小事限五日，中事给十日，大事二十日”，稽迟者罚之。（《庆元条法事类》）

元代规定紧急公文必须随到随办，不得稽迟。元代还形成了公文定期催办制度，在京都各衙署，十日催，五日再催；对外地官府，五百里内，十五日催，十日再催；五百里外，三十日催，二十日再催；千里外，五十日催，四十日再催；三千里外，七十日催，六十日再催。三催不报，以罪论之。

明代改革家张居正为内阁首辅时规定，官员公事文件上必须注明完成时限和进度，这些文件副本要发到各相关部门和监督人员手中。时限一到还没有办完，就要问罪。这项制度颁行后，"自是一切不敢饰非，政体为肃……虽万里外，（令）朝下而夕奉行"。（《明史·张居正传》）

值得指出的是，古代公文办理时限制度往往是以法规形式颁布的，因而具有很强的严肃性、权威性、强制性。

4. 通过文卷的"照刷磨勘"进行督查

"磨勘"本来是宋代出现的一种审官形式，即通过核查官员所办事项的案卷，对官员的政绩做出鉴定，并作为官员升迁降黜的依据。元代建立的"照刷磨勘"制度则是一种督查制度，"明察曰照，寻究曰刷，复核曰磨，检点曰勘"（《元典章》）。就是通过对官府所办理的文卷的定期跟踪核查，及时发现公文处理中有无拖延、疏忽、隐没、涂改、规避等现象发生，从而揭发和纠正政务活动中各种弊端。这样就使"磨勘"的功能由本来的评价鉴定转变为督查监控，由注重行政的后果转变为追踪控制行政的过程。

据覃兆刿《磨勘转官与照刷磨勘文卷制度》介绍，元初文卷的照刷磨勘每年一次，后来改为半年一次，当时对照刷的内容、方法以及处罚措施都有详细规定，照刷告一段落，则视不同情况注明"已绝"（事已办毕）或"未绝"、"违错"（事已施行，但其中有违枉失错之处）、"稽迟"（事当办而未办）等字样。若经过磨勘照刷，确定办事过程无疑枉之事，便可注明"已绝经刷文卷"，后送入架阁（即今档案馆）保管，对那些从文卷中发现有问题的当事者则限期纠正处理，否则呈报朝廷弹劾或治罪。为了防止公事延误，便于及时从文卷中发现问题，当时还规定了周年交案的办法。

由于"照刷磨勘"是一种行之有效而又便于操作的行政督查形式，所以被明、清两代沿袭下来。这一督查形式对保证政令的有效贯彻、维护行政系统的稳定有序起到了积极作用，对今天的行政督查也有一定的借鉴意义。

[原载《秘书工作》2007年第4期，发表时题名《古人是怎样进行督查的?》]

中国古代的机要交通工作

当代社会交通和通讯十分便捷。当我们通过传真或网络将机密文件和重要信息瞬间传递到全国各地的时候，是否想过古人是怎样传送它们的呢?

在讲古人怎样做机要交通工作之前，先看两首相关的古诗：

第一首是《临潼县志·诗王时济·望骊山烽火台》：

骊山高不极，上有百尺台。
妖姬博一笑，举火诸侯来。
但谓当时戏，讵尔成祸胎。
无何构戎难，辇道蒙尘埃。
火即再三举，四国兵互猜。
宗周遂扑灭，黍离良不哀。
千古成炯戒，兹台犹崔嵬。

这首诗说的是西周末年，周幽王为博宠姬褒姒一笑，便听从虢石父的建议，带褒姒到骊山游玩。到了晚上，幽王命人点燃烽火，但见狼烟四起，火光冲天。各路诸侯看见烽火，急忙调动三军，直奔骊山，近前却听楼阁里琴瑟声声、觥筹交错，却不见敌兵一卒。此时的褒姒看见惊恐万分的各路诸侯，嫣然一笑，幽王见褒姒妩媚百生，不觉欣喜若狂，于是赏了虢石父“千金”。后世所说的“千金一笑”就是由此而来。不久，当犬戎真的进攻镐京时，诸侯们还以为烽火报警又是周幽王的把戏，都不再派援军。犬戎军杀死了周幽王，纵火烧了镐京，西周于是灭亡。

第二首诗是唐代大诗人杜牧的《过华清宫绝句》：

长安回望绣成堆，
山顶千门次第开。
一骑红尘妃子笑，
无人知是荔枝来。

据《旧唐书》《新唐书》等史籍记载：杨贵妃最喜爱吃鲜荔枝，唐明皇为了博宠妃一笑，颁旨下令修建一条专供运输荔枝的驿道，从四川涪州（今重庆涪陵）直通长安（今陕西西安），岁岁日日保障供给。后来这条驿道就被称为“荔枝道”。

故事里的烽火台和驿道，都是古人传送信息的重要手段。其中“举火诸侯来”是比较原始的方法，而在驿道基础上建立和完善起来的邮驿组织，则是古人传达军政法令、报送重要信息的主要手段。依靠邮驿组织来传递公文和重要信息的制度被称为驿传制度，它出现于先秦，定制于秦汉，发展于唐宋，鼎盛于元明，到鸦片战争后逐渐为西方传入的近代邮电制度所取代。古代邮驿自产生到消亡，一直是官府的通信组织，只传递官府文书，一般老百姓要传递信息，只有托人捎带。可见邮驿的运作方式虽然与今天的邮政非常相似，但其职责却更近似于现代秘书工作中的“机要交通”。

一、先秦邮驿组织的产生

早在商周时期，随着王权的强化，文书制度和信息工作网逐步建立，出现了专门负责传递公文和重要信息的人。在殷墟甲骨文中就出现了“亻壴”字，考古学家们认为，“亻壴”就是传递情报的人。

春秋战国时期，随着水陆交通的发展，各诸侯国都建立了邮驿组织。各诸侯国内部的政令传达和诸侯国之间频繁的公文往来，大多是通过邮驿来完成的。《左传》中有多处关于邮驿的记载。《孟子·公孙丑》载孔子言：“德之流行，速于置邮而传命。”意思是：“如果真的想施行德政，就会比通过邮驿来传达王命的速度还要快。”这里用“邮传”作比方来形容速度之快，说明当时邮传已经相当发达，公文传递的速度也很快。

先秦时代，除了通过邮驿组织传送公文、发布军政信息外，人们还采用鸣锣、击鼓、撞钟、吹号、烽火台等方式传递信息。本文开头故事里的烽火，也叫烽燧，是古代军情报警的一种措施。烽火台一般相距10里左右，守台士兵发现敌人来犯时，立即于台上燃起烽火，以浓烟和光亮报警，邻台见到后依样随之，这样敌情便可迅速传递到军事中枢部门。这些原始但相当有效的方法，不仅为上古社会采用，而且在漫长的封建社会里一直被沿用，但它们只能传递一些简单且并不保密的军情信息，不能成为古代传递信息的主要方法。

二、秦汉驿传制度的建立

公元前221年，秦始皇在灭掉六国后建立了中央集权的秦王朝，为了维护国家统一，发展农业生产，防御匈奴入侵，秦始皇在统一文字和度量衡的同时，还推广“车同轨”，在全国统一修筑了“驰道”，并开挖河渠，发展水上交通，为邮驿的发展提供了有利条件，形成了以京师咸阳为中心，东通东海，南达南海，北至九原，西连西域的交通网。驰道宽50步，沿途设有邮亭，用来传递公文军令。秦王朝十分重视军令传递的速度，从首都咸阳持军令赴各郡的军事通讯人员，沿途所经之处，无论什么人，都不得阻挡。《秦律》中有对阻拦信使的人加以惩处的明确规定。

除传送军令之外，各地驿站还负责传递、报告当地政治、经济、吏治、教化等方面的公文。为了保证传递无误，还制定了相应的法规，如

《秦律十八种·行书律》中规定："行命书及书署急者，辄行之；不急者，日毕，勿敢留。留者，以律论之。"可见当时已经将公文分为"急"与"不急"两类，凡皇上颁发的诏书、制书和标明"急"字的文书须立即传送；不急的当日送完，不准搁压。

汉代，邮传事业进一步发展，规定5里设邮，10里设亭，30里设驿。邮驿行政事务，中央由太尉府法曹驿官掌领，地方军政部门设驿丞管理。汉代驿传的效率很高。《后汉书·西域传》记载了汉代在"西域"地区邮驿组织的发展，"立屯田于膏腴之野，列邮置于要害之路，驰命走驿，不绝于时月"。西汉时，从金城（在今兰州附近）到长安，将近700公里的路程，公文往返只需7天。东汉时，天子玺书一昼夜可行千里。这些都大大便利了政令的传达和各地的联系。

全国邮驿组织的建立和驿传制度的形成，对秦汉政权的政令迅速通行全国付诸实施，起到了重要作用。

三、汉以后驿传事业的发展

自公元220年东汉灭亡，到公元581年隋代建立，中国基本上处于分裂状态，三百多年分裂局面下的驿传情况缺乏详细的历史记载。但是嘉峪关古墓壁画中的驿使形象告诉人们，秦汉建立的驿传制度并没有废止，而是一直在缓慢发展。

唐代是中国封建社会的鼎盛时期，邮驿组织的规模超过前代，驿传制度更加完备。当时的驿站分陆驿、水驿、水陆兼驿三种。据《唐书·百官志》统计，当时全国共有驿馆1643处，工作人员17476人。邮驿组织在中央由兵部的驾部郎中管辖；在地方，各节度使下设馆驿巡官四人，各州有兵曹、司兵、参军分掌邮驿，各县皆由县令兼理驿事。另外，还建立了邮驿的考绩制度和视察制度，并规定各道有判官一名掌管全道驿政考绩；中央有监察御史一人兼馆驿使，考察驿务。

唐代对公文传递速度有明文规定：陆驿一般公文日行300里，军务急件和皇帝敕书日行500里。著名边塞诗人岑参有诗《初过陇山途中呈宇文判官》，描写当时驿传事务之忙和速度之快："一驿过一驿，驿骑如星流，平日发咸阳，暮及陇山头。"

驿传本来只有传递公文信件和接待护送过路官员两项任务，后来又被用来传送重要物品，甚至出现了前面所说的"一骑红尘妃子笑"的情形。

唐代各藩镇在京城长安设置"上都邸务留后使"，如同今天各省市的驻京办事处。他们负责上下公文出纳传递，并及时收集、选编朝廷诏令和各地章奏文书，收集朝廷和全国各地信息，并将这些文件和信息汇编成册，通过邮驿传递给各藩镇节度使。这种公文和信息汇编称为"邸报"，邸报后来成为历代地方官员了解朝廷政务和京师信息的重要手段，具有政务公报的性质。这种古代的"报纸"，当时也由邮驿传递。

四、宋代形成的"急递铺"制度

宋代驿传制度大致沿袭唐代，但也有改革：将驿站改为军事性质的组织，由枢密院下设军邮局统管，各驿站的传递人员由民夫改为兵卒担任，称为"递卒"。并另在驿站以外设专门传送紧急军务文书的"急递铺"，犹如今天在普通邮政外建立专门的"特快专递"。沈括《梦溪笔谈》说："驿传旧有步、马、急递三等，急递最遽，日行四百里，唯军兴用之。熙宁中又有金字牌急脚递，如古羽檄也，以朱漆木牌金字，日行五百里。"南宋名将岳飞被秦桧陷害，召回南宋京都临安，一日之内在前线接到十二道金牌，催他班师南撤，放弃抗金战争，就是由急递铺传送的朱漆金字牌。

急递铺将公文划分为"最速""次速""平常"三个等级。最速公文日行450里至500里，次速公文日行350里至400里，平常公文日行300里。其日行速度之所以如此之快，是因为采用了轻骑接力、昼夜不停的办法。当时送公文的铺兵穿着特定防雨衣，头插羽毛，身佩弓刀，腰系响铃，所骑之马颈脖上还佩铃铛。路上车马、行人听到铃声，皆须让道。下站听到铃声，立即备马待发。所递公文，均要装袋封记，挂不同颜色木牌表示缓急之别，分黄漆青字牌、黑漆白字牌、黑漆赤字牌等多种。紧急公文，内用布包裹，再用油绢卷起缚好，然后用夹板束系。如边关紧急公文，则用“匣子”封锁，挂黑漆赤字牌。凡传递公文的牌与匣，均须编号、登记，注明发收官署、时间等项。收到公文包件的铺，由铺司检查验收，办理登记、交接手续。急递铺所在地方监察官署定期派员对所传递公文有无延缓、拆封、短少、损失等情况进行检查，如发现问题，即由主管官署和御史台予以处罚。

宋代“急递铺”制度为金、元、明、清各朝沿用。《中国大百科全书》介绍，元代中统元年（1260）置燕京（今北京）至开平（今内蒙古正蓝旗东）、开平至京兆（今西安）急递铺，每10里或15里、25里设一铺，每铺置铺兵5人。不久，令各州县依例设置，与邻境所置铺相接。至元三十一年（1294），于大都（今北京）置总急递铺提领所，各路置总铺，设提领一员。至治三年（1323），又于每十铺置一邮长。一开始，只有中书省、六部、御史台、枢密院及各行省、行台的下行公文及地方申省公文方许入递，其后扩大入递范围，凡中央各部门及地方各官府来往公文均可入递。

又据中国社会科学院历史所林金树先生考证，急递铺与驿站的机构、人员、管理等，分立两个系统，各司其职。[①]明代中原、江南一代急递铺通常十里一铺，今天在许多地方经常看到的十里铺、二十里铺、三十里铺等地名，都是古代设有急递铺的地方发展起来的村镇。

五、元、明、清驿传事业的发展

元朝疆域辽阔，为有效地保持中央政府和各地的公文往来和联系，统治者吸取了历代的经验，建立起一套严密的公文传递制度。元初，规定兵部兼管全国公文传递工作，在全国遍设各类驿站。不仅如此，元代还在亚洲西部和东欧等地设了许多驿站，凡当时蒙军控制地区都建有驿站组织。

① 林金树：《关于明代急递铺的几个问题》，《北方论丛》1995年第6期。

元代驿站最多时达一万多处，最少时在中国境内的尚有1496处（这还不包括上面提到的“急递铺”系统），构成以大都（今北京）为中心的稠密交通网。驿路东北通到奴儿干（今黑龙江口一带），北方通到吉利吉思部落（今叶尼塞河上游），西南通到乌思藏宣慰司辖境（今西藏地区），范围之广为前代所未有。驿站分陆站和水站，陆站又有马站、牛站、车站、轿站、步站之分，黑龙江下游地区还置狗站，用狗拉雪橇行于冰上。据《马可波罗旅行记》记载：“所有通至各省之要道上，每隔25英里或30英里必有一驿。无人居之地，全无道路可通，此类驿站亦必设立……合全国驿站计之，备马有30万匹，专门钦使之用。驿站大房屋有1万余所，皆设备妍丽，其华靡情形，使人难以笔述。”马可波罗的描述不一定全部准确可靠，但能说明元代驿传规模之大。

明代驿传机构，在京城设会同馆，地方分别设水马驿、递运所和急递铺。《大明会典》记载：“自京师达于四方，设有驿传。在京曰会同馆，在外曰水马驿并递运所，以便公差人员往来，其间有军事重务，必给符验以防诈伪。至于公文递送，又置铺舍，以免稽迟。”明代在北京和南京均设“会同馆”，这是中央驿站。京外的“水马驿”是驿传组织的骨干，全国共设水马驿千处以上。“铺舍”就是专送紧急公文的“急递铺”。

驿传组织在清代初期和中期仍有发展，清初有官办驿站1600余处，驿卒7万余名，驿马4万多匹，归兵部主管。鸦片战争后，由于近代邮政的出现和电报的使用，中原地区驿传迅速衰落，但边远地区的公文依然靠驿站传递，直到1913年，北洋政府宣布撤销全部驿站。

［原载《秘书工作》2007年第5期，发表时题名《古人是怎样做机要交通工作的?》］

中国古代的信息工作

科学决策必须建立在准确全面的信息基础之上，因此信息工作是现代秘书工作的重中之重。古人虽然没有形成现代信息科学所说的“信息”概念，却留下许多有关信息工作的记载。了解古人是如何做信息工作的，对我们认识信息工作的重要意义是不无裨益的。

一、古人重视信息的作用

古人最早是从军事方面认识到信息的重要性的。成书于春秋末年的《孙子兵法》全面论述了信息的重要作用、来源、范围、获取方式等一系列重要问题，强调准确、及时、可靠的信息对于战争胜负的巨大影响。

孙子说：“知彼知己者，百战不殆；不知彼而知己，一胜一负；不知彼不知己，每战必殆。”（《谋攻篇》）他认为对敌我双方情况的准确分析和判断，乃是克敌制胜的前提条件。如何做到知彼知己呢？“知彼”的重要途径，就是对敌方军事情报的广泛搜集、系统研究和正确判断。孙子认为情报的搜集范围应包括敌方面临的内外环境、民心的向背、军心的稳乱、天时地利情况、君主将帅特点和弱点、士卒政治素质和作战能力、内部纪律性等等信息。《行军篇》《用间篇》还论述了如何获得情报、如何对信息报进行分析以得出准确判断等问题。

如果说军事行动最需要的是作战对方的信息（敌情），那么治理国家最需要的就是管理对象的信息（下情）。传说中尧、舜在朝廷前置“进善之旌”和“诽谤之木”，就是为了广开言路，了解下情。《左传》中有一则“子产不毁乡校”的故事，可以代表古人对民间信息的认识。

春秋末年，郑国民众经常聚集在乡校批评议论朝政，有人建议执政的子产下令拆毁乡校，子产说：为什么要这样做？百姓们有空来到这里议论朝政得失，他们认为是对的我们就推行；他们认为是错的我们就改正。“他们是我们的老师啊，为什么要毁掉乡校呢？他们的批评为我们提供了有用的信息，正是我们需要的苦口良药，可以用来医治执政中存在的毛病。”

从《孙子兵法》和子产的这番高论可以看出，古人很早以前就意识到信息的重要作用。

二、古人收集信息的方式

调查研究和吏民来信来访是古人收集信息的两种最主要的方式。由于调查研究内容丰富，我们将在下期专文介绍，而信访工作已有张树文先生《古人是怎样做信访工作的?》一文（《秘书工作》2007年第2期）详细介绍，所以下面只介绍其他几种主要的收集信息的方法。

1. 通过行政系统收集信息

古代不存在类似于今天信息网络的专门信息机构，朝廷和中央政府主要通过各级行政官员逐级上报的方式来了解各地政情、军情、民情，即规定各级行政官员和地方节度使等必须及时将重要信息上报朝廷，若有隐瞒不报者将治重罪。《汉书·食货志》记载，西周天子为了解下情，由国家出资请孤寡老人收集民间表达“怨恨”的民歌，上报官府，“乡移于邑，邑移于国，国以闻于天子。故王者不出牖户，尽知天下所苦，不下堂而知四方”。这里的“邑”是大夫的领地，“国”是诸侯国，乡、邑、国、天子，就是当时的国家行政系统。这一记载说明，通过行政系统来收集信息的制度，早在西周时代就已经形成。

又据《新唐书·刘晏传》记载，为了迅速掌握全国各地的经济信息和商业情报，刘晏以各地巡院为基地，创造了全国信息网，聘用精英收集各地有关庄稼好坏、市场价格变动、物资余缺等信息，“四方货殖低昂及它利害，虽甚远，不数日即至”。刘晏等综合各地信息做出正确的经济决策，使市场长年保持稳定。

2. 派出间谍收集信息

春秋战国时期的诸侯国之间，以及后来各民族政权、各政治集团之间的矛盾冲突中，向对方派出间谍以窃取情报，是古人常常采用的收集信息的方式。战国末期，魏国曾派水利专家郑国以帮助秦国兴修水利的名义来到秦国，他的真实身份就是魏国间谍。有趣的是，中国古代四大美女中，西施和貂蝉也都是政治斗争中的女间谍。

南北朝时期先后效力于西魏和北周的韦孝宽是一个善于派遣间谍窃取情报的高手。公元538年，东魏命牛道恒进攻西魏，韦孝宽派间谍到东魏搞到了牛道恒的笔迹和图章样式，让人模仿其笔迹用牛道恒的名义给自己写了一封表示和好的信，盖上仿制的牛道恒图章，然后设法让这封假信落到牛道恒的上司手中，制造了对方的内部矛盾。韦孝宽趁对方上下离心、互相猜忌之机率军出击，大获全胜。（《北史·韦孝宽列传》）公元575年，北周发兵讨伐北齐，为了摸清北齐国内的政治、军事情况，韦孝宽培训了大批间谍，打入北齐国内各个地方，还从北齐收买了许多间谍，这些间谍收集并送回了大量情报，北齐朝廷内部有什么矛盾，兵力怎样部署，军队有什么动向，韦孝宽都了如指掌。战争结果自然是可想而知。（《周书·韦孝宽列传》）

3. 通过吏民告密获取信息

“告密”指向有关部门告发别人的私下言论或行为。告密在道德上为大多数人所不齿，但在古代某些时候却成为统治者获取信息的重要方法。

史书记载的第一个告密者是商纣王的臣子崇侯虎，周文王因“叹了一声不该叹的气”被他告密而坐了七年大牢。战国时秦国商鞅制定的“秦律”将“告密”制度化：“不告奸者腰斩，告奸者与斩敌首同赏，匿奸者与降敌同罚。”（《史记·商君列传》）

除了商鞅时期的秦国外，中国历史上统治者鼓励告密的有四个时期：

一是汉武帝时的“告缗”政策。汉武帝为解决国库匮乏问题，对商人和手工业者征收重税，鼓励知情者揭发检举其中隐瞒不报或自报不实的，此即“告缗”。凡揭发属实，被告者财产全部没收，并戍边一年，没收的资产分一半给告发人以作奖励。

二是唐代武则天执政时为打击政敌而鼓励告密，告密有功者予以封赏，内容不实者不追究责任。朝廷专门向全国发出通知，号召民众投递密奏。凡有上京告密者，臣下不得问，沿途皆给驿马，按五品官的标准免费供应食宿。

三是明成祖朱棣抢了侄儿的皇位后为打击不服者而鼓励官吏彼此告讦。一时朝野内外均以刺探臣民隐私为乐事，“事无大小，天子皆得闻之。家人米盐猥事，宫中或传为笑谑，上下惴惴无不畏打事件者”。（《明史·刑法志三》）

四是清代朝廷为维持和巩固统治而大兴“文字狱”。文字狱”大都由告发而起，康、雍、乾三朝的一百余年里文字狱多达百起。

通过臣民告密虽然也能获得某些信息，但是更多情况下会造成冤假错案，而且会使整个社会伦理尽丧，人性被严重腐蚀。这种方法实在不足为今人仿效。

4. 成立情报机构收集信息

古代历史上真正可以称为“情报机构”的只有明代的锦衣卫和东、西厂等。

锦衣卫成立于洪武十五年（1382），原为皇帝的卫队，朱元璋为加强中央集权统治，特令其掌管刑狱，监视和督察全国官吏和民众，成为皇帝的耳目和爪牙。锦衣卫监视能力极强，朱元璋废掉宰相后，博士钱宰被请来帮他办事，一天下朝回家后赋诗一首怀念睡懒觉的生活："四鼓咚咚起着衣，午门朝见尚嫌迟。何时得遂田园乐，睡到人间饭熟时？"第二天上朝时朱元璋就对他说："你昨天作了一首好诗呀！不过我并没有嫌你'迟'呀，还是改为'忧'字吧？"钱宰一听，吓出一身冷汗，连忙磕头谢罪。

除了锦衣卫之外，明代还有由司礼监太监充任头目的特务组织东厂、西厂和大内行厂，它们与锦衣卫职权基本相同，但厂的势力更大于卫。锦衣卫侦伺一般官员，厂则侦察官民和锦衣卫，内厂则监视官民和厂卫，而皇帝直接领导与监督所有侦察机关，构成一整套侦察特务机构体系。

虽然厂、卫为巩固明代统治立了大功，但是依靠特务组织秘密搜集信息、监视本国臣民言行的做法也遭到后人的强烈谴责，此种做法不可效仿。

三、古人传递信息的方式

古人传递信息的主要方式是"驿传（邮驿）"，这在《古人是怎样做机要交通工作的？》一文中已有详细介绍。下面介绍古人传递信息的另外几种方式。

1. 利用烽火传递信息

《墨子·号令》载："与城上烽燧相望，昼则举烽（发烟），夜则举火"。利用烽火台传送信息至迟在西周时期已被采用，著名的"烽火戏诸侯"的故事可以作为佐证。周幽王爱妃褒姒是一位绝色佳人，但始终不开笑脸，有人出了一个馊点子：一天傍晚，周幽王带着爱妃褒姒登上城楼，命令四下点起烽火，邻近的诸侯看到烽火，以为西戎部族来犯，便纷纷发兵赶来救援，来到城下才知道是周幽王为了逗爱妃一笑干的蠢事，只好气愤地收兵回营。褒姒见状，果然淡然一笑，幽王大悦。不久后的一天，西戎果真来犯，幽王下令点火求援，各诸侯以为周幽王又在开玩笑，没有发兵救援，结果城堡被攻下，幽王被杀，继位的周平王不得不将都城从镐京迁到洛阳。烽火通信与长城的修建紧密相关，春秋战国时期形成的长城上，等距离建有烽火台。翦伯赞先生《秦汉史纲》说："汉代沿长城全线西至罗布泊沙漠，直达克鲁库特山麓，皆列置堡垒烽燧……烽燧万里相望，于是中国西北筑成了一条坚强的防线。"

用烽火传递军情信息代代相传。《后汉书·光武帝纪》曰："大将军杜茂屯北边，筑亭候，修火燧。"唐代仍以烽堠传递紧急军事情报，边境大致每30里设一"烽堠"，各烽堠置帅一人，副帅一人。遇有敌情，以燃一炬、二炬、三炬……表示敌人数额多少。"诸烽堠不警，令寇贼犯边，及应举烽燧而不举，应放多烽而放少烽者，各徒三年。"（《唐律疏议·卫禁》卷八）

2. 利用"邸报"传递信息

"邸报"是我国最早的报纸，有人说它创办于西汉初期，但无可靠史料支持。但至迟在唐代即已流行。"邸"是地方高级官员驻京的办事机构，主要职能就是收集、选编朝廷诏令和各地章奏文书，收集京师和全国各地的信息，并将这些文件和信息汇编成册，传回地方官府。"邸报"名称即由此而来。邸报在正常情况下由邮驿组织传送，有特殊紧急信息也派专人传送。

根据史料记载，明代末年开始允许民间私设报房，用活字印刷，称"京报"。清代内阁（朝廷总秘书机构）在东华门外设有一个专门的机构名谓"抄写房"，每天由报房派人去那里抄取当天发布的新闻，这些新闻被印刷成单页不加封皮的新闻纸就叫"宫门抄"。而各地方总督、巡抚官署中发抄的分寄各府、州、县的重要讯息的内部新闻纸则叫作"辕门抄"。

3. 利用信鸽、鸿雁传递信息

信鸽是专门驯养的用以传递书信的鸽子。我国利用信鸽传递信息的做法历史悠久。传说汉高祖刘邦被楚霸王项羽围困时，就是以信鸽传书引来援兵脱险的。汉代张骞、班超先后出使西域时，都曾用信鸽传递消息。在西夏与北宋的战争中，西夏军队利用信鸽做军事通讯。南宋初，大将曲端的军队中也使用信鸽传达消息召集军队。

古代还有“鸿雁传书”的传说。据《汉书·苏武传》：苏武出使匈奴，被单于流放北海放羊。后来汉朝与匈奴和亲，汉要求放苏武等人，匈奴诡称苏武已死，与苏武一起出使匈奴的常惠把苏武的情况密告汉使，并设计让汉使对单于讲，汉皇打猎射得一雁，雁足上绑有书信，说苏武在某泽牧羊。单于听后，只有让苏武回汉。后来，人们就用鸿雁比喻书信和传递书信的人。

［原载《秘书工作》2007年第6期，发表时题名《古人是怎样做信息工作的?》］

中国古代的调查研究

尽管古人并没有形成“调查研究”的明确概念，但一些有作为的政治家懂得为了巩固政权就必须了解民情，而了解民情就要进行调查研究。他们有些做法属于典型的调查研究。

一、历史上最早的调查研究

关于调查研究的记载，最早的可以追溯到原始社会末期。据《史记·五帝本纪》，尧、舜、禹都曾深入民间考察民情或自然环境。例如，有一天尧到华地，有一个名“封”的地方小官对尧说：“愿圣人多男儿、多富、多寿。”尧答道：“不敢，不敢。多男儿就要多替他们操心；多富就要多出许多麻烦事情；多寿会遇到很多不如意的耻辱，还是免了罢。”封又说：“给每个男儿一份工作，有什么操心呢？把财富分掉让大家都富足，有什么麻烦呢？天下安乐就和人民一起安乐，天下不安就努力修德，有什么耻辱呢？”封的这一番进言，对尧的执政理念产生了很大影响。《史记》等古代典籍还记载了大禹为了治水而亲临各地进行现场勘察并广泛征求民众意见。由于尧、舜、禹经常深入民间调查研究，虚心听取老百姓的意见，因此深受人民爱戴。

二、采风——西周的调查研究制度

中国古代形成制度的调查研究，首推西周的“采风”制度。所谓采风，就是周王朝通过天子巡守、专人调查和逐级上报等多种方式来了解民风民情民意。

1. 采风的目的

采风目的之一是“观俗”。周王朝实行以礼治国的方针，礼就是制度的意思。如何来制定和完善这种制度呢？周统治者认为应“礼俗以驭其民”（《周礼》），这里的“俗”就是老百姓的生活习俗。《礼记·王制》说：“凡民居材，必因天地寒暖燥湿，广谷大川异制，民生其间者异俗，刚柔轻重迟速异齐……”也就是说，因地域广大各地民俗有很大差异，因时间推移民俗也会发生改变，制定国家的“礼法”，就要适应这种差别和变化，“修其教不易其俗，齐其政不易其宜”，亦即根据不同的习俗施行相应的政令，以使生民安居乐业。周王朝建立采风制度的直接目的就是给王室提供调整“驭民”政策的信息和依据。

采风目的之二是“观政”。周初统治者汲取殷商灭亡的教训，轻鬼神、重人治，改“以神为本”为“以民为本”。他们认为“弗永远念天威，越我民；罔尤违，唯人在……天不可信”（《尚书》）天意就在民情中，民心向背可以决定天命之去向。要重视人治，就需要掌握民情，进行调查研究。采风之制的设立，其目的之一就是让统治者“不出牖户而知天下”，从中“观风俗，知得失，自考正也”（《汉书·艺文志》），也就是说通过调查研究能够了解民众对国家政治制度的批评意见，发现国家管理中的过失，以便及时进行调整。

2. 采风制度的具体内容

一是最高统治者定期深入民间搞调研，《礼记·王制》载：“天子五年一巡守”，“岁二月，东巡守……命太师陈诗，以观民风。命市纳贾，以观民之所好恶……五月，南巡守……八月，西巡守……十有一月，北巡守”。虽然五年搞一次调研未免太少，但巡狩的地域很广，时间延续很长，内容也很丰富。

二是建立专门的“采风”队伍，犹如今天的专职“调研员”。朝廷指定的采风官员叫“行人”，有“大行人”“小行人”及其下属“行夫”若干，说明这支调研队伍人数不少。由于行人巡行时必乘輶轩（一种快速轻车），所以又称他们为“輶轩之使”。輶轩使者深入民间，“巡游万国，采览异言，车轨之所交，人迹之所蹈，靡不毕载”（郭璞《方言序》），径自从民间获取原始的、鲜活的风俗民情资料。另外西周还从民间年长者中遴选基层采风人员，据何休《春秋公羊传解诂》宣公十五年载，“男年六十，女年五十无子者，官衣食之，使之民间采诗”。

三是建立定期采风并逐级上报调研材料制度。据《汉书·食货志》：“孟春二月，群居者将散，行人振木铎循于路以采诗。”这是说孟春二月是行人例行的采风时间，他们采风所得，首先上报给周王室主管调查工作的“太师”，由太师处理后“以闻于天子”。而那些从基层采风人员，须将采风所得经由“乡移于邑，邑移于国，国以闻于天子”（《春秋公羊传解诂·宣公十五年》）。

3. 采风的意义和影响

西周采风作为一种制度化的调查研究，其调查范围几乎遍及周王朝的整个统治区域，其时间从西周初年一直延续到东周前期。周天子正是凭借采风所得，来了解各诸侯国的风俗民情、政治臧否，然后赏功罚罪，安邦理国。许多学者论证，在中国文学史上占有重要地位的《诗经》，正是孔子根据西周采风留下的档案资料整理而成的，其来源和主要内容都说明，《诗经》乃是一部社会调查材料的汇编。周天子通过各地采集来的民歌了解各诸侯国和地方官员政绩，至今我们仍能从中看到周代各地社会生活的真实图景。

采风的主要责任官员“行人”就是古代的调查员，采风所得就是古代的调查材料。无论从其规模之大，内容之广、时间之久来看，采风都可以说是我国古代秘书工作中的一个创举。

三、汉代的采风调查

汉代从公元前206年建国到公元220年汉献帝被废，延续400多年，是我国历史上一个相对稳定而又比较强盛的王朝，这与统治者继承西周的采风制度重视调查研究是有关系的。

汉初，由于内部战乱和边疆战事的影响，经济凋敝，民间贫困。汉武帝为了巩固统治，缓和矛盾，继承西周的采风制度，加强了调查，曾“遣谒者巡行天下，存问致赐”。元狩六年，又“遣博士大等六人分循行天下，存问鳏寡废疾”（《汉书·武帝纪》）。又据《汉书·司马迁传》，司马迁二十多岁担任汉武帝的侍从秘书（郎中），除了多次陪同汉武帝出巡外，还多次“奉使”到大西南偏远地区搞调查研究。汉武帝通过调研对民间疾苦有深刻了解，从而采取了轻徭薄赋、休养生息的政策。以后元帝、平帝也多次“遣光禄大夫褒等十二人循行天下……因览风俗之化”，“遣谏大夫博士赏等二十一人循行天下”（《汉书·元帝纪》），“遣太仆王恽等八人置副假节，分行天下，览观风俗”（《汉书·平帝纪》）。

东汉光武帝父子“起于民间”，更重各地风俗民情之考察，不仅“广求民瘼，观纳风谣” （《后汉书·循吏列传》）。和帝即位，又“分遣使者，皆微服单行，各至州县，观采风谣”（《后汉书·李部传》）。这种情况一直延续到汉末，也未见废止。

与西周采风的结果留下了一部《诗经》相似，汉代采风的结果是留下了许多“乐府”诗。现存的乐府诗歌中著名的有长诗《孔雀东南飞》，反映了民间的一个婚姻悲剧；童谣《举秀才》则讽刺了东汉时期察举制度存在的弊端，其歌云：“举秀才，不知书；举孝廉，父别居。寒素清白浊如泥，高第良将怯如黾。”这是说被推荐的“秀才”，却连字都不认识；察举的“孝廉”，却不许父亲在一起居住；自称清白的文官浊如污泥，号称“良将”的武官胆怯如蛙。高层统治者通过这样的民歌是可以了解社会许多真实状况的。

四、古代调研的方方面面

调查研究不仅是秘书部门的工作任务，而且是一种基本的工作方法，它渗透在各项社会工作之中。下面列举古代其他各项工作中调查研究的应用，以使读者对古代调研有一个全面的了解。

1. 行政管理与调研

古代杰出的政治家非常重视调查研究。如相传为春秋时期管仲所作的《管子·问篇》就是专讲调查研究的。它开篇提出“凡立朝廷，问有本纪”，接着一口气提出了60多个要进行调查的问题，涉及经济、政治、社会生活的各个方面，有人说它是“世所罕见的最古老、最全面的社会调查提纲”。再如战国时期的秦国改革家商鞅，特别重视做定量调研。《商君书·去强篇》说：“强国知十三数：境内仓廪之数，壮男壮女之数，老弱之数，官、士之数，以言说取食者之数，利民（靠谋利为生的商人）之数，马、牛刍稾（饲料）之数。不知国十三数，地虽利，民虽众，国愈弱至削。”可见商鞅把准确的统计数据作为富国强兵的必要条件，而要“知”这么多的基本数据，就必须进行全面的调查研究。

2. 人口普查与调研

中国是世界上最早进行人口普查的国家，中国最早的人口统计数字见于西晋《通典》中，称4000多年前的夏禹时，中国共有人口1350万，这一数字未必可靠。但从商鞅重视数据调查的言论看，以法家思想治国的秦代就有了人口普查是可信的。秦始皇创立的“上计制度”就是人口、钱粮统计制度。到汉朝，随着社会的稳定，人口统计纳入正轨。西汉平帝元始五年（5）全国共有居民12222062户，59594978人，这是我国首次较为精确的人口普查。明朝推行“户帖制”，将人口逐户登记在册，登记表即“户帖”的格式、内容由户部统一制作发放，朝廷还派员分赴各地监督登记。明太祖洪武二十四年（1391）统计为10684435户，56774561人。

3. 军事指挥与调研

调查研究在军事中的作用不需要强调，因为战略分析和战术侦察都属于广义的调查研究。《孙子兵法》中“知彼知己，百战不殆”已成名言成语。在古代记录战争的史籍中，关于调查研究的记录比比皆是。以人们所熟悉的赤壁之战为例，曹操下书于孙权曰：“今治水军八十万众，方与将军会猎于吴”，孙权手下“莫不失色”，要求投降。独周瑜对孙权说：这些人“不复料其虚实，便开此议，甚无谓也。今以实较之，彼所将中国人不过十五六万，且已久疲……甚未足畏。”显然周瑜对曹军的实际情况进行过认真的调查研究，所以有必胜的信心。后来周瑜、诸葛亮这两位善于通过调查研究而“知彼知己”的统帅指挥孙刘联军以少胜多打败曹军，也就在情理之中了。（《资治通鉴》）

4. 侦查办案与调研

古代法制不健全，审理案件注重口供，刑讯是常用的审讯手段，屈打成招造成的冤假错案不可计数。但也出现少数注重证据、断案公平的“青天”，如唐代狄仁杰、宋代包拯、明代海瑞等。如果细考他们的事迹，就会发现他们之所以在破案断狱中很少失误，除了自身的公正清廉外，轻口供、重证据，重视通过亲自调查研究获取第一手证据，乃是他们办案的共同特征。

五、皇帝的巡视和微服私访

最高统治者亲自到各地巡视，也是一种重要的调研形式。巡视兼有督察官员的作用，但更主要的目的是了解下情。

古代有作为的帝王都比较重视亲自进行调查研究。秦始皇、汉武帝、唐太宗、武则天、明太祖以及清代的康熙、乾隆，都曾经多次离开京城到各地进行巡视，秦始皇统一中国后的十二年中，进行了五次大规模巡视，几乎跑遍了秦国的所有国土，有人估计秦始皇有一半以上的时间是在巡视中度过的。而一些昏庸无能的统治者，则很少走出京城，如三国时蜀国的后主阿斗当了40年皇帝，基本上没有出过皇宫。

现在一些电视剧把古代皇帝微服私访渲染得有板有眼，有人根据电视剧的情节评论康熙说："作为至高无上的皇帝，不顾个人安危亲自深入民间了解人民的疾苦，充分地表现了一个政治家对于治理国家的忘我精神。"简直比我们当代领导人还要英明。这实在是对历史极大的误解！古代皇帝的微服私访不能说绝对没有，但正史上基本找不到，按说皇帝如果真的通过微服私访来了解民情，这种好事正史是不会遗漏的。所以，可以说古代野史和现代电视剧中描写的皇帝微服私访情节，基本上属于杜撰。就拿康熙来说，据北京社会科学院满学研究所研究员、北京满学会会长阎崇年先生说，在记载康熙的《清圣祖实录》中并不存在微服私访的任何记载，他认为"康熙微服私访，一、绝无意识；二、绝无必要；三、绝无可能。"他解释道："微服私访"是现代人的意识，清朝皇帝，绝对有一身皇族的傲气，不屑和平民百姓为伍，看看末代皇帝溥仪《我的前半生》就知道了，那绝对是贵为天子，睥睨下人，要说和一般老百姓勾肩搭背，那绝对不可能；再说，康熙皇帝不需要微服私访，因为他有一个"密折"制度（就是秘密报告），通过密折，康熙就能知道一切。阎崇年先生是清史研究专家，他对清史的研究就是从《清圣祖实录》开始的，因此他的结论显然要比善于"戏说"的电视剧可靠得多。

古代皇帝微服私访不见于正史，今人不必当真，更不能对它评价过高。这是我们在考查古代调查研究工作中必须注意的。

[原载《秘书工作》2007年第7期，发表时题名《古人是怎样开展调研活动的?》]

中国古代的文书处理

一、中国历史上最早的文书工作

我国是世界最古老的文明发源地之一，早在四千多年前就出现了公务文书和文书工作。根据传说，黄帝以前的部落首领有巢氏、燧人氏、伏羲氏、神农氏等，大多以语言来发布指令，所谓“无制令而民从”（《淮南子·氾论训》），“自五帝（黄帝为五帝之首）始有书契”（《后汉书·祭祀志》）。随着公务文书的出现，也就产生了管理它的工作人员——史官，汉字的发明者仓颉据传说就是黄帝的史官。

夏代，随着国家机器的出现，一切公共事务的管理也就成为国家行为，公务文书也就成了国家管理的重要工具。据《吕氏春秋·先识》等书记载，夏朝末年，夏桀荒淫残暴，掌管文书档案的“太史令终古”取出宫藏的“图法”展示给夏桀看，对桀哭谏。然而夏桀仍执迷不悟，终古只得携“图法”投归了商汤。这一则记载告诉我们：夏政权已设置了像“终古”这样的秘书官员，并已把文书档案工作视为自己的重要业务。在我国最早的公务文书汇编《尚书》中，也收录有夏代的一篇公文《甘誓》，记载的是夏代开国帝王启在讨伐有扈氏时对将士发布的战前动员令。从以上材料看，夏代应该已经有了比较正规的文书工作。

二、中国古代主管文书处理的官职和机构

公务文书一旦出现，就成为秘书工作中最重要的一项内容。因此历代政权都设有掌管文书的官职，秦汉后还设立了专门处理文书的机构。

在传说中的黄帝时代以及夏、商、周三代，掌管文书的官职是史官。“史”字的本义就是“掌管文书”。出现于商代末年、成型于西周的太史寮，是我国历史上最早的综合性秘书机构，内有太史、小史、内史、外史、御史等“五史”，其中内史又叫“作册”，是掌管公文起草的文字秘书，而御史又称“柱下史”，是保管文书档案的秘书。

秦、汉两代，中央政府主要秘书机构先是御史府，后是尚书台。它们的首要职责是受理公卿、百官和吏民对皇帝和中央政府的上书。御史府和尚书台内分曹办事，其中分官文书工作的是奏曹和书曹，奏曹专管拟写奏章，书曹负责收受、处理文书，令曹掌管密令、法令。

魏晋南北朝和唐宋时期，中央政府逐渐形成了“三省制”的格局，三省之间的关系是“中书出令、门下审议、尚书执行”，秘书工作主要由中书省和门下省分工承担。中书省的主要职责是起草诏令，即负责朝廷和中央政府的发文工作，中书省内的“中书舍人”一职的职掌是：“凡诏旨制敕、玺书册命，皆起草进画”（《旧唐书·职官志》），也就是负责公文的起草工作；而保管文书、抄写诏敕等具体的文书管理，则由较低的秘书职务“主书”负责。门下省除主要负责审议中书省起草的诏令外，还负责处理臣下报送的章奏，掌管这一工作的主要秘书官是“给事中”。到了宋代，门下省内专设了一个机构——“通进银台司”（因司署位于银台门内而得名），该司职责是“掌受三省、枢密院、六曹及寺、监、百司奏牍，文武近臣表疏，及章奏房所领天下章奏案牍，具事目进而颁布于中外”（《宋史·官职志》卷161），可见，它是中央政府公文处理的总枢纽机构。

明代朱元璋彻底废除了三省制，自任宰相，设立了庞大的秘书机构内阁。明内阁中设有中书科、制敕房、诰敕房等三个具体承办文书业务的二

级机构；清代内阁更设有典籍厅、满本房、汉本房、蒙古房、诰敕房、副本库、批本处等十余个处理文书的二级机构。明代中央政府还设有“掌受内外章疏敷奏封驳之事”的官署——通政使司，依朱元璋意，政犹水也，欲其常通，故以“通政”为名。清沿明制，也设有通政使司；雍正皇帝即位后大兴密奏之风，于通政司外又设立了一个专门收受密奏的机构——奏事处，此后通政司主要收受例行公文，而涉及机要的密奏则由奏事处受理。

在古代历朝中央政府各衙署和地方政府中，负责处理文书业务的主要官吏有长史、主簿、令史、书佐、押司、书吏等，《三国演义》中的杨修是丞相府主簿，《水浒传》中的宋江是郓城县的押司。

三、中国古代公文办理的重要制度

公文是国家管理的重要工具，历来受到统治者的重视。我国历史上形成了许多行之有效的文书工作制度，有的制度一直沿用到今天。

1. 文书正副本制度

重要公文须建立副本，这一制度自西周时代即已形成。据《周礼》《礼记》等文献记载，西周时期从周王的王命文书到地方官府的重要文书大多有副本多份，分存各处。所谓“太史、内史、司会及六官皆受其贰而藏之”，这里的“贰”就是抄录的文书副本。王命文书颁发之后，正本交受命者，副本交由内史保存。中央各官署的文件，一份在原官署存档，一份上纳王室“天府”文件库保存。地方官署的重要文书也是一式两份，一份自行保存，另一份送交所属诸州史收存。“宰告闾史。闾史书为二，其一藏诸闾府，其一献诸州史，州史献诸州伯，州伯命藏诸州府。”（《礼记·内则第十二》）

文书正副本制度，既是文书工作的重要制度，也是档案工作的一项重要制度。它为现行公文的执行和历史文件的保存提供了保证。

2. 公文主官签发制度（判署签押制度）

公文须由主官签名或画押后才能生效，现代文书学称之为“签发”，古代称为“判署签押”。这一制度是由文书制作者（史官）签名逐步发展而形成的。

在殷墟甲骨文中，有许多记事卜辞的开端部分刻有“卜人”（问卜者）的名字，记事文字之末则刻有巫史（代卜人向神灵问卜者）自己的名字，以示负责。这是文书签名的发端。

战国时期齐国国相田婴首先在契券文书上签名，称为“押券”，各官署仿行之，在官文书（限于缣帛书写的公文，简牍文书则多用封泥）上押署。经过秦汉的发展，到三国时公文签押制度已正式实行。东晋以后正式以纸书写公文，在纸上便于押署，公文押署制度即被朝廷定制下来。

3. 请示类公文一文一事制度

一文一事，即一件公文只陈述一件事，不同的事由不得混杂在一件公文中。这种作法大约始于魏晋南北朝，通用于唐代，而见诸典籍记载的成文制度则是在宋代。

考秦汉上行公文，往往一文数事。曹操的公文多为一文一事，内容专一，篇制简短。此后这一做法逐渐流行，在唐代的请示类上行公文中已经基本上没有一文数事的现象，说明此时一文一事已经自然形成制度。南宋《庆元条法事类·卷十六·文书门》规定：“诸奏公事，皆直述事状，若名件不同，应分送所属，而非一宗事者，不得同为一状。”这是目前所能见到的关于一文一事制度的最早记录。

请示类公文实行一文一事制度，符合文书工作的开展规律，因为它能突出公文内容主旨，加快行文速度，提高公文处理的效率，也便于文件的管理、查询和文书档案的保管，所以一直沿用至今。

4. 引黄、贴黄制度

“贴黄”一词源于唐代，唐代敕书用黄纸书写，如需作局部改动，就用黄纸贴上改写，称为“贴黄”。到了宋代，“贴黄”的概念有所变化：凡上行文书写完后如有重要补充说明，可另外写于黄纸上贴于正文后，称为“贴黄”。

宋代规定，凡送呈朝廷的章奏文书，须将内容要点、呈递日月写于黄纸上，贴于封皮或文首，称为“引黄”。引黄是公文摘由的开始，它能使受理公文者一目了然地看到公文的主要内容，提高了公文处理的效率。

明清两代，“贴黄”一词的意义又有变化。崇祯即位之初，批阅章奏时深感文字之冗繁，便命内阁制作贴黄式样，令进本官员自己将疏奏用百字左右进行摘要，贴附于文尾，以便皇帝阅览。此种“贴黄”，实际上是宋代“引黄”制的发展。

清代初年，对章奏的字数和贴黄制度做了严格的规定。顺治二年（1645），规定：“凡内外官员题奏本章，不得过三百字……不许重复冗长。仍将本中大意，撮为贴黄，以便阅览，其贴黄不许过一百字。”（顾炎武《日知录》）康熙年间又对贴黄的格式做了更具体的规定。

明末和清代统治者严格规定“贴黄”制度，是对公文冗繁之弊的一种治标不治本的对付办法，但是用现代文书学的观点看，宋代的引黄和明清的贴黄，实际上就是公文摘由制度。现代制作篇幅较长的公文也要附内容摘要（或摘由），就是对古代文书贴黄、引黄制度的继承和发展。

5. 公文收发、办理的登记制度

发出公文或收到公文要进行详细登记，这一制度在秦代之前就已经初见端倪。在《秦律十八种·行书律》中有如下规定：“行传书、爰书，必书其起及到日月夙暮，以辄相报也。书有亡者，亟告官……书延辟有曰报，宜到不来者，追之。”这说明传送或收到文书，必须登记发文或收文的月日朝夕，以便及时回复。这是现存最早的关于公文登记制度的确切史料。

到了宋代，公文登记制度有了进一步发展：公文收发不仅要登记，而且重要的涉及机密的公文还要装入封皮折角密封，并逐一编号。编号的目的是为了更严格地登记，有利于加强责任心，并便于根据登记来承办和催办。

元代对公文处理的程序是：收到文件后先登记，注明日期，然后发放给有关部门办理，承办人员要签字接案；处理完毕后归档。元代还建立了朱销文簿，即将应办之公文逐一登记，办完结案后再依次勾销，并简要注明办理情况。

清代衙署对公文已经实行分类登记，根据公文的发文衙署和公文性质，实行分簿登记。这是文书工作走向成熟的标志。

6. 公文票拟（拟办）制度

票拟，即由秘书部门首先对题奏文书进行阅读，并在一张专用纸签上拟出初步处理意见，然后再转呈皇帝定夺，这种做法类似于今天由办公室主任在公文处理单上写上“拟办意见”。此制形成于明代宣德年间，当时内阁职能日显重要，“凡中外奏章，许用小票墨书贴各疏而以进，谓之条旨”（黄佐：《翰林记》卷2《传旨条旨》）。即阁臣将汇集于内阁的各种奏章预先列出处置意见，贴于章奏上进呈皇帝裁决。票拟本来只是自然形成的题奏处理程序，明英宗登基时，因为只有9岁而由太后执政，太后怕担擅权之名，就命令内阁对所有题奏本章先提出初步意见，再连同原来的题奏送太后定夺。从此票拟就成为一项公文处理的制度。票拟制度有利于发挥秘书部门的参谋作用，是秘书工作的一大进步。这一制度后被清代承袭，是现代公文“拟办”程序的发端。

7. 文书行文避讳制度

文书行文避讳制度始于秦始皇。他规定所有的书面文字或口头语言中，均不得写出或说出他的名字。秦始皇名为政，古代“政”通“正”，他称帝以后，便规定任何场合不准用“正”字，凡需要表达“正”的意义时，一律用“端”字代替，如“正月”要改为“端月”。

行文避讳制度为我国历代袭用，唐朝以后还以法律的形式加以明确规定。《唐律疏义·职制》第115条规定：“诸上书若奏事，误犯家庙讳者，杖八十；口误及余文书误犯者，笞五十。”唐太宗名叫李世民，文书中就要讳“民”字，而“民”是一个常用字，凡行文中用“民”字者一律以“人”字代之，否则就要治罪。宋代规定需避讳的字竟达50字之多，如为了避宋太祖赵匡胤名字之讳，将“匡”字改成正、辅、规、纠、光、康、王等字，全国吏民如有姓匡者，一律改姓为“王”。

文书行文避讳制度是一种极不合理的制度，其目的是为了维护、显示帝王至高无上的特权地位，它给秘书工作者以及全国官民造成了许多麻烦。更加严重的是，历代有无数秘书人员和其他官员因不小心“犯讳”而受到惩罚。清代大兴文字狱，因此而铸成的文字狱大案就有几十起，许多无辜者蒙遭严刑乃至残杀。由此可见文书避讳制度之危害。

[原载《秘书工作》2007年第8期，发表时题名《古人是怎样处理公文的?》]

中国古代的文书撰拟

一、古人对公文起草人员的一般要求

我国最早的公务文书约出现于原始社会末期，即传说中的黄帝时期。自国家产生以后，公文一直是国家管理的重要工具，起草公文历来是秘书工作中最重要的一项内容。

在夏、商、西周三代，负责公文起草的是史官，由于当时有文化的人很少，史官总是由文化水平最高的人来担任。正如夏曾佑先生《中国古代史》所说："周制，学术、艺文、朝章、国故，凡寄于语言文字之物，无不掌之于史。故世人之咨异闻、质疑事者，莫不于史。史之学识，于通国为独高。"

春秋战国以后，史官地位逐渐衰落，历代朝廷公文先后主要由左徒、御史、中书舍人、翰林学士、内阁大学士、军机大臣等等秘书官员起草。

起草公文是一项复杂的脑力劳动，历代统治者选用秘书时，对秘书人员撰写公文的能力有较高要求，擅长公文写作者成为稀缺人才。东汉末年的陈琳，曾任袁绍的记室令史，写过一篇讨伐曹操的著名公文《为袁绍檄豫州》，此文写得辞气凛然，雄风飒爽，极富文采，将曹操骂得狗血喷头，显示出公文写作的极高水平。曹操打败袁绍后，因爱慕其才，不计前嫌，用为自己的秘书。宋代选拔秘书一度重经义、策论，不注意考核写作能力，致使朝廷缺乏起草公文的专门人才，为此大臣们上书皇帝："今进士既纯用经术，如诏诰、章表、赦敕、檄书、露布、戒谕之类，皆朝廷官守日用不可缺者，若悉不习试，何以兼收文学博异之士?" 宋朝廷采纳了这项建议，在科举考试中特设"宏词科"(后改称"博学鸿词科")，专门选拔文字秘书，"试者虽多，所取无过五人"。南宋时报考此科者，生员须提供自己写作的"制、诏、书、表、露布、檄、箴、铭、记、赞、颂、序"等12种常用公文各两篇，才能获准参加考试。

除了国家在选拔文字秘书时提出了较高的要求外，一些学者也从理论上对公文撰写人员的素质提出了要求。如南北朝时期的文章学大家刘勰就认为，优秀的公文作者应具有渊博的学识、熟练的技巧两方面修养；他对作者提出四条要求：一是"积学以储宝"，即平时要多读书，丰富学识，积累资料；二是"酌理以富才"，即善于思考，辩明事理，以丰富自己的才能；三是"研阅以穷照"，即多研究思考生活阅历，以获得对社会上各种事物的深透理解；四是"驯致以绎辞"，即多多训练、陶冶健康的情感，以达到文辞优美。

二、古人对公文写作的一般要求

古代公文是指朝廷、官府（及其主官）在行使职权、处理公务时所使用的文书。与现代公文一样，古代公文也有上行文、下行文、平行文之别，无论是君主下发的制、诰、诏、敕，还是臣子上书的章、表、奏、议，公文与其他文章尤其是文学作品的差别主要在于它的实用性。虽然从先秦到明清我国公文的文风发生过一些明显的变化，但是历代有作为的帝王、严肃的学者和清廉务实的官员，对公文写作的要求基本上是一致的。

我国最早的公务文书汇编《尚书》就提出公文"辞尚体要，弗唯好异"。就是说，文章的语言一定要体现文章主旨和要点，而不能一味追求标新立异。

曹丕的《典论·论文》将文章分为四大类，并指出它们在写作上的要求："盖奏议宜雅，书论宜理，铭诔尚实，诗赋欲丽。"也就是说，奏议要求语言规范，书论要求说理充分，铭诔要求内容实在，只有诗赋（文学）才追求文采的华丽。

唐代文风改革的领军人物韩愈力主"文以载道"，坚持写文章要"唯陈言之务去"，他不仅从理论上倡导务实的公文文风，而且用自己公文写作的实践对过分追求形式的绮靡文风发起进攻，他的《论佛骨表》等名篇完全以散体表述，行文明白如话，堪称古代公文写作的典范。

明初朱元璋亲自处理朝政，对官吏起草的公文动辄数千言上万言非常反感。他说："古人为文章……皆明白易知，无深怪险僻之语……近世文士，不究道德之本，不达当世之务，立辞虽艰深而意实浅近，即使过于相如、扬雄，何裨实用？自今翰林为文，但取通道理明世务者，无事浮藻。""虚词失实，浮文乱真"，"朕尝厌其雕琢，殊异古体，且使事实为浮文所蔽。其自今凡诰谕臣下之词，务从简古，以革弊习。"

清圣祖玄烨（康熙）主张公文要"简当""简要"，他批评明代公文："多排偶芜词，甚或一二千言，每日积满几案，人主岂能尽览，势必委之中官，中官复委之门客。此辈何知文义！讹舛必多，奸弊冗生，事权旁落，皆文章冗秽以至此也。"

从以上材料看，古人对公文写作的主要要求是内容实在、行文规范、语言简洁，这与我们今天对公文写作的要求是一致的。细考流传至今的古代优秀公文，也无不具有这几个特点，如汉高祖刘邦灭秦后发布的《入关告谕》，立意高远，措辞恳切，言简意赅，全文不足100字；宋代名臣包拯的《乞不用脏吏疏》分析了当时官场的腐败现状，陈述了可供借鉴的历史经验，并明确提出解决措施，内容丰富，说理透辟，全文不到200字。

三、古人起草公文的一般程序

根据潘林杉先生的研究，古代起草公文的一般程序与今天起草公文大致相当。

首先是占有材料。材料是公文中的事实、数据、根据等，是形成公文中心思想的基础。古代各官署公文写作的材料大致有三方面：一是事实材料，如现实情况、社会问题、管理经验；二是朝廷颁布的诏令、上级官署（或主官）下发的公文；三是历史典故及历史成案。古时公文作者获取材料的方法主要有两种：一是依靠作者深入实际观察，熟悉本官署和上下官署活动情况，二是靠博览群书和熟悉成案，前者可谓直接的事实材料，后者可谓间接的文字材料。历代公文写作佼佼者，平时都能注意积累各种材料，不断丰富自己的“材料库”，如宋代包拯写《乞不用赃吏疏》时，就已经掌握了许多有关当时赃吏任用情况、历史上清明的帝王对待赃吏的处理办法等材料，所以文章内容非常实在，分析矛盾抓住要害，提出的办法切实可行。

其次是确立主旨。任何一篇公文都有目的性，即公文制作者的意图、观点、主张、态度。主旨（立意）对一篇公文说来十分重要，起到提纲挈领统帅作用。刘勰将这一作用比作“振本而末从”，树木的根干振动，树枝、树叶也就跟着动摇，这里是指确立好文章的主旨，章句和言词安排也会随之妥善。明末清初学问家王夫之形象地说：“意犹帅也，无帅之兵，谓之乌合。”“意”是文章的“统帅”，如没有“意”，全篇文词就如同无帅的“乌合”之兵。古代公文起草者非常考究立意，行文前都要明确写作意图、主要观点。公文立意的要求有二：一是符合领导（皇帝或主官）的行文意图；二是一篇公文中心思想只能有一个，不能分散，要突出主题。

再次是谋篇布局。公文主旨确定后，就要考虑怎样围绕主旨来组织材料以形成公文框架，这就是“谋篇布局”。古人撰写公文十分讲究谋篇布局，强调在动笔之先，要通盘打算。考虑如何入手，如何引申，如何结束，如何划分章节，如何安排主次详略等，然后再动笔。刘勰在《文心雕龙·附会》篇中对写作谋篇做了如下阐述：“总文理，统首尾，定与夺，合涯际，弥纶一篇，使杂而不越也者。”其意就是：要把握文章的主旨，统一文章的首尾。决定材料的去留。衔接上下文意、文气，全面地组织篇章，使其丰富的内容有机地联结在一起，而不致显得杂乱无章。虽然不同的文种、不同内容的公文在谋篇布局上呈现出种种差别，但是公文的实用性决定了它有着大体一致的基本布局形式，这就是“叙由、叙案、申述、结论”四段论，“叙由”就是提出问题，“叙案”就是分析问题，“申述”就是提出解决问题的主张并加以论证，“结论”就是最后概括全文主旨。

谋篇布局的结果是形成一个比较详细的提纲，对于起草者个人而言，接下来就是形成文字并润色修改了。但是如果起草的公文关涉重要决策或政策，就还要经过审核和签发等程序，才能作为正式文件发布。

四、唐太宗时期的公文签发前的执论制度

历代重要公文的审核和签发程序可能并不一样，其中唐太宗时期形成的公文签发前的执论制度值得专门介绍。

所谓执论，就是决策要经过充分论证，其具体表现就是朝廷发布政令的重要公文在正式生效前要有严格审核、充分论证的程序。唐代中央政府实行“三省制”，三省之间的关系是“中书出令，门下审议，尚书执行”。中书省是起草政令的机关，中书舍人拟稿后由中书令或中书侍郎选定并补充修改，再呈送皇帝画一“敕”字，表示已过目同意，然后送达门下省审议，通过后再由皇帝签发批准，才能成为正式法令交尚书省执行。

贞观元年（627），唐太宗对门下侍郎王珪说：“中书所出诏敕，颇有意见不同，或兼错失而相正以否。元置中书、门下，本拟相防过误。人之意见，每或不同，有所是非，本为公事。或有护己之短，忌闻其实，有是有非，衔以为怨。或有苟避私隙，相惜颜面，知非政事，遂即施行。难违一官之小情，顿为万人之大弊。此实亡国之政。”这是要求门下省对中书省起草并由皇帝画过敕的公文，要认真审议，不要碍于情面而通过那些有过误的文件。

贞观三年（629），唐太宗又对中书、门下两省官员说：“中书、门下，机要之司。擢才而居，委任实重。诏敕如有不稳便，皆须执论。近来唯觉阿旨顺情，唯唯苟过，遂无一言谏诤者，岂是道理？若唯署诏敕、行文书

而已，人谁不勘，何须简择，以相委付？自今诏敕疑有不稳便，必须执言，无得妄有畏惧，知而寝默。”

宰相房玄龄依照唐太宗旨意对文书签发前的“执论”程序做了具体规定：中书舍人在拟制有关军国大政的公文时，必须充分表示自己的意见，并且签上自己的名字，以示负责，然后送中书侍郎和中书令加以审示，形成初稿后送皇帝过目“画敕”，再转送门下省，由门下省给事中和门下侍郎审查、论证，如门下省认为有问题，应在提出修改意见或反驳意见后封还中书省，由中书省修改或重写。否则，即使皇帝“画敕”的也无效。中书、门下两省分歧严重时，就要在“政事堂”举行两省联席会议，让大家畅所欲言，各抒已见，进行辩论，以达成共识。这样就使中央政令在出台前得到充分论证，避免了中央决策的失误，“由是鲜有败事”（《资治通鉴》）。

公文签发前的执论制度对“贞观之治”的出现起了重要作用。遗憾的是，在唐太宗后，这一制度没有继续执行。但这一制度的合理性对于我们今天起草重要文件、出台重要政策或形成重要决定，仍然有很高的借鉴价值。

[原载《秘书工作》2007年第9期，发表时题名《古人是怎样起草公文的?》]

文笔之分的见证人——任昉①

一、从成语“沈诗任笔”看任昉的写作才能

在南北朝之前，古人并没有认识到公文写作和文学创作的性质和规律的本质差异，当时所有文章统统被称为“文学”，所以一般“古代文学作品选”中收录的先秦两汉魏晋的作品，有不少并不具有文学“通过塑造形象反映生活表达思想感情”的特征，例如《尚书》中的篇目、《谏逐客书》、《论贵粟疏》、《出师表》等，都是典型的公文。魏晋南北朝时期，出现了一批研究文体差别的学者和成果，从三国魏曹丕的《典论·论文》将文章分为奏议、书论、铭诔、诗赋四大类并指出他们在写作上的不同要

① 本文和《善于建章立制的秘书长——张廷玉》一文，为中共中央办公厅秘书局主办的《秘书工作》2007年“中国古代著名秘书”专栏中的两篇文章，该栏目是在笔者的建议下设立的，全年12期介绍了我国古代各个时期最有代表性的著名秘书13人，所介绍的秘书人选为本人与该刊执行编辑共同选定。该栏目全年12篇的标题和作者是：《秉笔直书的秘书官——史佚和董狐》（梅军）、《壮志未酬的秘书长——屈原》（梅军）、《高参型秘书——冯谖》（梅军）、《公文高手——李斯》（唐桂兰）、《能谋善谏的秘书——张良》（郭江惠）、《多谋善断的军事秘书——郭嘉》（李小荣）、《文笔之分的见证人——任昉》（杨树森）、《具有高超协调能力的中央政府秘书长——魏徵》（余大芹）、《成为一代文宗的秘书——欧阳修》（梅军）、《实现人生“三不朽”的秘书——刘基》（杨柳）、《锐意改革的秘书长——张居正》（陈俊）、《善于建章立制的秘书长——张廷玉》（杨树森）。

求，到南朝梁刘勰的《文心雕龙》用大量篇幅系统论述诏策、檄移、章表、奏启、议对、书记等各种不同体裁公文的特点，表明古人逐步认识到应用性文体与文学作品有着不同的写作要求和创作规律。中国文学史和中国秘书史将这一认识过程称为“文笔之分”。

所谓文、笔，按刘勰的观点：“无韵者笔也，有韵者文也。”（《文心雕龙·总述》）未确。又有人说“文”指文学作品（以诗歌为代表），“笔”指应用性文体（以公文为代表），此说更加符合历史事实。如果说曹丕、刘勰的文论著作是文笔之分的理论标志，那么南朝在宋、齐、梁三代长期担任秘书职务的任昉，则因自己的写作实践而成为文笔之分的见证人。

任昉（460—508），字彦升，祖籍乐安博昌（今山东寿光），南朝著名秘书。他在宋、齐、梁三代都任过官职，而且主要是秘书职务。据南朝梁代文学评论家钟嵘《诗品》记载：任昉自幼“聪明神悟”，4岁诵诗数十篇，8岁能写文章，“雅善属文，尤长载笔，声闻藉甚”。16岁那年，就被南朝宋丹阳尹刘秉辟为主簿（相当于今县政府办公室主任）。齐明帝（萧鸾）时，年仅18岁的任昉因才思敏捷、文笔超群，先被任命为太子掌兵校尉掌管东宫书记，后任中书侍郎、司徒右长史等职。任昉33岁时，梁武帝萧衍任命他为骠骑记室参军，主持文翰书记。永元三年（501），萧衍进军建康，任昉为记室。在梁先后任黄门侍郎、吏部郎、御史中丞、秘书监等职。以上所有职务，都是不同岗位不同级别的秘书官职。

任昉之所以能够长期担任重要的秘书官，与他杰出的写作才能是分不开的。他十几岁就出任主簿，是因为“尤长载笔”；以后不断被提拔重用，也是因为他“文笔超群”。据说任昉写文章“起草即成，不加点窜”，而文辞情真意切，透障凌厉，有“遒文丽藻”之誉。由于任昉公文写得规范而有文采，当时的王公表奏没有不请他写的，皇帝的许多诏敕也出自任昉之手，连萧衍代齐建梁时的禅让文告都是任昉的手笔。

任昉的写作才能超群，与当时的大文学家沈约齐名，世称“沈诗任笔”，意思是：论诗歌等文学作品的创作，沈约成就第一；论公文等应用性文体的写作，则数任昉水平最高。而查看任昉留存至今的文章，确实多为代笔拟作的应用文告之类，很少诗作。沈约与任昉是好朋友，他坦然承认自己不擅长公文写作，“笔”力不如任昉，故对任昉“深所推挹”。而任昉不仅擅长写作公文，学问和文学也颇有成就，据说他晚年对“沈诗任笔”的说法“甚以为病”，自认为诗才不在沈约之下，在担任地方官时转好著诗，意欲胜过沈约。有一则民间流传的小故事，说是有一次沈约赠送给任昉一首诗歌新作，任昉觉得不过尔尔，自己就写了同类题材的诗作若干，把沈约的赠诗杂混其中，抄录后再呈送给几位友人评点，结果友人众口一词说其中有一首写得最好，而那首恰恰是沈约送给他的诗。从此以后他才真正认识到自己的文学才能确实不如沈约。

“沈诗任笔”在古代曾经是一个常用成语，有两个意思：一是说各人有各自不同的才能特长，不必非要与他人在某一方面比试高下；二是泛指不同体裁的文章。这个成语现在已不常用，但在文学史和秘书史上谈到“文笔之分”这个历史进步时，仍然会以“沈诗任笔”为例。任昉的文学成就不是很高，但是他却能在历史上成为名人，甚至进入成语典故，主要是凭他写作公文的杰出才能。因此，我们说任昉是魏晋南北朝时期公文写作逐渐成为一种专门技能的标志性人物。

二、清正廉洁、亲民勤政的从政生涯

任昉一生大多数时间担任秘书官职，只在生命的最后几年，才当了几年地方上的主官——义兴（今江苏宜兴）太守和新安（今安徽黄山）太守。任昉担任太守时，以清正廉洁、亲民勤政而出名。

梁武帝天监二年（503），任昉调任义兴太守，他在太守任上为老百姓办了许多好事。有一年遇到大灾荒，任昉便把自己的俸米烧成粥，施舍给贫困灾民，救活了2 000多人。任昉严格禁止老百姓在灾年溺婴的行为，保护、救活了一大批婴儿，还用自己的俸禄资助贫困学生读书。任昉得到一片公田作为俸秩，每年可产谷800余石，而任昉只取其五分之一，其余的用来救济贫苦乡民，而自己的妻子儿女只食粗粮。据说任昉任满离开义兴时，“舟中唯有绢七匹，米五石而已”。义兴百姓非常爱戴任昉，在其尚未离任时即建生祠太守庙祭祀。为了纪念任昉在义兴的德政，后人在他经常垂钓的地方筑台纪念，称之为“任公钓台”，后列为宜兴十景之一。直到1998年，江苏省宜兴市民还在原任公钓台的旧址上修建了占地120亩的任昉公园，以表达对任昉的永久的怀念。

任昉最后任新安太守时，也以清廉勤政闻名，他常常徒步到各处视察，遇到“民通辞讼者，就路决焉”，即常常现场办公，处理案件。梁武帝七年（508），任昉病故在新安，时年48岁，当时其家中仅有桃花米20石，连举办葬礼的费用都远远不够。任昉临终前曾留下遗言：不许带“新安一物还都，杂木为棺，浣衣为殓”。任昉一生德高望重，客死他乡后，“阖境痛惜”，百姓为他共立祠堂于新安城南，岁终按时祭祀。梁武帝萧衍听到任昉去世的消息，也“悲不自胜”，“即日举哀，哭之甚恸”。

从任昉最后几年在地方为官的表现看，他确是一位在封建社会难得见到的清官。在地方当主官比任秘书官职更有条件贪赃枉法，而任昉始终克己自律、亲民勤政，可知他在担任秘书官职时也应是清正廉洁的。

三、任昉的文学和学术成就

虽然任昉的文学成就不如沈约，当时也是著名文学集团“竟陵八友”的一员。《梁书·武帝本纪》载：“竟陵王（萧）子良开西邸，招文学，高祖（即后来的梁武帝萧衍）与沈约、谢朓、王融、萧琛、范云、任昉、陆倕等并游焉，号曰‘八友’”。竟陵八友中，沈约、谢朓的诗歌创作成就最高，而任昉、陆倕仍“以文笔见称于世”。

任昉还以藏书丰富而名噪一时，他与沈约、王僧儒同为当时的三大藏书家。他家虽贫，但藏书有一万余卷，所藏典籍范围很广，各类书籍他都加以存藏，有的书存有多种不同的抄本，有的典籍在官府书库内查找不到，到任昉的书室都可以查到。

任昉在学术上成就颇高，他一生著书颇丰，所著文章达数百万言，当时流传于世。见诸史书记载的著作就有：《杂传》247卷，《述异记》2卷，《地理书钞》9卷，《地记》252卷，《文集》23卷，《文章始》（即《文章缘起》）1卷，等等。这些作品现在大多已经散佚。在任昉的著作中，值得一提的是《文章缘起》。这本书早于刘勰的《文心雕龙》，有研究者认为它代表了当时文体学研究的最高成就，为后来萧统的《文选》确立了文体分类的基础，也启发了刘勰的文原思想。所以任昉在文章学上的地位十分显著。后来有许多人认为《文章缘起》是一部伪作，但杨赛先生的博士论文《任昉研究》举出六条证据来证明今本《文章缘起》大抵是任昉当年所作的原貌。

从任昉的著述目录看，他确实是一位学富五车、知识广博的“通才”和“杂家”，由此也可说明，任昉杰出的公文写作才能并非仅靠天资的“聪明神悟”，而是与其广泛的涉猎和不辍的耕耘分不开的。这些对今天有志于当一个优秀秘书的人来说，在如何提高综合素质方面是不是有一定的启发意义呢？

［原载《秘书工作》2007年第7期］

善于建章立制的秘书长——张廷玉

北京劳动人民文化宫原为清朝皇帝的祖庙——太庙。当年太庙中除供奉大清历朝帝后外，前殿西庑还列有清代历朝功臣的牌位。这些能够享受皇帝每年一次祭祀的功臣中仅有一位汉族大臣，他就是曾经为康熙、雍正和乾隆三朝效力的秘书官张廷玉。

张廷玉为何能够享受大清皇室给予汉族大臣的唯一一次最高的礼遇和殊荣呢?

一、张廷玉的主要功绩

张廷玉，字衡臣，安徽桐城人。生于康熙十一年（1672），28岁中进士，在康熙朝历任检讨、值南书房、洗马、侍讲学士、内阁学士、刑部侍郎、吏部侍郎等职。雍正朝历任升礼部尚书、户部尚书、翰林院掌院学士、国史馆总裁、文渊阁大学士、翰林院掌院学士、保和殿大学士兼吏部尚书等职。雍正病逝前诏命张廷玉与庄亲王鄂尔泰为顾命大臣，乾隆即位后命其总理事务，又在朝廷供奉十多年。

张廷玉在朝五十余年，主要工作是担任皇帝的机要秘书，他对大清王朝最主要的贡献是建立和完善了军机处的规章制度。

雍正七年（1729），清廷对新疆准噶尔部用兵。因原来的秘书机构内阁距内廷过远，办事效率不高且不易保密，特设立军机处（最初曾叫“军需房”“军机房”）协助皇帝处理军务。军机处的主要职能是为皇帝起草谕旨，收受奏折，参议重要政务，实际上已成为皇帝亲信的机要秘书处和参谋部。

军机处是中国历史上以精干高效闻名的秘书机构，它办事效率高的最重要原因是有一套相对合理的运作规程。《清史稿·张廷玉传》说：“军机处初设，职制皆廷玉所定”，张廷玉作为首任首席军机大臣，按照旨意对军机处的性质、官职、职能、纪律等都做了严格规定。

军机处的组建制度比较特别，仅设军机大臣和军机章京两职，由皇帝在朝官中选任，前者主持工作，后者具体承办，两者都是兼职，官籍（犹今天的“组织关系”）仍在原衙门。军机大臣对军机章京只有工作关系，没有隶属关系，很难结成同党，这就保证了军机处忠实执行皇帝旨意，不会形成威胁皇权的势力。

军机处的工作方式很特别，它没有正式衙署，只有值班房，军机大臣以轮流值班、等候召见的方式为皇帝的决策提供服务。“拟旨”是军机处的主要工作，皇帝常一天数次召见军机大臣，询问情况，听取意见，做出裁决，然后由军机大臣草拟文书。

雍正后，清代皇帝的诏令分“明发上谕”和“寄信上谕”两种，前者是办理例行事务的文书，由内阁传抄发送；后者涉及机要大事，由军机处撰拟、抄写、密封、寄送，封函注明“某处某官开拆”，封口处盖有军机处印信，保密程度非常高。

军机处办理机要的速度很快，规定事情不问大小“悉以本日完结”，绝不积压。寄信谕旨交兵部由驿站传送，限以时日，速度较以前明显加快，保证了中央政令的迅速贯彻，大大提高了清政府的行政效率。

军机处有一套完备的保密制度：皇帝召见军机大臣太监不得在侧，严禁各衙人员在军机值房附近停留，王公大臣非奉特旨不准进入。军机章京严格执行交接制度，手续缜密完备；不许过问不由自己经办的事项；撰写寄信谕旨、办理朱批奏折，都必须在办公房内进行，等等。

除了创设军机处的办事规程外，张廷玉对秘书工作的另一重要贡献是完善了中央政府处理上行公文的“奏折制度”。

奏折是清初出现的一种上奏文书的名称，常与题本、奏疏相混。为避免差错，提高处理文书的效率，张廷玉定下规制：陈请正常公务用“疏”，由通政司接收交内阁处理；涉及军国机要大事的用“折”，一律送专门收受密奏的机构奏事处，再交军机处转皇帝亲自批示处理。这表面上是公文处理程序的变革，实际上是将内阁处理重要政务的大权转移到军机处，不但极大地提高了处理政务的效率，而且强化了皇帝对国家大政的控制权。

奏折制度简化了程序，提高了效率，使皇帝可以利用奏折来与臣下商讨政务。雍正朝有许多重大政事就是皇帝与有关大臣通过奏折反复筹商后定下来的。后有史家评论说：“在中国章奏制度史上，雍正一朝应该是最为多姿多彩的时代，而帝王对朱批运用的巧妙和有效，雍正也可以说是前无古人的了。”而这一切，张廷玉是功不可没的。

二、张廷玉的成功之道

中国自古有“伴君如伴虎”的说法，张廷玉历康熙、雍正、乾隆三帝，50年一直在朝廷核心担任要职，最后还能享受“配享太庙”的殊荣，这在中国古代是绝无仅有的一位，可以算是中国历史上最成功的秘书官了。探讨他的成功之道，对我们今天如何当好秘书不无借鉴价值。

1. 公文写作，水平高超

公文写作能力是秘书的看家本领，在这方面张廷玉具有明显的优势。他的父亲张英是康熙初年进士，历任翰林院编修、文华殿大学士，被首选入值南书房，成为康熙的机要秘书。张廷玉自幼受到良好教育，工于书法，精通文义，32岁授翰林院检讨，康熙晚年入直南书房缮写上谕。雍正即位后，特命张廷玉“协办翰林院文章事”，“凡有诏旨，则命廷玉入内，口授大意，或于御前伏地以书，或隔帘授几，稿就即呈御览，每日不下十数次”，任首席军机大臣后，更是“晨夕内值，宣诏不时……每奉密谕，筹划机务，羽书四出，晷刻不稽”（《清稗类钞》）。雍正和乾隆对他的写作才能给予极高的评价，雍正说他“遵旨缮写上谕，悉能详达朕意，训示臣民，其功甚巨”，乾隆皇帝也在《故大学士张廷玉》诗中称赞他“述旨信无二，万言顷刻成”。

2. 忠于职守，坚持原则

张廷玉为官50余年，无论任何职，皆能“殚心竭力，务求平允，不敢一事疏忽”，“赞画军国大政难于数计”，遇事总是为朝廷着想，较少考虑个人利弊。他任吏部侍郎时，得知蠹吏张某舞文弄法，刁钻霸道，被人称为“张老虎”，张廷玉将他重惩，朝中显贵多方营救，亦不为所动，后被人们称为“伏虎侍郎”。他担任刑部左侍郎时，山东盐贩王美公等以邪教倡乱，聚徒骚扰地方，巡抚李树德逮捕150余人，均拟请斩杀。康熙命张廷玉前往济南勘查处理，张廷玉到济南后，“穷日夜之力检阅卷案”，得出“此盗案，非叛案也”的结论，仅戮其为首者7人，罚35人戍边，其余无辜牵连者尽行释放。此事不仅得到民众的拥护，也深得康熙和朝中大臣的好评。雍正为政以严猛著称，朝臣投其所好，执法用刑唯恐不严，一时冤假错案遍于国中，张廷玉认为这样对国家不利，上疏朝廷奏请“慎刑”，反映刑部办案不问罪重罪轻，不分首犯从犯，“皆收禁，累无辜”，请求朝廷敕令都察院和大理寺驳正，对办案中营私舞弊草率从事者严厉处分。

3. 严谨自律，乐善好施

张廷玉为官清廉，性情淡泊。他办事公正，不结党营私，即使是经他推荐而受提拔重用之人，也始终不让当事人得知。他主持会试时，有人想试探打通关节，他赋诗以辞：“帘前月色明如昼，休做人间暮夜看。”张廷玉对子弟要求亦十分严格，雍正十一年，其长子张若霭参加廷试高中一甲三名探花，张廷玉闻知后，以“天下人才众多，三年大比莫不望鼎甲，官宦之子不应占天下寒士之先”为由，恳请将其子列为二甲，雍正从其请将张若霭改为二甲一名。康、雍、乾三帝赐给他白银近万两，张廷玉或用于激励士子发奋学习，或寄回家乡购置公田以资助乡里穷人和灾民。他用雍正所赐白银近五千两在桐城东门外建石桥一座，大大方便了过往的商旅行人，得到乡人的称赞，此桥后被人称为“良弼桥”。乾隆五年，张廷玉闻知家乡受灾歉收，便令家人捐谷一千石以救济贫民。

《清史稿·张廷玉传》说，“张廷玉周敏勤慎，尤为上所倚”。这个评价概括了张廷玉的才能、品质和他在朝中的地位。据说张廷玉患病时，雍正就对近侍说“朕连日来臂痛”，近侍们惊问其故，雍正说：“大学士张廷玉患病，非朕臂病而何？”可见张廷玉确实被雍正视为股肱大臣，古代的秘书官能当到这个份上，也算是值得了。

［原载《秘书工作》2007年第12期］

现代秘书理论与秘书工作研究

论我国秘书教育的历史和现状

一、我国秘书教育的历史回顾

1. 中国古代的秘书教育

在春秋之前，家传和师承是培养秘书（史官）的重要方式，这是由史官业务的专业性和史官世袭制度决定的。当时史官的子弟除了自幼在贵族学校学习一般的文化知识和射、御等技能外，还跟着父兄学习公文写作和档案保管等专业知识，以便将来袭任父兄的史官职务。

中国古代私学产生于春秋后期，以孔子的私学规模最大，影响最深。战国时期（前475—前221），私学更加盛行，当时为国君和贵族服务的高级参谋型秘书——士，主要由私学培养。汉代官学体系建立以后，历代私学时盛时衰，但私学是官办学校教育的必要补充，在培养秘书人才方面起过重要作用。汉朝至清中期以前，秘书主要由官办学校培养。官学制度是在汉朝正式形成的，以汉武帝创办太学为标志。太学和以后出现的国子监，是朝廷直接举办的国家最高学府，是封建王朝培养人才的主要场所。除太学和国子监外，封建国家还形成了从中央到地方的官办学校系统。官学体系虽然不是专门培养秘书的，但秘书官职在官僚体系中占相当大的比例，而且各级各类衙门的主官在入仕之初大多当过秘书。可以说，这一漫长的历史时期中，封建官学教育是培养秘书人才的主要途径。

清代，由于各级官员聘用幕僚（私人秘书）成风，对幕僚的需求量很大，加上幕僚待遇好，所以清代中期以后出现了一种职业学校性质的私学——幕馆，专门培养幕僚。其中最著名的是浙江绍兴的幕馆，其培养出来的幕僚被称为“绍兴师爷”。幕馆招收士人，教授如何揣摩社会风气，介绍官场的应酬规矩，传授处理文书案牍和官衙日常事务的技能。由于清代后期官衙的主要秘书业务由幕僚掌管，所以幕馆实际上成为当时培养秘书人才的主要场所，被认为是中国古代真正的秘书职业学校。

2. 民国时期的秘书教育

国民党在1927年掌握全国政权后，曾通过各种方式对文书档案管理人员进行培训。第一种形式是在培养行政官员的“训政学院”中开讲“公牍通论”课程，如我国第一部文书学专著《公牍通论》就是徐望之在河北训政学院主讲公牍课时编写的讲义。第二种形式是对文书档案管理人员进行在职培训。国民政府1941年6月颁文规定，对县政府的文书档案人员进行培训，以文书处理和档案管理为主要课程。第三种形式是在一些私立学校中开设文书档案管理专业。如1946年私立重庆崇实档案学校设置文书处理科、档案管理科，两年多共招生近300人。

虽然国民政府对文书档案管理人员进行了一些培养，但是从全国范围看，真正接受近代文书档案管理培训的人员在整个文书档案管理人员中所占比例微乎其微，且文书档案管理仅仅是秘书工作的内容之一，因此，民国时期的这些以文书档案管理为主要教学内容的教育，还算不上真正的秘书专业教育。

3. 新中国成立后的秘书教育

新中国建立前后，曾对参加新政权的秘书工作人员普遍进行短期培训，这在当时是完全必要的。但这种短期培训不能从根本上解决秘书人员短缺和秘书人员素质较低的状况。“文革”前，我国没有一所高校招收秘书专业学生，学科体系中没有秘书学。虽然少数高校如中国人民大学开办了档案学专业并设有文书学课程，但培养目标不是秘书专业人才，而是档案业务管理人员，因此可以说，秘书专业高等教育仍是一片空白。当时各类机关单位选拔秘书一般采用两种方式：一是从高等学校的中文等专业毕业生中录用，二是从机关其他部门选调一些写作能力较强的人员充实秘书队伍。这些人员进入秘书岗位后，一般又是通过“师傅带徒弟”这种比较原始的方式接受秘书业务的指导。

“文革”中我国教育事业遭到严重破坏，高校一度停止招生，中小学教育也受到严重干扰。在这种形势下，各级秘书部门缺少受过正规教育的新鲜血液的补充，导致秘书队伍整体素质明显下降。

二、当前我国各类学校秘书专业设置情况

自1980年上海大学文学院率先设置秘书专业以来，近30年我国秘书专业教育已经形成多种层次、多种模式的教育体系。从学历层次看，目前我国秘书专业是以本科教育为主导，以专科（职业技术学院）教育为主体；许多中等专业学校和职业高中也设有文秘专业，研究生层次的秘书教育正在酝酿探索之中。

1. 本科层次的秘书教育

据初步统计，到2008年，我国已经有100所左右的公办院校招收秘书专业本科生，其中包括许多“211”重点大学如苏州大学、南京师范大学等等。目前，秘书学尚未列入教育部全日制本科专业目录，各高校开设本科秘书教育的方式主要有：一是设置与汉语言文学系（中文系）并列的“秘书学系”，例如苏州大学文学院、南京师范大学文学院、广州大学人文学院、西北师范大学文学院都设置了秘书学系；二是许多师范类院校设置了“文秘教育”专业，例如福建师范大学、广西师范大学、沈阳师范大学等高校就招收文秘教育专业（师范类）本科生。理论上说，“文秘教育专业”的目标是培养中等

职业学校的秘书专业教师，但是实际上毕业生大多数走上秘书岗位；三是在汉语言文学专业中设立专门的“秘书学方向”，例如安徽师范大学、重庆师范大学、西北民族大学等高校就设有与“师范方向”并列的非师范类的“秘书学方向”“现代文秘方向”“涉外文秘方向”等。

近年来，依托公立高校的师资力量和办学经验，许多民办性质的二级学院（本科）开办起来，这类“三本”高校几乎都以各种名义招收秘书专业本科生。除文学院（中文系）外，一些高校的管理、经济、外语等院系也招收秘书专业本科生。

2. 专科层次的秘书教育

仅从学生数量上看，专科层次的秘书教育构成了我国秘书教育的主体。根据华东某省2008年普通高校招生专业目录，这一年该省招收秘书专业的高校共有42所，占全省高校总数的一半以上，其中仅有3所院校招收全日制本科生，其余均为专科生。招收秘书专业专科生的高校，有的是兼招专科生的本科高校（多为近十年来由原来的专科学校升格为本科的），这类学校约占全省本科院校的一半，但大多数为高等专科学校和职业技术学院。据检索，职业技术学院几乎都开设秘书专业，一些有行业特色的职业技术学院也开设特色秘书专业，例如公安职业学院开设公安文秘专业，医药高等专科学校开设医学文秘专业，外语职业技术学院开设涉外文秘专业等。

3. 其他秘书教育

中等职业教育——我国中等职业教育在20世纪最后20年发展很快，大多数职业高中设有与文秘相关的专业，如公关文秘、电脑文秘、商务文秘等。

研究生教育——由于秘书学没有列入我国学科分类中二级学科目录，到目前为止，全国尚没有设立秘书专业硕士点，但已有个别高校在汉语言文学专业、管理专业中试招秘书学方向的研究生，其主要培养目标不是秘书工作者，而是秘书学专业教师。

成人继续教育——成人学历教育（函授、夜大学等）开设秘书专业的越来越多，而高等教育自学考试自20世纪80年代起就开设秘书专业，大批在职秘书人员和有志于秘书工作的青年通过自学考试接受秘书专业的系统教育和培训。

非秘书专业的秘书学课程——许多高校的中文、管理、法律、政治等专业设有若干门秘书学课程，这是因为这些专业的毕业生将来很有可能从事秘书工作。例如华东某省一所“211”工程高校的中文系虽然不设秘书专业，也不设秘书学方向，但长期以来设有秘书学教研室，承担中文专业学生秘书学课程的教学任务。

三、我国高校秘书专业存在的问题

作为一个新专业，我国高校秘书专业在发展过程中也存在一些亟待解决的问题。其中有的问题是所有新学科在发展过程中的共性问题，有的则是秘书专业教学、科研和管理中存在的特殊问题。

1. 秘书学专业的本科地位有待确认

教育部1998年颁布的“普通高校本科专业目录”没有列入秘书学。这样就无法在本科教育基础上招收秘书专业的硕士研究生，而一般高等院校（包括专科学校、职业技术学院）通常又将硕士学历作为聘用教师的前提条件，这就造成秘书专业师资队伍建设的一个难题：秘书专业的专业课教师不是秘书学“科班”出身，他们不仅没有秘书学硕士学历，而且绝大多数不具有秘书专业本科教育背景，因此难以形成一支既符合学历要求，又热爱秘书专业的教学与研究的基本队伍。这一现状如果不解决，将严重阻碍高等教育秘书专业的发展。

近十几年来，秘书专业本科适应市场经济发展对高级秘书人才的需要而创办起来，并且已经形成规模。因此，建议教育部在下次修订专业目录时，将“秘书学”列入本科专业目录。在教育主管部门没有明确秘书学专业地位的情况下，高校可以采取开设文秘系或秘书学方向等变通办法来确立秘书学实际上的专业地位。

2. 秘书专业课程设置不够合理

有些院校主要根据本校师资条件设置课程，而不是根据现代社会对秘书的知识、能力要求来安排课程和教学时间，结果在有限的教学时间里安排了过多的与秘书工作没有直接联系的课程，如古代汉语、文学概论等等，而对于秘书工作至关重要的秘书实务、秘书写作、办公自动化、行政管理学、企业管理学等课程，有的未开设，有的只是象征性地学一点，有的秘书学系竟然不开“秘书实务”这一至关重要的课程。

秘书专业不同于中文专业，也不同于管理专业，它的课程必须有自己的特色。秘书专业本科的课程必须按照胜任中等以上企业和党政机关、事业单位秘书工作的要求来设置，不能仅仅在中文专业课程中加上两三门秘书学课程来解决问题。秘书专业不宜将中国文学史、古代汉语等作为主干课程，而应该将秘书学概论、秘书实务、秘书写作、办公自动化原理及应用、文书学、档案管理学等作为主干课程。

3. 秘书学教材内容相对滞后

秘书学要与时俱进地进行理论创新，要根据社会发展的现实及时更新。虽然近30年来出版了不少质量较高的秘书学教材，但多数教材所阐述的秘书工作任务、工作程序、工作规范以及素质要求等，仍以党政机关秘书为准，不能适应高校秘书专业为工商企业输送秘书人才的目标要求。

此外，由于教育主管部门要求使用国家级出版社出版的教材，甚至将其列为教学评估的一项指标，所以一些学校不得不使用一些十多年前出版的，内容相对陈旧的教材，给教学造成了极大的不便。因此，希望教育主管部门取消“使用国家级出版社教材”的限制，让多种教材并存竞争。教材出版社级别高并不等于教材质量高，尤其是那些内容明显陈旧的教材。优胜劣汰是学术竞争的规律，在自由选择的情况下，最受教师和学生欢迎的就是最优秀的教材。秘书学是应用性学科，秘书专业是应用型专业，其教材修订的周期不宜超过五年。

4. 秘书专业师资结构有待改进

由于缺少秘书学专业硕士点，无法正规培养秘书专业师资，目前各高校秘书专业课教师一般由其他学科的教师转任或兼任，有些教师既缺少秘书工作实践经验，又没有秘书专业教育背景，因此一些专业基础课程的教学质量很难得到保证。

近十年来高校大规模扩招后，各高校陆续招聘一些其他专业的博士或硕士充实秘书专业教师队伍，这些教师缺少秘书专业本科教育背景，原研修专业与秘书专业差别很大，其中多数人并不安心于秘书专业教学，有的准备考博，有的希望转岗，将主要精力用于原修专业的研究，因此难以提高秘书专业课程的教学水平。

为提高秘书专业师资队伍的专业水平，解决秘书学师资队伍不稳定问题，希望教育主管部门尽快确立秘书专业的本科地位，设立秘书学硕士点。建议秘书学杂志增加理论研究性栏目的容量，开辟高校秘书学教学研究园地，为高校秘书学教师提供更多发表学术研究成果的阵地，以促进高校秘书学专业教师开展学术研究和教学研究，不断提高业务水平和教学水平。

参考文献：

[1] 孙培青：《中国教育史》，华东师范大学出版社2005年版。

[2] 杨剑宇：《中国秘书史》，同济大学出版社1988年版。

[3] 杨树森：《论我国高校秘书专业教育存在的问题及对策》，《秘书之友》2006年第3期。

[4] 程瑾：《论我国高等秘书教育中的问题及对策》，《秘书》2007年第2期。

[原载《秘书》2009年第7期]

论我国高校秘书专业教育存在的问题及对策

一、我国高等教育秘书专业概况

我国高等教育秘书专业创办于20世纪80年代初，以上海大学文学院首先招收秘书专业学生为标志。由于秘书专业适应经济发展对人才的需要，在很短时间内得到迅速发展，到1985年，全国设置秘书专业或秘书学课程的高等院校已达120多所；到90年代中期，开设秘书专业的高校达到300余所；2005年，仅安徽省招收秘书专业的高校就达37所，占该省高校总数的一半以上。秘书专业已经发展成为全国高校招生人数最多的专业之一。近十年来，全国又有近50所院校陆续将秘书学专业从专科提升到本科层次，为社会培养了大批高质量的秘书人才。

与此同时，从20世纪80年代后期起，上海、广东等沿海省市的高等教育自学考试先后开考秘书专业。1993年，全国高等教育自学考试指导委员会将“秘书学”列为全国自学考试常设专业。全国每年都有成千上万的在职文秘人员和青年学子，通过自学考试接受秘书专业教育。

二、高校秘书专业教学存在的问题

作为一门新学科，秘书专业教学在发展过程中也存在一些亟待解决的问题。其中有的问题是所有新的学科在发展过程中的共性问题，有的则是秘书专业教学、科研和管理中存在的特殊问题。

1. 本科秘书学专业地位有待确认

虽然自学考试和成人学历教育都正式列有秘书（或文秘）专业，但“秘书学”到目前为止没有被教育部列入全日制高校本科专业目录。全国已有几十所院校开设了秘书本科专业，但通常是以“汉语言文学专业（秘书学方向）”的名义招收本科生的，因此无法在本科教育基础上招收本专业的硕士研究生；但是一般高等院校（包括专科学校、职业技术学院）通常又将硕士学历作为师资引进的前提条件。这就造成秘书专业师资队伍建设的一个难题：秘书专业的专业课教师，不是秘书学“科班”底子，他们不仅没有秘书学硕士学历，而且绝大多数不具有秘书专业本科教育背景。因此难以形成一支既符合学历要求、又热爱秘书专业的教学与研究的基本队伍，这一现状如果不解决，将严重阻碍高等教育秘书专业的发展。

2. 有些院校秘书专业课程设置不够合理

一些院校主要根据本校师资条件设置课程，而不是根据现代社会对秘书的知识、能力要求来安排课程和教学时间，结果在有限的教学时间里安排了过多的与秘书工作没有直接联系的课程，如古代汉语、古代文学、现代文学、现代汉语的语音词汇理论等，而对于秘书工作至关重要的秘书实务、秘书写作、办公自动化、行政管理学、企业管理学等课程，有的不开，有的虽然开课，也只是象征性地学一点。例如，有一所“211”工程大学的秘书学专业规定“培养目标”为“面向21世纪德、智、体全面发展的高质量的企事业单位高级秘书及管理人才”，而“开设的主干课程”则是现代汉语、古代汉语、文学概论、文献学、中国文化概论、语言学概论、中国古代文学、中国现当代文学、秘书学、应用写作、外国文学等”。又如华东某沿海省份一所本科院校“汉语言文学专业（秘书学方向）教学计划”中的“主干课程”为6门（括号内为课时数）：现代汉语（96）、古代汉语（64）、中国文学（340）、文学概论（87）、秘书学概论（57）、秘书写作（87）。这6门主干课中，秘书专业课课时仅占五分之一不到，而且该计划的“非主干课”竟然没有“秘书实务”这一至关重要的课程，“办公自动化”则仅仅安排了38个课时。这样的课程设置很难使学生的专业水平达到胜任秘书工作的要求。

3. 秘书学教材内容相对滞后

秘书学要与时俱进地进行理论创新，要根据社会发展的现实及时更新。虽然20年来出版了不少质量较高的秘书学教材，但多数教材所阐述的秘书工作任务、工作程序、工作规范以及对秘书个人素质的要求等等，仍以党政机关秘书为准，不能适应高校秘书专业主要为工商企业输送秘书人才的要求。例如，有一本国家级出版社1990年出版的秘书学教材，体例合理，适合教学，是一本优秀教材，但这本教材2002年2月第12次印刷的版本上仍然保留着“我国从事秘书工作的都属于国家工作人员，即公职秘书”的陈旧观点。按照此观点，目前高校秘书专业培养的主要对象——商务秘书都不是秘书！像秘书学这种与社会现实联系紧密的应用性学科教材，居然十几年不改版，即使当年算是很优秀的教材，也难以适应时代发展的需要。

4. 秘书学专业的师资严重缺乏

由于缺少秘书学专业硕士点，无法正规培养秘书专业高校师资，目前各高校秘书专业课教师一般由其他科目的教师转任或兼任，这些教师缺少秘书工作实践经验，无法有效地指导学生参加必要的实践活动，上课也谈不出多少切身体会，学生听起来枯燥乏味，提不起兴趣。有些学校聘请有实践经验的秘书工作者兼职任教，但由于他们本职工作较忙，没有充足的备课时间，又缺少教学经验，上课虽能结合工作实际谈出一些体会，但往往缺乏必要的理论深度；况且兼职教师课余没有与学生共处的机会，也难以对学生的社会实践活动给予具体指导。近几年高校扩招后，各高校陆续招聘一些其他专业的硕士生充实秘书学教师队伍，但这些青年教师缺少秘书专业本科教育背景，原研修专业与秘书专业差别很大，其中多数人不安心秘书专业教学，有的准备考博，有的希望转岗，将主要精力用于原修专业研究，因此难以提高秘书学专业课的教学水平。

三、解决高校秘书专业存在问题的对策

在市场经济发达的国家，秘书在整个社会中是从业人数最多的职业之一。在美国，秘书人数与教师、医生等职业不相上下，是律师的十几倍。美国在1990年设置秘书学系（或专业）的高校达1300多所，主要是两年制的大专技术学院或商学院，但1990年四年制大学毕业获秘书学学士学位的也有2178人，与我国现在的秘书本科的培养规模相当。美国的统计数据表明，越是市场经济发达的国家，秘书人员在总的从业人口中所占比例越高，秘书学高等教育也越发达。

我国市场经济正处于迅速发展阶段，2005年10月，在工商行政管理机关登记的企业总数已达787.8万户。（《人民日报·海外版》2005年11月1日第2版）即使每家企业平均有一名秘书，全国的企业秘书也有800万人。而党政军群机关和事业单位也存在文秘人员的更新和业务素质提高问题。根据社会对秘书人员的需求，我国高校的秘书专业仍然存在很大发展空间。为了解决以上所列举的制约秘书专业发展的问题，我们认为应采取以下对策：

1. 确认秘书学的专业地位

我国教育管理体制滞后于社会发展需要，目前的“普通高校本科专业目录”是1998年颁布的，当时全国高校本科秘书专业尚不多。近几年来，秘书本科适应市场经济发展对高级秘书人才的需要而发展起来，并且已经形成规模，因此建议教育部在下次修订专业目录时，将“秘书学”列为“文学（05）－中国语言文学类（0501）”下的一个子学科，与汉语言文

学、汉语言、对外汉语、中国少数民族语言文学、古典文献等并列。考虑到秘书学的管理科学性质，秘书专业也可列为“管理学（11）–公共事业管理类（1103）”的子学科，与公共事业管理、文化艺术事业管理等并列。与此相应，在硕士研究生培养专业目录中增加秘书学专业。

在教育主管部门没有明确秘书专业地位的情况下，高校可以采取变通的办法确立秘书学实际上的专业地位。例如，南京师范大学文学院就设有与中文系并列的“编辑出版与高级文秘系”，苏州大学也设有文秘系，与中文系、新闻系、广告系、对外汉语系并列，这些都是十分妥当的变通办法。

2. 优化、调整秘书专业课程的设置

秘书专业不同于中文专业，也不同于管理专业，它的课程必须有自己的特色，必须按照胜任中等以上企业和党政机关、事业单位秘书工作的要求来设置，不能仅仅在中文专业课程计划的基础上加上两三门秘书学课程就解决问题。秘书专业不应将中国文学、古代汉语、文学概论等作为主干课程。笔者认为，假如要列出本科秘书专业最重要的十门主干课程，它们应该是：秘书学概论、秘书实务、秘书写作、办公自动化原理及应用、文书学、档案管理学、公共关系学、行政管理学、企业管理学、中国秘书史（对于以培养中小公司文秘人员为主的职业技术学院的秘书专业，建议将后三门课程换成市场营销学）。而文学、逻辑学、现代汉语（语法修辞）、演讲与口才、社交礼仪常识等，也应该作为秘书素质教育课程来开设。

3. 与时俱进地搞好秘书学教材建设

秘书学教学和研究者在这方面已经做了很大努力，出版了多种优秀之作。但是，由于教育主管部门要求使用“国家级出版社”教材，甚至把“是否使用国家级出版社教材”列为教学评估的一项指标，使得一些学校不得不使用一些十多年前出版又没有修订的内容相对陈旧的教材，给教学造成了极大的不便。我们认为，要改变教材内容陈旧的现象可以采用两种

方法：

一是取消“使用国家级出版社教材”的限制，让多种教材并存竞争。教材出版社级别高，不等于教材质量高，尤其是那些内容明显陈旧的教材，即使在刚出版时很优秀，十几年不修订也难以保证其质量的先进性。优胜劣汰是学术竞争的规律，在自由选择的情况下，最受教师和学生欢迎的就是最优秀的教材。现在连中小学教材都放开了，为什么要把“是否使用国家级出版社教材”作为高校教学评估的一项指标呢？

二是国家级出版社不能躺在政策倾斜的温床上不动，应该增强竞争意识，积极组编适应社会发展的新教材，至少也应该对十几年前出版的教材进行内容上的修订，否则必然滞后于社会的发展。笔者认为，秘书专业是应用型专业，秘书学是应用性学科，其教材修订的周期不宜超过五年。如果国家级出版社出版的教材确实优秀，且能够适应社会的发展，即使没有教育主管部门的政策倾斜，人们也会考虑优先选用的。

4. 解决秘书学师资队伍不稳定的问题

目前秘书学师资队伍不稳定主要有两个原因：一是专业不对口，即新引进的具有硕士学位的青年教师，全部是其他专业的硕士，他们想深造考博（正规高校教师得有博士学位是必然趋势），就不可能安心于秘书学教学，因为秘书学连本科地位都没有得到确认，在可以预见的将来不可能有博士点。这个问题希望能够引起教育部的重视，应该首先承认本科秘书专业的地位，然后设立秘书学硕士点，待到条件成熟时，再考虑建立秘书学的博士点。二是职称问题，提职称要在正规刊物上发表论文，目前秘书学只有四家公开发行的杂志，仅《秘书工作》一家属于“国家级”，且这些杂志发表的文章大多为秘书工作者撰写，秘书学教师发表的理论文章不多。而秘书学由于没有取得本科专业地位，一般高校学报和综合性学术期刊很少刊用秘书学理论研究的文章。因此秘书专业教师要想晋升高级职称真是何其难哉！解决的办法当然也涉及提升秘书学的专业地位，扩大秘书学在人文社会科学中的影响，增加秘书学文章在人文社科类综合性杂志和学报上发表的机会。同时我们建议几家秘书学杂志增加理论研究性质的栏目的容量，开辟“高校秘书学教学研究”园地，为高校秘书学教师提供更多发表学术研究成果的阵地。

[原载《秘书之友》2006年第3期]

再论秘书的定义

“秘书”是秘书学中最基本、最重要的概念，但是自20世纪80年代初秘书学产生以来，对这一基本概念的定义却存在着诸多争议，有人统计秘书学界对“秘书”的定义多达百种以上。这说明对“秘书”概念进行准确定义并非一件容易的事；而作为秘书学研究的逻辑起点，“秘书”的定义又是一个无法回避的问题。

一、我国秘书学界关于“秘书”的各种定义及其分析

定义是明确概念内涵的逻辑方法，它的主要作用是通过揭示一类对象的特有属性将它与其他对象区别开来。逻辑学关于定义的第一条规则就是“定义项的外延与被定义项的外延必须全同”，因此对“秘书”的正确定义应能将秘书与其他对象区别开来，即符合该定义的就是秘书，不符合该定义的就不是秘书。我们根据这一标准来分析一些有代表性的“秘书”定义。

（1）“秘书，在我国现代主要是指党和政府机关、企事业单位、社会团体、军队、院校内的一种行政职位。其主要职责是辅助管理，综合服务；主要工作是撰拟文稿、管理文书、接待来访、组织会议、调查研究、处理信息、办理事务、参谋咨询、联络协调等等。由于我们是社会主义国

家，所以从事秘书工作的都属国家工作人员，即公职秘书。”①

这是袁维国先生1990年的定义，此前王千弓先生于1984年也给出过类似的定义：秘书是“社会主义国家工作人员职务名称之一”②。这一定义在今天已经很不适用，因为正确定义应该能把一类对象与其他对象区别开来，而上述定义把大量存在的企业秘书尤其是非公有制企业的秘书排除在秘书的范围之外。按照上述定义，民营企业的秘书、外资企业的秘书由于都不是“国家工作人员”，当然也就不算秘书，所以该定义违反定义的规则，犯有“定义过窄”的错误。

（2）“秘书是领导、专家、管理人员在履行其职务时的辅助人员。”③

（3）“秘书或秘书工作者，是各级领导机关及领导人员的参谋和助手，主要职责是协助决策，承办业务，搞好行政工作。”④

这两个定义存在的问题也是违反了定义的规则，不过所犯错误不是“定义过窄”，而是“定义过宽”，前者无法把财会人员、技术人员、法律顾问等排除在秘书的范围之外，因为这些人员也完全符合该定义；后者无法把副职领导、行政主管乃至各部门负责人排除在秘书范围之外，例如周恩来相对于毛泽东来说，其主要职责就是“协助决策，承办业务，搞好行政工作”，但周恩来并不是毛泽东的秘书，也不是党中央的秘书，只有陈伯达、胡乔木、田家英等人才算是毛泽东的秘书。

（4）“秘书：专门从事办公室程序性工作、协助领导处理政务及日常事务并为领导决策及其实施服务的人员。”

这是国家劳动和社会保障部1997年颁发试行的《秘书职业技能标准》的定义。常崇宜先生指出，这个定义“是针对公务秘书而言的，如‘办公室’‘程序性工作’‘政务’这些词语一般多应用于公务秘书。民间秘书特别是其中的私人秘书，有时是个体开展工作而不一定有办公群体，也不使

① 袁维国主编：《秘书学》，高等教育出版社1990年版，第1页。

② 王千弓等：《秘书学与秘书工作》，光明日报出版社1984年版，第2页。

③ 张清明、陈广胜：《关于秘书定义的思考》，《武汉大学学报》1986年第6期。

④ 詹银才：《涉外秘书学》，杭州大学出版社1994年版，第1页。

用政务一词。所以它对与市场经济下越来越多的民间秘书来说，似乎也不很适用，尽管劳动部门培训的秘书主要就业方向是民间”[①]。这里实际上指出了上述定义犯有“定义过窄”的错误，因为按照这一定义，许多企业秘书尤其是小型民营企业的秘书根本就不能算秘书。这种定义出现在劳动部门以培训企业秘书为主的《秘书职业技能标准》中，其不当之处就显得尤为突出。

（5）秘书——“掌管文书并协助机关或部门负责人处理日常工作的人员。”[②]

（6）秘书——“职务名称。掌管文件并协助领导人处理日常工作的人员。”[③]

以上两本权威辞书对“秘书”的解释，如果作为秘书的定义也不是很严格的，它们都把“掌管文书（文件）”作为秘书的必具条件之一，而社会上许多秘书并不一定掌管文书。例如1956年中共中央政治局决定任命毛泽东的“五大秘书”，其中机要秘书叶子龙、日常秘书田家英固然是为毛泽东掌管文书，但政治秘书陈伯达、胡乔木，生活秘书江青，并不承担掌管文书的事务。目前一般较大的单位的秘书部门中，不直接承担掌管文书业务的人员更是普遍存在，因此，尽管掌管文书是一项典型的传统的秘书业务，但是把秘书定义为“掌管文书……的工作人员”仍然存在“定义过窄”的缺陷。

二、国外有关“秘书”的定义

“秘书”一词虽然是古代汉语的固有双音词，但是现代意义上的“秘书”概念仍然是自英语“secretary”翻译而来，因此我们有必要了解国外对“秘书”的定义，以作为我们探讨“秘书”定义的参考。

---

① 常崇宜主编：《秘书学概论》，线装书局2000年版，第25页。

②《现代汉语词典》，商务印书馆2014年版，第894页。

③《辞海》，上海辞书出版社1999年版，第4706页。

国际秘书联合会是这样来描述秘书的："秘书应是主管人员的一位特殊的助手，她（他）掌握办公室工作的技巧，能在没有上司过问的情况下表现出自己的责任感，以实际行动显示出主动性和正确判断能力，并且在所给予的权力范围内作出决定。"①

国际职业秘书协会对"秘书"的定义是："具有熟练的办公室工作能力，不需上级敦促即能主动负责、积极进取、干练果断，能在授权范围内作正确决定的经理助手。"②

美国出版的《韦氏秘书手册》指出："今天的秘书不再只是接待员兼打字员，愈来愈多的经理希望他们的秘书成为行政管理助手，以便使他们自己能够从繁琐的日常事务和某些专门工作中解脱出来……一个精干并且负责的秘书就不应仅仅充当经理和属员之间的桥梁，而且也要协理行政事务。"③

这些定义都没有规定秘书"掌管文书"，但都强调秘书是"助手"，有的还特别强调秘书是"经理"的助手，可见国外的"秘书"概念主要指称公司秘书。另外，上述秘书"定义"都强调了秘书的主动性和独立判断能力，这是对秘书较高的要求。虽然这些定义都不是典型的定义语言，也不是严格意义上的逻辑定义，但是这些阐述对于我们理解秘书的职业特点仍然有一定的参考价值。

三、本文对"秘书"的定义

逻辑学提供的下定义的一般方法是"属加种差"定义，即先确定被定义项所属的大类（属概念），再揭示定义对象与大类中其他对象的差别（种差，又叫特有属性）。因此要给秘书下定义，就要先确定秘书属于哪一

① 转引自詹银才：《涉外秘书学》，杭州大学出版社1994年版，第2页。

② 转引自安忻：《秘书工作概论与实务》，中国档案出版社2000年版，第6页。

③ 安娜·L·埃克斯利－约翰逊主编：《韦氏秘书手册》，严华等译，国际文化出版公司1989年版，第1页。

大类，然后再揭示这一大类中秘书与其他对象（非秘书）的差别。

1. “秘书”所属的大类

先看秘书所属的大类，秘书学界有职业、职务、参谋、助手、工作人员等不同的理解。

“职业说”从长远看有一定道理，在西方发达国家秘书也早已成为一种与教师、医生、律师、技师同等的职业名称，一个外在的表现就是许多人愿意终生以秘书为业。我国劳动部也制定了《秘书职业技能标准》，说明随着市场经济体制的建立和完善，秘书正在向职业化转变，但到目前为止这一转变尚未完成，大多数公众尚不能坦然接受“干一辈子秘书”的观念。

“职务（或职位）说”有较大影响，《辞海》就明确规定秘书是“职务名称”。我国确有许多组织机构中设有由领导或组织人事部门正式下文件任命的秘书职务，有的还特地在括号中加上“正科级”“副处级”之类的说明。但是，这种有正式任命文件的秘书毕竟只是一小部分，即使是在正规机关的秘书部门中，除了一些直接为领导撰拟文稿或管理文件的人员被正式任命为秘书外，大多数人员并没有正式的秘书头衔，甚至于许多办公室主任也没有当过这种“正式秘书”，而一般人都把秘书部门的工作人员统称为秘书、把办公室主任称作秘书首领。可见“职务说”难以避免“定义过窄”的缺陷。

“参谋说”是在1985年全国秘书长、办公厅主任座谈会强调秘书部门要充分发挥参谋助手作用的情况下提出来的，强调秘书应是领导的参谋，有人甚至提出秘书是为领导出谋献策的“常备智囊”，某领导人在1990年1月的全国秘书长会议上还将秘书比喻为领导的“外脑”。我们认为，强调秘书部门的参谋作用并没有错，但不能要求秘书部门的每一个工作人员都要当领导的参谋，也不能要求企事业单位尤其是民营企业的秘书们都要当领导的参谋，参谋毕竟是高层次的智力活动，只能是少数高级秘书人员才能胜任的职责。“参谋说”拔高了对秘书的要求，不利于秘书队伍的建设，已经为秘书学界大多数专家所否定。

“助手说”是秘书学界较为流行的一种归类，秘书毫无例外都是领导的助手，即使是主要提供参谋咨询服务的高参型的秘书，也可以说是领导的高级助手。上文所引的国外有关秘书的几种定义，也都将秘书说成是主管人员或经理的助手。但是“助手”是一个相对概念，不能指代确定的对象，例如，在高校中助教是教授的助手，在医院中住院医生是主任医生、主治医生的助手，在手工艺劳动中徒弟是师傅的助手，在家庭中妻子可以是丈夫的助手（贤内助），丈夫也可以是妻子的助手，在航海中大副是船长的助手，在机关中副职领导是主要领导的助手。中共党史上，周恩来被被称为毛泽东“最得力的助手”，但是没有人说周恩来是毛主席的秘书。将秘书归类于本身就没有确定外延的“助手”，未免失之宽泛，难以揭示秘书群体的真正归属。

“工作人员说”（“人员说”）也是我国秘书学界较为流行的观点。翁世荣先生认为，“秘书是辅助领导层或个人实施管理和处理日常事务的人员”[①]。陈合宜先生认为：“秘书是为政府机关、企事业单位、团体或个人提供辅助管理、综合服务的人员。”[②]；《现代汉语词典》说秘书是“掌管文书并协助机关或部门负责人处理日常工作的人员。”《辞海》虽然说秘书是“职务名称”，但接着指出这种职务是“掌管文件并协助领导人处理日常工作的人员”。“人员”也是一个外延极为宽泛的概念，从某种意义上说，工作就是劳动，因此任何劳动者都可以说是“工作人员”，将它作为“秘书”的属概念，也有失之宽泛之嫌。

在以上几种归类中，“职业说”“职务说”“参谋说”都存在明显的不足，不符合我国当前的社会实际，且难以避免“定义过窄”的缺陷，因此我们不予采纳。“助手说”和“工作人员说”都不尽理想，但两相比较，“工作人员”毕竟具有确定的可以把握的外延。社会上的秘书无处不在，上到执政党中央和最高国家机关，下到个体户或自由撰稿人，都可以任用

① 翁世荣：《现代秘书学》，上海人民出版社1989年版，第50页。

② 陈合宜：《秘书学》，暨南大学出版社1993年版，第18页。

或雇用自己的秘书，除了“工作人员”外，也确实很难找到更恰当的属概念能够涵盖所有的秘书，因此我们采纳“工作人员说”。

2. 秘书与其他工作人员的差别

正确的定义应该准确地揭示定义对象的特有属性。有人根据“秘书”的拉丁文词源“secretaries”有“可靠的职员”的意思，推演出“领导信任可靠”是秘书的特有属性之一，这是一种误解。从最高国家机关而言，对国防部长忠实可靠性的要求肯定不比对中央政府办公厅主任的要求低；对一个企业老总来说，对财务总管、保镖甚至于个人司机的可靠性要求，也并不比对秘书的要求低，因此虽然领导选用或聘任秘书必然要求忠实可靠，但这并不是对秘书的特殊要求，不能算秘书的特有属性。

有人还将“具有一定的专业技能”列为秘书的特征之一，理由是秘书部门的许多工作内容包括接待、会务、谈判以及现代办公设备的使用等都需要一定的专业技能。这一观点也缺乏充足的理由，因为现代社会任何复杂劳动都需要一定的专业基础，而“专”并不是秘书工作的明显特点，相反，“杂”（综合性）才是秘书工作的特点。不妨将秘书人员与财务人员做个比较，在对专业技能的要求方面，对会计的要求比对秘书的要求更明显。当然这并不意味着对秘书的要求低，因为一个人要胜任秘书工作，必须是一个具有诸多才能的多面手和知识广博的通才，这比成为一个精通财会业务的专才要困难得多。

我们认为，秘书与其他工作人员相比，其特有属性主要体现在三个方面：

一是服务对象的特殊性。从机关各个部门来看，只有秘书部门可以公开宣称自己的工作就是直接为领导工作服务的，1985年全国秘书长、办公厅主任座谈会确立的我国秘书工作“三个服务”的宗旨，也把为领导工作服务放在首要位置。当然，这里的领导是广义的，在一所院校中，党委及其书记和正副校长才算是校领导；在学校一个业务部门（例如教务处）中，主管人（处长）是部门领导；而对于受聘于个人（如作家）的秘书来说，雇主就是领导。

秘书工作直接服务对象是领导，这一点是没有必要回避的，因为一个单位之所以要设置秘书机构、一个部门之所以要配备秘书、一个雇主之所以要花钱雇请秘书，目的就是为领导的工作提供服务。

二是工作内容的特殊性。秘书在任何单位中都属于管理层，秘书的工作就是保证领导工作的正常进行，因此是一种辅助性的管理。秘书工作直接为领导服务，而且秘书提供的服务是综合性的，不是某一特定方面的专门性的服务。“辅助性”和“综合性”是秘书工作两个最重要的基本特征。根据是否具有这两个特征，可以将秘书与其他管理人员区别开来。例如，领导（包括副职领导、部门主管等）也做管理工作，但他们的管理不是辅助性的，因此不能算秘书；再如企业中的营销人员、技术人员、财会人员等，也提供服务，但他们的服务仅限于某一个方面，带有明显的专业性，不具有综合性，因此也不是秘书。

三是劳动性质的特殊性。秘书自古以来就是典型的脑力劳动者。我国古代最早的秘书官职叫作“史官”，传说中汉字的发明人仓颉就是黄帝的史官，夏商西周时代史官是统治阶级中文化水平最高的人。现代秘书为领导提供的服务也是以脑力劳动为主，在经常紧随领导（所谓“近身”）的工作人员中，驾驶员、警卫员都不能称为秘书，就是因为他们并非以脑力劳动为主。正因为秘书是脑力劳动者，现代秘书必须具备较高的学历层次和良好的文化修养。

综合以上分析，我们认为对“秘书”这一概念应作出如下定义：

秘书就是直接为领导、主管或雇主提供辅助管理、综合服务，并以脑力劳动为主的工作人员。

［原载《秘书之友》2006年第4期］

对秘书“两大部类分类法”的理论思考

随着市场经济体制的确立，我国秘书队伍的构成近十几年来发生了巨大变化。在1990年出版的《秘书学》中，还明确写着“由于我们是社会主义国家，所以从事秘书工作的都属国家工作人员，即公职秘书”[①]，但是仅仅15年后，真正属于“国家工作人员（公务员）”的秘书，只能占到一小部分。据常崇宜所引资料，1998年底，我国“纯私人秘书，应在一二百万之间”[②]，这一数字已高于全国公务员中的秘书总数（据2005年04月28日《中国青年报》引人事部副部长侯建良公布的数字，全国公务员总数2003年年底为639.6万。其中秘书不会超过100万）。

顺应社会经济发展和秘书工作实际，秘书学理论研究中出现了一种新的分类方法：根据服务对象将秘书分为两大类，这被一些学者名为“两大部类分类法”。但是关于究竟可以分为哪两大类，二者的本质区别何在，是否存在着介于二者之间的第三类秘书等，都还有一些值得思考的理论问题。

下面先分析三种有代表性的观点，然后再提出我们自己的观点。

一、常崇宜：公务秘书和非公务秘书

从笔者所掌握的资料看，常崇宜先生主编的《秘书学概论》对“两大

① 袁维国主编：《秘书学》，高等教育出版社1990年版，第1页。

② 常崇宜主编：《秘书学概论》，线装书局2000年版，第34页。

部类分类法”的讨论最为详尽[①]。该书把秘书分为公务秘书和非公务秘书两大类，而将私人秘书归入非公务秘书的一个小类。但是该书并没有提供明确的分类标准，仅对公务秘书做了一个不太准确的说明：“公务秘书主指（原文如此）党政军机关、工青妇等群众团体、国有企事业（似少“单位”二字）的领导机关的秘书”。此句中“主指”似应理解为“主要是指”，既然有“主要”，就应该有“次要”，那么“次要”的公务秘书是指哪些对象？这是读者很自然会产生的疑问，但是该书并没有列举一个“次要”的公务秘书的例子。由于公务秘书没有明确的界定，非公务秘书当然也就无从把握。

常崇宜先生关于“纯私人秘书”的阐述，还有一处不好理解：“中国不同于西方国家……直到今天纯粹意义上的私人秘书还是较少的，仅限于工商界中一部分中小工商业者可能有私人秘书。”[②]但是该书所引资料又得出1998年底我国（不含港台）的“纯私人秘书，应在一二百万之间”[③]的结论。如前文所述，这一数字大于公务员中的秘书人数，无论从绝对数还是相对数来看，它都不是一个“较少的”数量。

另外，常崇宜先生将“国有企事业（单位）的领导机关的秘书”列为“公务秘书”，但后文又说“非公务秘书”的主要标准之一是“不属于国家公务员”[④]，这等于说“公务秘书中的多数（国有企事业单位秘书）具有非公务秘书的主要标准（不属于公务员）”，这里似乎也存在逻辑矛盾。

二、任群：公务秘书和社会秘书

任群先生认为：“从服务的社会属性来看，我国秘书可分为公务秘书和社会秘书（有的称为民间秘书或私人秘书）两大类。公务秘书泛指党政

① 常崇宜主编：《秘书学概论》，线装书局2000年版，第31—37页。
② 常崇宜主编：《秘书学概论》，线装书局2000年版，第32页。
③ 常崇宜主编：《秘书学概论》，线装书局2000年版，第34页。
④ 常崇宜主编：《秘书学概论》，线装书局2000年版，第33页。

机关、群众团体、军队中的秘书。其特征是：属于国家公务员编制，有一定的级别，由党的组织部门或人事部门管理和调配，由国家、地方财政发给工资……公务秘书是我国秘书的主体，人数众多，所处的地位和作用十分重要。社会秘书，在旧社会称为私人秘书……现已成为我国秘书队伍中的一个新群体。社会秘书的特征是：不属于国家公务员编制，雇主按照国家有关规定进行招聘，其工资待遇由雇主负责支付……独资企业、合资企业、股份制企业、乡镇企业、私人企业、个体户、名演员、专家、学者等雇用的秘书，都属于社会秘书范畴。"①

这一分类方法有两点值得商榷：

第一，既然明确说明只分为"两大类"，它就应该是一个穷尽的逻辑划分。但是按照上述对"公务秘书"和"社会秘书"明确的界定，国有企业、事业单位的秘书，是既不属于公务秘书（因为这些单位不是"党政机关、群众团体、军队"，这些秘书也不"属于国家公务员编制"），也不属于社会秘书（因为他们不是"独资企业、合资企业、股份制企业、乡镇企业、私人企业、个体户、名演员、专家、学者等雇用的秘书"）。

第二，任群先生认为"公务秘书是我国秘书的主体，人数众多"。但是，由于我国公务员总数才639.6万，其中秘书不会超过100万。而据2005年12月9日全国工商联发布的报告，截至当年9月底，全国企业总数已达830万家。即使每家公司平均有一名秘书，全国的公司秘书也有近千万人。另全国有公办高校1553所（2004年），中学8万所，小学48万所，平均每所学校1名秘书，也有50多万学校秘书，加上医院、研究所、文化单位，全国事业单位秘书总数也应在100万以上。这样全国企事业单位的秘书人数应在1000万左右，远远多于公务员秘书总数。因此，从人数上看，企事业单位秘书比公务员编制内的"公务秘书"更有资格被称为"我国秘书的主体"。

① 任群主编：《中国秘书学》，重庆出版社1999年版，第41页。

三、陈合宜：公务秘书和私人秘书

陈合宜先生认为，“从服务对象和经济来源分，可分为公务秘书和私人秘书两类。公务秘书泛指为各级机关、企事业单位、社会团体服务，由组织和人事部门选调，从国家或集体领取薪酬，在编制上属于该机关、该单位的国家工作人员。”“私人秘书指为民办集体企业、农民专业户、个体户以及外资企业等服务，由它们聘请并支付薪酬，不属国家编制的个人……它目前数量虽不多，但发展趋势很可观。”[①]

陈先生明确给出了分类的标准，这是她的可取之处。但上述观点是该书1993年初版时提出的，当时社会主义市场经济理论刚刚提出，私人秘书数量确实不多，该书甚至连“股份制公司秘书”都没有提及，而今天股份制企业已经成为我国企业的主体，因此上述理论似乎也应做相应的调整。

另外，陈合宜先生的上述分类也存在两个小小瑕疵：

第一，对公务秘书的定义中“企事业单位”缺少必要的限定，似应加上“国有”或“公有制”，且“国家工作人员”术语使用不明确，我国公务员法规定：“本法所称公务员，是指依法履行公职、纳入国家行政编制、由国家财政负担工资福利的工作人员。”因此“国家工作人员”与“公务员”是同义词，而国有企事业单位的秘书，都不属于“国家工作人员”。当然，1993年我国公务员制度尚未推行，存在这一不足是可以理解的，但是今天还沿用这种界定就显得落后于现实了。

第二，既将公务秘书定义为“为各级机关、企事业单位……服务，从国家或集体领取薪酬”的秘书，又将“为民办集体企业……服务”的秘书归入私人秘书，似乎存在着矛盾。这里混淆了“国有”和“公有制”“民营（民办）”与“私有制”的界限。按照传统的理论，我国的公有制包括全民（国家）所有制和劳动群众集体所有制两种形式，因此集体所有制单

① 陈合宜：《秘书学》，暨南大学出版社1993年版，第20—21页。

位（包括乡镇企业以及集体创办的学校、医院、演出团体等）虽然都是“民办”，但也属于公有制单位。集体单位的秘书应属公务秘书还是私人秘书，陈先生的分类法似乎无法解决（因为他们“从集体领取薪酬”）。

四、对两大部类分类法的几点理论思考

我们指出两大部类分类法存在一些理论问题，并不是从根本上否定这种分类法。正如常崇宜先生指出的，“两大部类分类法在理论上是正确的，在实际中是必需的”，因为“如果不首先做出这两大部类的区分，就好比动植物不分生物学就无法深入一样，秘书学也就无法深入”[①]。我们的任务是解决这种分类法尚存在的问题，使这种分类方法完善起来，真正起到指导当前秘书工作实践的作用。

1. 与公务秘书对应的第二大类的名称

首先，“社会秘书”的提法应该排除。任群先生说“社会秘书，在旧社会称为私人秘书”，但当代社会并没有什么人把私人秘书称为“社会秘书”。“社会秘书”这一术语似乎是任先生自己定义的。为了理论研究的需要，定义一个新的术语是允许的，但通常是在没有通用术语可用的情况下才有必要，既然已经有了“私人秘书”名称，而且当代社会人们仍在广泛使用这个名称，就没有必要再定义一个新的术语。何况“社会”一词与“公务”一词的共同内涵还远远多于“社会”与“私人”的共同内涵。

其次，公务秘书和非公务秘书的划分也不妥。这里不存在术语不规范和子类不穷尽问题，但是，非公务秘书除了“私人秘书”之外，剩下的主要是集体企事业单位的秘书，而集体所有制是社会主义公有制的两大主要形式之一，集体企业的秘书与国有企业的秘书在工作内容和工作方式上没有实质差别（国有企业的秘书与党政机关的秘书倒有明显的实质差别），

① 常崇宜主编：《秘书学概论》，线装书局2000年版，第32页。

他们的工作属于“公务”而不是“私务”，把他们归入非公务秘书在理论上不成立，事实上也不协调。而如果把集体企事业单位的秘书归入公务秘书，非公务秘书中剩下的也就是私人秘书了。

我们认为，与公务秘书对应的类还是名为“私人秘书”比较恰当，一是因为公与私是界线分明的一对范畴，民间俗话“两人为私，三人为公”就是最好的证明；二则私人秘书的名称不但在社会上早已通用，而且也为大多数秘书学专家采用，除陈合宜先生外，王绍龄的《秘书学》[①]、董继超《秘书学教程》[②]、安忻的《秘书工作概论与实务》[③]等，都将秘书分为公务秘书和私人秘书两大类。

2. 关于公务秘书和私人秘书的定义

我们试对两个概念作如下定义：

公务秘书是指为国家机关、社会团体、事业单位、公有制企业或股份制公司的领导工作服务，由组织人事部门考查选用，由国家或单位支付薪酬的秘书。

私人秘书是指为个体企业主或其他雇主服务，由个人聘用，并由雇主本人支付薪酬的秘书。

以上定义从文字上看是很明确的。例如，根据上述定义，集体企业秘书属于公务秘书就没有任何疑义，某些高级领导干部或重要工程技术专家、著名学者所配备的专职秘书不属于私人秘书，也没有任何疑义。在日常语言中，我们常称后者为私人秘书，如“田家英给毛泽东当了十几年私人秘书”“××公司不但为他们的总工程师配备了司机，还配备了私人秘书”，这些说法在日常语言中并无大错，但是从理论上说他们不是私人秘书，而是公务秘书，因为这些专职秘书具有公务秘书的全部特征：为高级领导干部或专家的公务活动服务而不是为他们的私人事务服务，聘任前经

① 王绍龄：《秘书学》，河南大学出版社1988年版，第97页。

② 董继超等：《秘书学教程》，中央广播电视大学出版社1993年版，第2—3页。

③ 安忻：《秘书工作概论与实务》，中国档案出版社2000年版，第87页。

过组织人事部门严格考查审核而不是由个人任意指定，由国家或公司而不是由专门的服务对象个人支付薪酬。这些专职秘书的工作必须对国家或所属单位负责，而不是仅仅对领导或专家个人负责。

3. 对两个相关的特殊理论问题的探讨

由于我国经济体制和人事管理体制的特殊性，关于两大部类分类法仍然有两个问题需要加以特别探讨。

第一是民营股份制公司以及三资企业（一般也是股份制公司）的秘书是不是公务秘书的问题。

常崇宜先生认为，"规模较大的私营企业或企业集团……大多仿照国有企业秘书体制"，但它的秘书人员也属于私人秘书[①]；而司徒允昌先生认为只要是"企事业单位（包括公有制和私有制）聘用的秘书人员"都属于公务秘书[②]。两人观点截然相反。

我们认为民营股份制企业的秘书属于公务秘书。理由有四：

（1）民营股份制企业究竟是公有制还是私有制，是经济学理论界正在探讨的重要问题，目前存在争议，有人认为股份制是集体所有制的一种实现形式。我们不能将民营股份制公司简单归入"私有制企业"。

（2）随着国有企业公司化改革和民营企业股份化的发展趋势，一个公司究竟是公有制还是私有制将难以区分，民间资本可以参股国有企业，国有资产也可以参股民营企业，没有必要将国家控股51%的公司秘书归入公务秘书，而将国家控股49%的公司秘书就归入私人秘书，他们本来并没有什么差别。

（3）股份制公司秘书在"由组织人事部门（人力资源部）考察选用"和"单位（而不是企业主个人）支付薪酬"这两点上，与国家机关和国有单位的秘书相同。

（4）从公司秘书机构的设置、秘书人员的职责和工作方式看，民营股

① 常崇宜主编：《秘书学概论》，线装书局2000年版，第35页。

② 司徒允昌：《秘书学综论》，上海文化出版社2001年版，第18页。

份制公司与公有制企业没有多少本质差别。因此，将股份制公司秘书归入公务秘书有利于秘书学对秘书工作一般规律进行理论探讨。

第二是私人秘书的范围问题。

如前所述，这个问题在秘书学界存在很大分歧。根据我们对“私人秘书”的定义，私人秘书包括以下两类人：

（1）纯粹由个人聘用的秘书，不管雇主是商人、作家、学者、律师、演员、球星，还是富裕的农民或其他个体劳动者。个人一般不会同时聘请几位秘书，通常只有1个，这些秘书还要承担一些其他事务，例如驾驶小车、管理财务甚至当保镖等，但既然聘请的是秘书，其工作就具有综合服务和以脑力劳动为主的特征。这类私人秘书目前在我国人数不多，但是将来可能会有较大的发展。

（2）小型私营企业或个体企业（二者差别在于是否雇佣多名员工）聘用的秘书，与第一类私人秘书的不同点是，他们的工作主要是为企业经营活动服务而不是为雇主个人事务服务。私营企业与股份制企业不同，企业资产就是企业主个人财产，企业利润就是企业主个人收入，企业性质属私有制也不存在任何争议。他们雇佣秘书完全由个人负责，并不需要经过公司人事部门考察录用程序，秘书的薪酬也完全由企业主个人支付。需要提示的是，这里所说的“小型企业”指的是员工人数，而不是指资产总数或经营总额，有些员工人数很少的私营企业，可能拥有相当多的资产和很大的经营总额。

［原载《秘书》2006年第10期］

论当前我国秘书的社会地位

随着信息化社会的逐步形成和市场经济体制的建立，秘书已经成为我国社会从业人数最多的群体之一。为适应社会和经济发展对秘书人才的需要，我国的秘书教育发展也很快，秘书专业已经成为全国高校招生人数最多的专业之一，仅安徽省2005年招收秘书专业的高校就达37所，占该省高校总数的一半，其中大多为职业技术学院。据不完全统计，2006年全国有近80所高等院校招收本科秘书学专业新生，其培养目标为高级秘书人才。

但是，目前有些人对秘书存在着种种偏见和误解，如"小蜜"一词被许多人用来指代年轻的女秘书，对男性秘书则有人戏称为领导的"应声虫"，还有人将局部的秘书腐败现象夸大为社会普遍现象，更有甚者将秘书行为不端当作官员腐败的重要原因。这些偏见和误解，不仅影响着秘书队伍的建设，而且影响秘书高等教育的健康发展。有的家长宁肯让子女复读，也不让子女去读录取的正规高校的本科秘书专业，其理由竟然是"男孩子干秘书没有出息，女孩子干秘书名声不好"！

这些偏见和误解的存在有其复杂的社会原因，但与秘书学没有从理论上解决"秘书的社会地位"问题有关。笔者看到的秘书学读本中，还没有见到专门阐述这一问题的。少数读本虽然在阐述其他内容时涉及秘书的社会地位，但观点却明显有误，反而对读者造成误导。例如有一本发行量很大的秘书学读本说基层秘书"工作负担重，生活待遇差"，"秘书人员工作量大……加班加点是家常便饭，然而，与他们的付出极不相称的是，生活待遇极低。”并引述一位作者的材料说，“笔者是从教师转行的，现在月收入比从事教师工作时还要少”。[①]

秘书的实际待遇真的比教师低吗？他们付出的劳动真的比教师还要多吗？让我们来看看《报刊文摘》2005年7月20日一篇文章的开头所介绍的报道对象的经历：

“李××今年62岁，出生在四川南充一个贫穷的农民家庭。1967年7月，学中文的李××大学毕业被分配到四川阆中县一所普通中学任教。1971年夏天，阆中县政府将他调到了县政府办公室当秘书。喜好写作的李××利用工作之余开始创作。他创作出了《平原春天》《残阳冬雪》《鬼谷情冤》等多部作品。1987年10月，44岁的李××被上级任命为地委秘书长。1993年2月，李××又当选为遂宁市政府市长。”

类似的教师转行当秘书的现象不仅大量存在于新闻报道中，而且广泛存在于社会生活，相反，秘书转行当教师的则非常罕见。这种职业流向从一个方面说明，秘书在大多数公众心目中的社会地位，并不低于教师，例如乡镇政府的青年秘书并不低于乡镇中学的青年教师。

以上情况表明，关于我国当前秘书的社会地位问题，是一个值得认真探讨的理论问题。下面提出一些初步的观点，以作引玉之砖，希望引起秘书学界对这一问题的重视。

一、领导的助手和参谋

在一般公民心目中，秘书就是领导的助手；而能够为领导决策出谋献策的高级秘书则被称为领导的参谋。

我们不同意将秘书定义为“领导的助手”，因为助手是一个相对概念，并没有明晰而确定的外延，而且领导的“助手”也不限于秘书人员。“领

① 陈合宜：《秘书学》，暨南大学出版社1993年版，第45—46页。

导的助手”虽然不是秘书的特有属性，却是一切秘书的共有属性。在我国，任何秘书，无论是国家最高领导人的专职秘书，还是村委会的兼职秘书，无论是党政机关的秘书长，还是私营企业的经理秘书，都是领导、主管人或雇主的助手，没有任何例外。

不是每个秘书都具有“参谋”的地位，即使是较高的秘书职务如办公厅主任，也并不天然具有“领导高参”的属性。秘书只有在实际工作过程中显示出自己的才华，经常为领导决策和管理提供智力服务，“想办法，出主意，提建议，拟方案”，并经常被领导采纳，才会成为群众心目中的“领导的高参”。

由于中国社会官本位意识根深蒂固，因此“领导的助手和参谋”实际上是对秘书社会地位的一种充分的肯定。

二、公司的高级管理人员

一位成绩不错的本科大学生在回顾她当初为什么会报考秘书专业的时候说道：“我从初中开始就梦想当一名‘白领丽人’，当我发现本科招生专业目录中有‘秘书学专业’时，想都没想就定为第一志愿。”像这样对刚出现不久的本科秘书专业情有独钟的年轻人大约不是很多。但是，人们将“白领丽人”这个富有浪漫色彩的社会形象与秘书联系起来，则是再自然不过的事。

“白领丽人”是人们对公司高级管理人员中职业女性的统称，而这类人员最典型的形象就是公司秘书，因为秘书在公司为经理、主管提供以脑力劳动为主的综合服务，是典型的“白领”。广义的秘书还包括公司中有别于专业技术职务的一般文职人员，这类人员范围很广，数量很多，收入稳定，因此秘书也就成了许多人羡慕的社会职业。在经济比较发达的美国、日本、韩国乃至我国的台湾省，秘书都是青年女性首选的职业。可以预想，随着我国市场经济的发展，在就业压力越来越大的情况下，秘书职业将会得到越来越多的青年，尤其是女性青年的青睐。

三、增长才干的理想职位

秘书贴近领导，直接为领导的决策和管理服务，参与决策全过程，熟悉领导机关的运作程序，因此是积累经验、增长才干、获取领导工作基本能力的理想职位。据调查，我国党政机关各级领导人，大多数有过秘书工作的经历。以建国后党的领导人为例，毛泽东、华国锋、胡耀邦、赵紫阳、江泽民、胡锦涛，还有虽然名义上没有担任过党中央主要领导职务，但实际上是党的第二代领导核心的邓小平，都曾经当过秘书。在中共第十五届中央委员会七名政治局常委中，除李鹏、李瑞环外，其他五人（江泽民、朱镕基、胡锦涛、李岚清、尉健行）也都曾经担任过秘书职务。

在商界，在经理秘书的职位上取得商务管理的经验，然后被提拔重用或独立经商而成为企业家的例子也不胜枚举。

四、警惕秘书腐败的产生和蔓延

几年前，曾任河北省委书记秘书的李真索贿受贿数额巨大，最后被判处死刑的案例一度引起巨大的社会震动。近年来，“秘书腐败”已经成为人们日常言谈中的一个常用词组，这反映党政机关和国有企事业单位中的秘书利用职务之便牟取私利已经成为一种常见现象。秘书腐败现象的出现与秘书的地位有关。

秘书工作在领导身边，是领导的重要助手或参谋，有人说秘书是“人微言重、官小权大”的特殊公职人员。一些缺少自律的秘书利用这种特殊身份牟取私利，走向犯罪深渊。秘书腐败往往是领导腐败的伴生现象，与某些制度漏洞有关，也有人径直归结为制度腐败。但是也有的秘书仅仅利用正常工作关系和便利条件就能牟取不当利益。下面是一个典型案例：

某私营企业主为了开发一项新的专利成果，急需申请一笔贷款作为发展基金，但一两年都没解决。他决定走走上层路线试试。经过曲曲折折的打探“攻关”，终于和主管此类新产品开发的某部门主管领导的秘书搭上了关系。中间人如此这般地斡旋了一番，某领导的秘书答应将其报告送给首长看看，但此后久久没有音讯。中间人称，你不烧香菩萨哪能显灵？这位业主是个明白人，他便探得了这位秘书的一点小爱好，立即选购了一台进口原装的摄像机，开上秘书姓名的发票，一并送到了秘书家中。不用说，报告很快就送到了首长那里。这位业主一切都如愿以偿，尝到了走秘书路线的甜头。后来，他大力开展“秘书外交”，投入当然不少，但收获更是巨大。据说，他现在已经成为一方财主，神通广大，自称“没有办不到的事”。①

在以上案例中，秘书所做的仅仅是将企业主贷款申请直接交给了有权审批的领导，领导可能是从扶持民营企业的政策出发予以正常批准，如果说这里有什么制度漏洞的话，那也仅在于民营企业为什么难贷款，而领导为什么有权决定民营企业的存亡发展。秘书仅仅做了他本来应该做的事，可是却从中得到巨大的利益，这样的秘书腐败行为简单归结为领导腐败的衍生现象是不确切的。

秘书腐败是一个复杂的社会现象，仅仅强调道德自律不能从根本上解决问题。但是秘书个人所能够做到的也仅仅是守住道德和纪律的底线。重要的是，秘书人员和将要成为秘书的青年，千万不能将秘书可能具有的不当得利机会当作秘书的社会待遇，否则，不但自己可能得到与李真相同的可耻又可悲的下场，而且也玷污了秘书这个本来应该被人们尊敬的职业。

① 方华：《要警惕秘书腐败》，《是与非》2003年第7期。

五、防止秘书负面形象的形成

在人民群众（在企事业单位中就是普通员工）的心目中，除了腐败的秘书外，还有几种负面秘书形象。

一是缺少主见的秘书。他们只会机械地服从上级和领导，实际上对上级的政策和领导的意见并不真正理解，不能灵活、主动地开展工作。这种秘书思想水平不高，又缺少自知之明，还常常以领导自居，典型的口头禅是“领导要你们如何如何”，因此常被群众讥为“领导的传声筒”。

二是专拍马屁的秘书。这种秘书不一定有腐败行为，但是在行为习惯上表现出较为典型的奴性。他们对领导的态度和行为与对待下级、人民群众的态度和行为存在着极大的反差，有人描述他们在领导面前是颔首哈腰，而在群众面前则挺胸凸肚。在一些官僚主义严重、领导与群众关系处理得不好的地区和单位，这种专拍领导马屁的秘书也被人民群众所鄙弃。

三是“花瓶”式秘书。这种秘书既缺真才实学，也无一技之长，仅仅凭娇媚的长相或窈窕的身材获得秘书的职位。近年来“小蜜”一词已经广泛成为年轻漂亮的女秘书的代名词，而秘书也被某些人误解为一种只能吃“青春饭”的职业。其实，爱美之心人皆有之，美貌绝对不是罪过，长相漂亮的人在就业中占有一定优势，也能被人们理解，“花瓶”也好，“小蜜”也好，绝不是对美貌的女秘书的批评，而是对缺少真才实学和实干精神的女秘书的批评。

就像任何社会群体包括高级干部、教授学者中都存在负面典型一样，秘书群体中存在一些负面形象并不影响秘书群体总的社会地位。只要秘书人员具备良好操守、独立人格和真才实学，就能得到社会的尊重。

秘书人员应该用自己良好的品行和勤奋的工作来珍惜、维护、提升自己的社会地位。

[原载《秘书》2006年第12期]

论我国当前秘书行业的特点

人们通常将社会分工称为“行业”或“行当”，由于各行各业的每个单位都设有秘书部门，配有秘书人员，所以很难把秘书归入某一个行业，因此人们将秘书称为“现代社会的三百六十一行”。当前我国市场经济体制正处于逐步完善阶段，社会管理体制也正在进行改革，秘书这个既不同于“三百六十行”中的任何一行、又渗透于每一行业之中的特殊行业，正呈现出一些既不同于其他行业、又不同于本行业其他时期的明显特点。探讨这些特点有利于秘书学理论与时俱进地自我完善，有利于社会各界对秘书工作和秘书群体形成公正客观的认识，也有利于秘书工作者充分认识自身工作的价值和个人的努力方向。

一、秘书工作职业化

所谓职业化，是指从事某项工作的人形成了相对稳定的社会群体。一项工作成为一种稳定的社会职业的外部标志是：是否有许多人愿意终身以此为业，教师、律师、医生、会计、技师、公务员等都是社会职业，而党委书记、总经理、处长、办公室主任等，则仅仅是社会职务。

秘书工作职业化是社会发展到市场经济阶段的必然产物。在市场经济发达的国家和地区，秘书职业化的过程早已完成。在我国大陆，秘书工作职业化起步很晚，但发展很快。改革开放前，秘书一直被当作一种行政职务，1999年版的《辞海》对“秘书”一词的解释是：“职务名称。掌管文件并协助领导人处理日常工作的人员。”这里仍然说秘书是“职务名称”，而不说它是“职业名称”。近十几年来，随着行政机构的改革和政府职能的转变以及公司秘书人员数量的急剧增长，我国党政领导机关秘书人员占整个秘书队伍的比例正在逐步缩小，并且淡化了官位级别，出现了职业化趋势。随着市场经济体制的逐步建立，企业公司化改革和民营经济的发展，社会对商务秘书的需求成倍增长。在报刊网络招聘广告中和人才市场上，不仅有各类工商企业和事业单位、自由职业者，甚至一些政府机关也根据需要公开招聘秘书。近十多年来，各地还相继成立了秘书事务所、信息调查公司、文秘公司、电脑打字复印社等面向全社会提供秘书性质商业服务的企业。越来越多的人认识到，秘书不仅是行政管理系统中的一种职务分工，而且是整个社会中的行业分工；因此，长期从事秘书工作，甚至终身以秘书为业，正在逐步被人们接受。

以上情况表明，我国秘书正在实现从行政职位到社会职业的转化。

二、秘书业务专门化

秘书工作是一项综合性工作，这是秘书学界的共识。但是，有的人将秘书工作的综合性与秘书业务的专业性对立起来，一味强调秘书是“杂家”，是“通才”，强调一个好的秘书只需要具有较强的写作能力和一定的工作经验就行了。有人在承认秘书成为一种职业的同时，否定秘书业务的专门性，这种看法是没有任何道理的。香港公司秘书协会一位资深顾问断言：毫无专业知识的漂亮宝贝，将来在办公室里可能找不到秘书工作；没有语言能力及电脑相关操作能力的秘书，在办公室里不出三年一定被淘汰。

随着科学技术的进步和决策科学化、管理现代化的趋势，领导对秘书工作的要求越来越高。现代秘书业务不仅要求秘书人员具有良好的写作能力，而且要求秘书掌握信息处理、调查研究、会务管理、信访接待、协调督查等多方面的业务知识和现代化办公技能，而这些理论修养和业务技能的获得，必须经过专业训练。从近年来人才市场的需求看，有些单位招聘秘书，包括党政机关的秘书职位公务员招考，明确要求应聘者具有秘书（文秘）专业教育背景。许多单位的领导从过去的用人实践中感觉到，经过严格的秘书业务训练的秘书专业的毕业生，走上秘书岗位后能很快进入角色，熟悉办公室业务，而其他专业的毕业生则往往需要较长时间的适应过程，才能胜任公文撰写、会务组织、公关协调、文档制作和立卷归档等秘书主要业务。

三、资格认定制度化

秘书作为一项专业性很强的社会职业，必然要求对从业人员进行资格认定。为适应社会各界对高质量、高水平的秘书人才的广泛需要，1997年8月20日中华人民共和国劳动部颁发了《秘书职业技能标准（试行）》，并于1998年9月在全国十省、市、自治区举行了首次秘书资格鉴定工作。这标志着我国秘书任职资格审查走上了制度化道路。据统计截止到2002年底，5年内秘书职业资格全国统一鉴定进行了10次，参加鉴定人员达28万余人，其中获得国家职业资格证书的人数达20万人。2004上半年，秘书职业全国统一鉴定试点已正式启用新的“国家职业标准”。

《秘书国家职业标准》规定，秘书职业共设四个等级，分别为五级秘书（国家职业资格五级）、四级秘书（国家职业资格四级）、三级秘书（国家职业资格三级）和二级秘书（国家职业资格二级）。对各等级报考者规定的条件不是很高，但有一个共同要求，就是报考四级以上秘书职业资格者必须经过秘书专业的培训；取得大学本科毕业证书，并连续从事秘书工作2年以上，可申报三级秘书职业资格认定；取得大学本科毕业证书，并连续从事秘书工作4年以上，可申报二级秘书职业资格认定。

秘书资格认定制度化对秘书职业从业人员提出了更高、更具体的要求，促使秘书人员不断地进修业务，全面提高能力，努力构建更为合理的能力结构。当然，这个资格认定所规定的条件是否合理，考核程序是否科学，操作过程是否规范，以及资格证书的权威性是否能很快被社会广泛承认，都还有待于社会实践的检验，秘书学界也有责任通过理性客观的分析探讨，使秘书资格认定工作进一步走上科学、规范的轨道。常崇宜先生曾经在其著述中对《秘书职业技能标准》中的“秘书”定义提出过批评①。但是秘书资格认定制度化的趋势是不可逆的，应该说是没有疑问的。

四、从业人数扩大化

在市场经济发达的国家和地区，秘书在整个社会中是从业人数最多的职业之一。据美国劳工统计局的报告，1990年美国秘书人数为535.7万，这个数字还不包括120万打字员、速记员。据估计2000年美国的秘书总数已经超过600万，占全国总人口（2.5亿）的四十分之一左右，这一人数与教师、医生等职业人数不相上下，是律师人数的十几倍。美国的统计数据表明，越是市场经济发达的国家，秘书人员在总的从业人口中所占比例越高。

我国目前市场经济正处于迅速发展阶段，据2005年12月9日全国工商联发布的年度民营经济发展分析报告，截至当年9月底，全国私营企业（不含个体工商户2千多万家）已达419万户，占全国企业总数的50.5%，按照这个比例全国企业总数已达830万家。即使每家公司平均有一名秘书，全国的公司秘书也有近千万人。另全国公办高校有1553所（2004年），中学8万所，小学48万所，平均每所学校一名秘书，也有50多万学校秘书，加上医院、研究所、文化服务单位，全国事业单位秘书总数也应该在100万以上。

从党政领导机关和事业单位来看，随着现代科学决策和科学管理水平的提高以及办公技术现代化水平的提高，领导人在决策过程中将越来越离不开秘书部门提供的准确信息和综合服务。我国行政系统在20世纪末自上而下进行了大规模的机构改革，各级政府职能部门的数量总体上做了比较

① 参见常崇宜主编：《秘书学概论》，线装书局2000年版，第25页。

大的压缩，公务员编制数量减少了20%左右，但各级政府的办公厅、调研室、信访办等秘书机构的人员编制数量不仅没有减少，反而略有增加。这一情况说明，随着现代行政管理效率的提高，秘书部门的作用正在继续加强，即使在党政领导机关中，秘书人员的数量也呈增长的趋势。

五、商务秘书女性化

无论是在经济发达的美国、欧洲国家、日本，还是我国的香港、台湾地区，女性化早已是秘书职业的一个普遍现象。有资料显示，在美国国家机关秘书中，女性秘书占到90%以上，而在公司秘书中，更是清一色的女秘书的天下。

女性从事秘书工作具有明显的优势，她们语言表达能力强，善解人意，心细手巧，在文函管理、通信打字、接待来访等秘书常规事务中，能够起到男性雇员无法代替的作用。由于秘书成为女性就业的首选职业之一，在美国、欧洲国家、日本和我国港台地区，都有许多专门培养女秘书的学校。

近十几年来，我国企业秘书尤其三资企业和民营企业的秘书，人数急剧增加，公司秘书中女性早已超过男性。这除了体现了女性在秘书职业中的优势外，还有两个客观原因：一是我国高等教育的发展使女性上大学的机会比过去大大增加，1980年前后，我国高校中女生的总比例不到20%，而2000年这个比例是45%；在一些文科专业中，女生的人数已经超过男生，在秘书、英语等专业中的女生比例，更是高达四分之三以上。妇女受教育程度的提高使她们具备了从事具有明显的脑力劳动特征的秘书工作的主观条件。二是三资企业的大量出现，境外投资人和经理人员很自然地将商务秘书女性化这一用人模式带到了这些外资公司中，国内民营企业也纷纷效法，使用女秘书一时成为商界时尚。

在我国党政机关秘书中，到目前为止仍然是男性略占多数，但这种现象正在迅速改变之中。有统计资料表明，在近几年公务员招考中，秘书职位的报考者和录用者女性都占80%以上。预计在未来十年之内，党政机关公务员中的女性秘书的比例将超过男性秘书。

六、劳动成果隐蔽化

秘书的从属地位和秘书工作的辅助性，决定了秘书的劳动成果总是以组织的名义或领导的名义公布于世。例如，秘书经常为领导出主意，提建议，拟方案，为此要付出很多的时间和艰苦的劳动，但是当这些建议或方案被领导采纳，变成了组织的决策或领导的决定，秘书的劳动也就被隐蔽了。秘书经常撰写公文，但是没有一篇公文是以秘书的名义发布的；秘书有时以领导的名义撰写文章，但是当它们正式发表时署名却是领导。人们常常说“领导做出了一个英明的决策”，或“领导机关及时发布了一个正确的政策文件”，而很少有人意识到秘书或秘书部门在其中付出了大量的劳动。

1956年9月15日，中国共产党第八次全国代表大会在北京隆重召开。在雷鸣般的掌声中，毛泽东致开幕词。开幕词很短，不过两千多字。根据当时记录，在毛泽东致开幕词时，曾被34次热烈的掌声所打断。其中有五次是“长时间的热烈鼓掌”，足见开幕词在代表心中引起极其强烈的反响。开幕词中有的段落后来被人们作为“毛泽东格言”反复引用，如：“即使我们的工作得到了极其伟大的成绩，也没有任何骄傲自大的理由。虚心使人进步，骄傲使人落后，我们应当永远记住这个真理。”而这个充满“毛泽东风格”的开幕词的起草人正是毛泽东的秘书田家英。直到今天，“虚心使人进步，骄傲使人落后”仍然被当作毛泽东的格言广为流传。[①]

这个例子非常典型地说明：秘书虽然无法享受成功的荣誉，却能够感受创造的快乐。

[原载《秘书》2006年第4期]

---

① 董边、镡德山、曾自：《毛泽东和他的秘书田家英》，中央文献出版社1996年版，第26—27页。

论我国秘书机构的设置原则

领导工作离不开秘书工作的辅助，因此领导需要秘书，党政领导机关和企事业单位等社会组织要设立秘书机构。秘书机构的设置是秘书工作的宏观管理问题，它直接关系到秘书工作效率的高低，因此如何设置秘书机构就是秘书学必须研究的重要问题之一。

设置秘书机构必须遵循一定的原则。新中国建立之初，中央人民政府政务院根据第一次全国秘书长会议做出的《政务院关于各级政府机关秘书长和不设秘书长的办公厅主任的工作任务和秘书工作机构的决定》，曾对政府机关秘书机构的设置做出了明确规定："秘书工作机构应根据精简原则，尽量减少层次……适应业务分工，组织机构可适当向横的方面发展……条件许可时，可把秘书业务、研究工作、机关事务管理工作划分开来"，"尽量减少事务人员，充实业务部门……以达精简节约提高工作效能的目的"。

50多年过去了，以上原则的基本精神依然没有过时。但是，随着我国行政管理体制的改革和市场经济体制的建立，伴随着决策科学化和管理现代化的进程，领导者对秘书工作的要求也发生了巨大变化，秘书机构的设置原则也应作出适当调整。近年来一些学者对秘书机构设置的原则提出了一些并不一致的主张，而且有的原则也比较笼统，容易造成误解，例如有的学者提出"凡独立单位必须设置秘书机构"的原则，而对于"非独立单位"（例如大学中的院、系，企业中的部门或车间等）是否要设置秘书机构则未作说明，使人对非独立单位是否需要设置秘书机构产生困惑。因此有必要对我国秘书机构设置的原则继续进行探讨。

根据我国近十几年来几次行政机关改革的实践，和对部分企事业单位的调查所发现的问题，笔者认为我国秘书机构的设置必须遵循以下原则：

一、适应性原则

所谓适应性原则是指秘书机构的设置必须适应领导工作和机关管理的实际需要。这是秘书机构设置的总原则，它体现在许多方面。

首先，一个机关或部门必须根据需要来决定是否设立秘书部门。由于具有法人资格的独立单位需要经常对外行文，所以独立单位必须设置秘书部门，即使是很小的公司，即使只有一个秘书，也必须设立办公室。而非法人单位例如一所大学的学生处，则不一定必须设立办公室——如果学校规模大，该处秘书业务比较多而必须配备两个以上秘书，可以设立“××处办公室”；如果秘书业务量比较少，则配备一名秘书即可，不必设立“××处办公室”。

其次，一级机关是否只设置一个秘书部门（一般就是办公厅或办公室），应该根据领导工作的需要来确定。在比较高层的机关或大型国有企事业单位，因为制定大政方针政策的需要，一般设置独立于办公厅的政策研究室，有的还设置独立于办公厅的“信访办”，而县级以下机关和一般企事业单位，就不必设置独立的政策研究室或信访办了。

再次，秘书机构的内部层次和人员编制应根据需要来决定。例如中央机关办公厅可设厅、局、处、科四层机构，省辖市的办公室则只须设室、科两层机构。秘书机构的规模大小、人员多少、是否设副职主管以及需要几位副职，都取决于机关、单位的领导工作的需要，而不能仅仅根据领导者个人的意愿。

一个机关之所以要设置秘书机构，就是要为领导的决策和宏观管理提供综合性服务，所以适应性原则按理说是不需要强调的。但是，过去很多单位的秘书机构中曾出现因人设岗现象，明显违反了这一总原则。例如，县长外甥的女朋友大专毕业了，没有找到合适的工作，便被安排到县政府办公室。

“编制已满吗？没关系，编制是人定的嘛，不就添张办公桌吗？反正吃的是皇粮。”

“没有什么特别的能耐吗？没有关系，端茶倒水搞搞接待总可以吧。”

于是办公室的编制越来越大，而办事效率却越来越低。这种现象到目前为止并没有杜绝，在一些观念比较滞后、经济不够发达（二者往往是一致的）的地区尤其严重。

二、分级管理原则

秘书工作要为领导服务，这个“领导”主要指秘书部门所在机关的领导，而不是指上一级机关的领导。例如，中央办公厅当然要为中央领导服务，而一个县委的办公室则并不需要强调为中央或省委领导服务。既然秘书机构的直接服务对象是本机关领导，任何一个秘书部门，都只对本机关、本部门领导负责，受本机关、本部门领导指挥，并主要为本机关、本部门领导服务。因此，秘书部门的设置，就要遵循分级管理的原则，由本机关、本部门的领导根据工作需要来设置。中央一级的领导机关必须设置中央一级的秘书机构，省、市一级的领导机关必须设置省、市一级的秘书机构，县一级的领导机关必须设置县一级的秘书机构。上级机关的领导者（以及它的秘书机构）无须对下级机关的秘书机构的设置指手画脚。

根据相同的道理，一所高校的校长办公室和党委办公室如何设置（例如是分开办公还是合二为一），办公室设几个科，配备几个办公室副主任等，均只能由学校党委、校长根据本校领导工作的需要来决定，而无须得到省委或省教育厅等上级机关的批准。

根据分级管理原则由本机关领导设置自己的秘书机构，能够有效地保证秘书机构行使自己的职权，为领导工作提供高效率的服务。

三、精简、高效原则

现代科学管理要求任何机构都力求用最少的人办好最多的事。秘书机构的设置，必须在适应领导工作需要的前提下，尽量精简人员、减少机构数量和内部层次。

有人认为，既然秘书部门任务繁重，那就应该增加编制，因为“人多好办事”。这是一种误解。我国历史上曾经出现过几个以效率高而闻名的秘书机构，如清代的军机处、蒋介石的侍从室、抗战时期党中央书记处办公处，都是人员精干的秘书班子。

英国著名的行政学家诺斯古德·帕金森在1958年出版的《官场病》中，对当时英国行政机关工作作风做过入木三分的剖析，揭露和嘲弄了英国官场的种种弊病。由于这些弊病是各国行政组织的通病，所以在读者中引起了强烈的反响，使“帕金森定律”这个概念成了官僚主义的代名词。帕金森所概括的官场通病主要有以下几种：第一，职员人数与工作量毫不相关，不管工作量如何变化，职员人数总是成倍地增加。这是因为行政主管喜欢增加部属，而不是对手；新增加的部属之间彼此又会制造出许多工作来做。因此，不管工作量是增多还是减少，行政人员是注定要增长的。第二，现代政府机构如委员会之类的组织形式日益膨胀。在委员会内部必然出现非正式的核心委员会，过一段时间，这个核心组织又会扩张起来。如此周而复始，机构就越来越庞杂，人员越来越多，工作效率却越来越低。第三，组织的低效、无能根源于自发的嫉妒病。机关成立的年代愈长，人员的素质就愈低。因为行政主管大都不喜欢比自己能力强的人，以免树立未来的职位竞争对手。二流水平的领导只能领导三流水平的下级，三流水平的领导又会找来四流水平的下级。这样，用不了多久，整个组织就会面临垮台的境地。第四，豪华的办公大楼和考究的办公环境，是组织衰退的征兆。当一个机关趋于腐败时，其建筑和办公用品才达到华丽壮观的顶点。所以华丽的建筑可作为推测机关正趋腐败的证据。[①]

帕金森描述的官场通病在我国也一度存在。1990年12月20日人民日报主办的《讽刺与幽默》上发表了一篇《机关人与事》的小品文：

> 一些事没人干，一些人没事干。
>
> 一些没事干的人盯着干事的人，议论干事的人，品评干事的人所干的事，使干事的人只想少干事，使干事少的人开始不干事。
>
> 不干事的人总是不干事，总是干不了事。
>
> 一些没事干的人总是没事干，一些干事的人总有干不完的事。
>
> 一些没事干的人滋事闹事，让干事的人干不成事，干不好事；使简单的事变成复杂的事；使很快能办好的事变成长期也干不好的事。
>
> 事情本不多，人多才多事。[②]

该文用讽刺的方法入木三分地揭示了机关效率低与人员过多的内在关。只要不抱偏见，出以公心，就不难理解这一点，因此要提高秘书机构的工作效率，首先要精简机构。

1990年以来，我国行政机关进行了以转变职能为中心的机构改革，机关人浮于事的现象有所好转，但官多人杂、效率低下的现象仍然相当严重。报载，西部某省一个贫困县的县政府办公室，竟然有7个办公室副主任，据说这个数字对应的是该县副县长的人数，这样的秘书部门的办事效率可想而知。

值得指出的是，无论是在西方，还是在我国，人浮于事的官场通病仅存在于党政机关和国有企事业单位。在民营企业中，由于企业主要追求利润最大化和成本最小化，他们在设置秘书机构时会自觉地贯彻精干高效的原则。笔者近几年曾经对两家大型工业企业的秘书机构进行了对比研究，发现在产值相当的情况下，老牌国有企业的秘书机构的人员总数，比民营

① 参见傅明贤主编：《行政组织理论》，高等教育出版社2000年版，第76—77页。
② 乌世仁：《机关人与事》，《讽刺与幽默》1990年12月20日。

企业多出近十倍。这难道不发人深省吗?

四、相对稳定原则

秘书机构一旦建立起来，就应当保持相对稳定的状态。虽然机构改革必然导致机构的变动，但是按照某些正确的原则经过论证建立的秘书机构，必须在稳定的状态下才能充分发挥作用。

有人强调秘书机构要适应领导工作的需要，常常按照领导尤其的主要领导的人事变动来调整秘书机构，这是很不严肃的。例如，某高校党委办公室和校长办公室原是两套班子，后来党委书记退休，原校长兼任了党委书记，为了让秘书部门提供所谓“一元化服务”，通过必要的程序将两个秘书机构合二为一，改名“××大学办公室”。这种做法是否合适可以讨论。但是三年以后，该校主要领导调整，新一届党委书记和校长又分别由两个人担任，于是校领导又决定将秘书部门分为党委办公室和校长办公室。这一合一分违反了秘书机构设置相对稳定的原则，对秘书部门的正常工作造成很大的干扰。

秘书机构相对稳定原则要求机关领导在设置秘书机构或者调整秘书机构之前，应加强调查研究，充分听取管理专家的意见，对机构的分合、编制的大小、职责的划分等进行充分的论证。在此基础上设置的秘书机构才能做到相对稳定。

[原载《秘书》2007年第3期]

论我国秘书机构的名称

有关秘书机构（部门）的理论是秘书学的重要内容。陈合宜《秘书学》指出，“秘书人员、秘书机构和秘书工作成为秘书学的三大内容”①；常崇宜《秘书学概论》指出，“秘书历史、秘书职业、秘书部门、秘书工作、秘书环境等，构成了秘书学的基本组成内容”②。但是，除了办公厅（室）和秘书处（科）外，我国各级各类机关中还有哪些秘书机构，似乎尚缺少系统的研究。以上述两书为例，《秘书学》认为，“根据各级机关级别的不同，秘书机构分别称为办公厅、办公室、秘书处、秘书科、秘书股等。”③《秘书学概论》认为，“狭义的秘书部门，也是典型的秘书部门，是指各级党政领导机关与企事业单位的领导机关……的办公厅（室）、秘书处、科、股等。”④它把政策研究室和公关部门、统计部门等归入“广义的秘书部门”⑤。

我们认为，除办公厅（室）、秘书处（科）外，政策研究室、信访办公室以及近年来出现的综合部、机关事务管理局等，也是典型的秘书机构。下面分别加以论证。

---

① 陈合宜：《秘书学》，暨南大学出版社1993年版，第6页。
② 常崇宜主编：《秘书学概论》，线装书局2000年版，第17页。
③ 陈合宜：《秘书学》，暨南大学出版社1993年版，第56页。
④ 常崇宜主编：《秘书学概论》，线装书局2000年版，第52页。
⑤ 常崇宜主编：《秘书学概论》，线装书局2000年版，第54—55页。

一、政策研究室(调研室、研究室)

政策研究室是我国党政机关和大型国有企事业单位设置的一种高级秘书机构。我们说它是典型的秘书机构，有两点理由：

第一，早在新中国成立初期，中央人民政府政务院于1951年7月做出的《关于各级政府机关秘书长和不设秘书长的办公厅主任的工作任务和秘书工作机构的决定》中，就规定“大行政区和各省（行署、市）人民政府的政策研究机构，应视各地具体工作情况和干部条件建立”。这个“决定”是专门规范秘书工作的纲领性文件，说明当时就明确政策研究室是秘书机构之一。

在1980年前，政策研究室在大多数机关是办公厅（室）中的二级机构。从80年代开始，各省、地（市）、县党政领导机关办公厅（室）中的政策研究室陆续从办公厅（室）中分离出去，成为与办公厅（室）平行的机构。研究机构的独立说明调查研究在秘书各项业务中相对地位的提高。

第二，作为秘书常规业务之一的参谋咨询，在上层机关中是就由政策研究室来承担的。下面是北京市政府政策研究室各分支机构及其职能：

农村处——职责是对全市农村经济发展方面的重大问题进行调查研究，提出政策建议；起草或参与有关的重要讲话和文稿。

综合处——职责是负责《政府工作报告》和市政府主要领导同志的重要讲话、报告和文稿的起草工作。

科教文处——职责是对全市教育、科技、文化、卫生、体育等方面的重大问题进行调查研究，提出政策性建议；起草或参与有关的重要讲话和文稿。

经济处——职责是对全市经济发展的重大问题进行调查研究，提出政策性建议；起草或参与有关的重要讲话和文稿。

……（对外处、城建处、社会处略）

以上规定表明，尽管调研机构不再隶属于办公厅（室），但它所承担的主要业务调查研究、信息分析、政策建议、起草重要讲话或文稿（包括政府工作报告），全都是典型的秘书工作。因此，各级领导机关的调研机构与办公厅（室）一样，也属于典型的秘书机构。

政策研究室从人数编制上看比办公厅（室）要少得多，从工作内容上看都是参谋性质的，是领导机关的“参谋部”，政策研究室的主要功能是辅助决策，因此其中的工作人员虽然不叫秘书，实质上都是高级秘书。

二、信访办公室

信访工作自古以来就是秘书工作一项重要内容。中共中央办公厅和国务院办公厅都设有信访局，省、地（市）、县各级信访部门曾经是隶属于办公厅（室）的二级机构，而基层行政机关和一般企事业单位的信访工作一直以来都由办公室承担。由于信访工作的特殊性，三中全会以后，省、地（市）、县党政机关设立了独立于办公厅（室）的信访办公室，直接由党委和行政首长领导，但信访部门的秘书机构性质没有改变。

1979年8月30日，当时的中共中央秘书长胡耀邦同志在中南海召集中共中央办公厅、国务院办公厅以及其他有关方面的同志，强调要找出切实可行的办法，迅速解决信访工作中的问题。[①]这一事实本身也证明信访工作是秘书长和办公厅主管的重要事务。

2005年5月1日施行的国务院《信访条例》规定：县级以上人民政府应当设立信访工作机构；县级以上人民政府工作部门及乡、镇人民政府应当按照有利工作、方便信访人的原则，确定负责信访工作的机构（以下简称信访工作机构）或者人员，具体负责信访工作。县级以上人民政府信访工作机构是本级人民政府负责信访工作的行政机构。

① 王千弓等：《秘书学与秘书工作》，光明日报出版社1984年版，第183—184页。

三、综合部

综合部是近几年来在一些社会团体、企事业单位出现的一个新的机构名称。建立综合部的组织内部机构设置相对简单，与综合部并列的中层职能部门较少。例如，广东省环境技术中心下设技术部、咨询部、综合部，吉林省德惠市团市委下设综合部、学少部、工农部，华南农业大学后勤集团设物流部、经营部、财务部、监控部、综合部。

设综合部的组织一般不再设办公室，综合部的职责除承担组织的全部秘书工作外，还要承担该组织主要业务以外的其他一切杂务，如机关的人事工资管理、财务管理等等。广东省环境技术中心综合部的“职责范围”是“在中心领导下， 当好中心的参谋和助手，负责中心的秘书、行政、人事、劳动工资等管理事务，承上启下，联系左右”；德惠市团市委综合部的职责第一条就是“协调机关日常事务，起草有关重要文件，负责机关的文秘、会务、机要、保密、档案、财务、信访、统计、信息、社会治安综合治理和计划生育工作。负责与有关部门联系，完成团市委领导班子交办事宜”。

从综合部的主要职责看，它与办公室一样是典型秘书机构。如果把“综合部”三个字换成“办公室”，并没有什么不妥之处。各级党委机关的中层部门也只有宣传部、组织部、统战部、办公厅（室），其中办公厅（室）的职责也像上面所说的综合部一样宽泛。

四、机关事务管理局

中央人民政府政务院于1951年7月做出的《关于各级政府机关秘书长和不设秘书长的办公厅主任的工作任务和秘书工作机构的决定》中规定的“秘书工作任务”第七项是：“掌管机关事务工作（包括机关财务、生活管理、学习、文化娱乐活动等事项；但不设秘书长的机关，如在办公厅之外专设管理机构管理机关事务工作者，此项工作可不由办公厅主任掌管）》。”这说明自建国起，机关事务管理就是我国各级机关秘书工作的常规内容。事实上，直到20世纪90年代初，很少有领导机关“在办公厅之外专设管理机构管理机关事务工作”。在市场经济体制确立后开始的机构改革中，根据中央关于后勤服务机构改革的要求，一些省、市和国务院才相继成立独立于办公厅（室）的机关事务管理局。如国务院机关事务管理局就是根据第九届全国人民代表大会第一次会议批准的国务院机构改革方案和《国务院关于机构设置的通知》（国发〔1998〕5号）而设置的。

机关事务管理局的职责比较庞杂，有的属于典型的秘书工作，如国务院机关事务管理局职责第十项“承办国家重大活动和国务院召开重要会议的总务工作；负责到国务院办理公务的各省、自治区、直辖市人民政府领导同志的接待服务工作”；也有一些很难说是秘书工作，如国务院机关事务管理局职责第九项“负责中央国家机关及其在京单位住房制度改革工作，拟定实施方案和具体政策；管理住房基金和住房公积金”。

根据海南省编制委员会1994年2月25日下达的《关于成立海南省直属机关事务管理局的通知》，该机构是在撤销省委办公厅、省人大办公厅、省政府办公厅、省政协办公厅的四个行政处和两个保卫处的基础上整编成立的，它替代的是办公厅的部分职能，因此这个机构也是很典型的秘书机构。

五、关于秘书处（科）

秘书处（科）是典型的秘书机构，这是没有任何疑义的，但不同组织中这个秘书机构的名称的含义是有区别的。

在辛亥革命后成立的南京临时政府中，“总统府秘书处”是当时中央政府的总秘书机构。1926年中共四届三中全会决定设立“中央秘书处”，是党中央的总秘书机构。在中央办公厅组建后，尤其是我国党政机关综合性秘书机构的名称统一为“办公厅（室）”后，“秘书处（局、科）”成为办公厅（室）内处理典型秘书业务（如文字工作）的二级机构的名称，如中央办公厅设有秘书局，省政府办公厅设有秘书处（有的分一处、二处、三处），市、县政府办公室内设秘书科。

在各级政府职能部门中，还设有一些本身名为“办公室”的部门。如国务院华侨事务办公室、台湾事务办公室、新闻办公室等。江苏省政府下设的机构中有外事办公室、侨务办公室、法制办公室等。这些部门虽然名为“办公室”，但分管业务明确，职责单一，属于职能部门，不是秘书部门。但是这些部门本身也存在办文、办会、办事的秘书业务，当这些业务需要有一个常设的机构来负责时，就要设立自己秘书机构。由于整个组织名为“办公室”，因此它的秘书机构不能再叫“办公室”（否则会出现“××办公室办公室”这种不伦不类的机构名称），而叫“秘书处”。例如江苏省侨务办公室下设人事秘书处、侨政处、外联经科处、文化宣传处四个处，其中“人事秘书处”的职责是“负责以及综合协调机关秘书、文档、信息、财务、人事、办公室自动化以及后勤保卫等日常工作”。

秘书处的另一个常见的使用场合是大型会议的临时秘书机构。成立大会秘书处来组织会议，始于中共“五大”（1927年4月），由大会主席团设立大会秘书处，负责会议的会务工作，起草和印发大会文件。此后大型会议设立大会秘书处成为惯例，不但各级党代会、人代会、政协全体会议，而且一些学术组织的会议甚至运动会、文艺会演等活动也成立临时的“秘书处”。

在一些民间学术组织中，通常也设有秘书处，例如“中国语言学会秘书处”被学会定为“中国语言学会的常设机构”，中国金融学会也设有“理事会秘书处”，秘书处在学会秘书长主持下为理事会和广大会员服务。

［原载《秘书》2005年第12期］

论 领 导

虽然秘书学与领导科学是两门并列的学科，但既然秘书是为领导提供辅助管理综合服务的人员，秘书工作“三服务”之首就是“为领导服务”，成熟的秘书工作者就有必要从理论上搞清楚领导、领导工作、领导观念的确切含义。有趣的是，不但我国现有的秘书学教材大多对上述基本概念语焉不详，就是专门的《领导科学》读本，对上述基本概念的解释也不尽如人意。本文试图对这些概念做一些初步的探讨。

一、关于领导和领导者的定义

“领导”和“领导者”是领导科学中两个最基本的范畴。但是，笔者所看到的领导科学有关著作中，对这两个基本概念要么不做正面解释和定义，要么给出的定义存在明显的逻辑缺陷。下面是一本发行量较大的《领导科学》教材对“领导”和“领导者”的定义：

“领导是指在一定的社会组织或群体内，领导者运用其法定权力和自身影响力，采用一定的形式和方法对被领导者施加影响并共同作用于客观对象，以实现领导者与被领导者共同预定目标的行为过程。”①

“领导者是指在社会共同活动中，在一定的职位体系中担任一定领导

① 黄强主编：《领导科学》，高等教育出版社2000年版，第20页。

职务的个人或集体。”[①]

在定义“领导”时用了“领导者”概念，在定义“领导者”时又用了“领导”概念。这在逻辑学中叫作典型的“循环定义”，属于无效定义之一种。

要定义这两个基本概念，必须从“领导”一词的词义入手。“领导”是个常用词，但是《辞海》《汉语大词典》等大型辞书不收这个词条，看来对它确实难以作出准确的解释。《现代汉语词典》对“领导”有两种释义：①率领并引导朝一定方向前进；②担任领导的人。看来领导的本义是动词，如“领导我们向前进”。但是在日常语言中，领导更多用作名词，即领导者，如“这件事要等我们领导回来才能决定”。

作为动词的领导是一种社会活动，领导的主体必须是人，领导的客体即被领导者也必须是人。猴王只有在比喻的意义上才被称为猴群的“领导”，人们一般也不会把牧羊人称为羊群的“领导”，因为其活动不是人对人的社会行为。

虽然领导科学著作中对“领导”（动词）语焉不详，但是李欣先生的《中国现代秘书工作基础》对“领导”做了比较准确的定义：“领导是在人与人之间进行的，以职权为基础，以法纪为保证，通过决策、威望和艺术（方式、方法）感染力引导人们朝一定方向前进的一种活动。”[②]这一定义中除了“以法纪为保证”的限定显得多余外（下文对此将有简要说明），其他内涵解释的比较到位。这与作者长期担任中央办公厅秘书局资深秘书，因而对领导工作有比较透彻的了解有关。

在李欣先生这个不错的定义的基础上，笔者试对领导作如下定义：领导是社会组织中少数人通过决策、指挥、自身威望或行为表率引导组织其他成员朝一定方向前进以实现组织目标的活动。

以上定义揭示了领导的三个基本特征：①领导是少数人的行为；②领导是社会组织内部的一种活动；③领导是一种方向明确的行为，这个方向

① 黄强主编：《领导科学》，高等教育出版社2000年版，第29页。

② 李欣等编著：《中国现代秘书工作基础》，高等教育出版社1989年版，第18页。

就是组织的目标。

对以上定义需要做两点补充说明：第一，定义中的“社会组织”应作广义理解，它既包括国家、政党、企业这种有严密系统的组织，也包括自然形成的社会群体，如为了罢免不称职的村官而形成的“村民维权团”、学生兴趣活动小组、丐帮等等。第二，我们取消了“运用其法定权力”“以法纪为保证”等限制，是因为有些领导行为并不具有这一特征，例如发动“文化大革命”这种错误的领导行为就并不具有“以法纪为保证”的特征，而且宪法和党章本来也并没有赋予发动者相关的“法定权力”。

作为名词的领导（以下一律称为“领导者”）是一个相对概念。有领导者必有被领导者，而且除了国家最高领导人外，所有其他领导人本身也是被领导者。省长相对于全省大大小小的官员和普通民众来说是领导者，但是相对于国务院总理来说，他又是被领导者。

明确了“领导”的含义后，可以将“领导者”解释为“实施领导行为的人”，但是这样的定义信息含量太少，必须接着解释“什么是领导”，仍难免循环定义、同语反复之嫌。本着简洁、准确的原则，我们试着给“领导者”下这样一个定义：领导者是社会组织中拥有决策权力并负有明确责任的人。这一定义揭示了领导者的三个特征：第一，他必须存在于一个相对稳定的社会组织中，在家庭居于支配地位的家长，或游戏（如拔河比赛）中临时产生的指挥者，都不能算是领导者。第二，他必须拥有法定的或被公众普遍承认的决策权，而不管他是否能有效地行使它，占山为王、自封为帅的狂妄之徒在没有得到公众认可之前，不能算是领导者。第三，他对所在组织负有法定的或公众普遍期待的明确责任，而不管他主观上是否负得起相应的责任，不称职的领导也是领导，三国时蜀国的皇帝阿斗就是一个典型。

以上定义完全符合人们对领导者的理解。媒体上通常所说的“党和国家领导人”包括党中央政治局委员、国家正副主席、国务院正副总理和国务委员、人大常委会正副委员长、政协正副主席；一所学校的领导仅指校长、副校长、党委正副书记；一家公司的领导仅指正副董事长、正副总经理。至于学校教务处处长、公司销售部经理、总经理办公室主任等，则不算学校领导或公司领导，因为他们对学校或公司事务没有决策权；处长、部门经理、办公室主任等一般称为部门主管，他们对本部门的事项有决策权并承担责任，因此也可以称为部门领导。

“领导者”通常是指个人，但很多时候它也用来指起领导作用的集体或机构，如领导班子、领导集团、领导机关等。

二、领导工作的特征

领导工作是领导人、领导集体、领导机关为实现组织的既定目标所做的工作。

人们常常用“日理万机”来形容国家领导人工作的繁忙。可见领导工作的内容非常丰富。但是归纳起来就是两项：决策和宏观管理。前者是领导的基本职能，后者是领导的一般职能。本文不讨论领导工作的详细内容，仅探讨领导工作的特征。

领导工作具有以下基本特征：

1. 方向性

“领导”的本义就是“率领并引导朝一定方向前进”，因此领导工作也就是创造条件使整个组织朝着某一目标前进。目标有长期、短期之分，有正确、不正确之分，但是绝不能没有任何目标。如果一个组织的领导人并不明确组织的目标是什么，整天浑浑噩噩，疲于应付，或者他虽然明确组织的目标但行动上却以个人目标（如升迁）为准则，或仅仅满足于在自己任内不要出事，那么他就不可能做好领导工作，从长远来看他也当不成领导者。

2. 主导性

这是相对于被领导者而言的，是指领导在工作中必须把握主导权，他要“率领并引导”被领导者，而不要总是被别人推着走。在组织的重大问题上，领导人应该有自己的主导性意见。但主导性并不是主观性，不是说领导人在一切问题上都要首先发表自己的意见，相反，领导人应该首先听取别人的意见，充分发扬民主，才能保证自己主导性意见的正确性，避免片面性。如果领导者缺乏主见，面对不同意见无所适从，或对某位“高参”言听计从，那么他就不可能做好领导工作，从长远来看他也当不成领导者。

3. 综合性

综合性是相对于单一性而言的。任何领导人，总是对本组织的全面工作负责，因而领导工作都是综合性的。领导人在作出决策时必须综合考虑各方面因素，综合权衡各地区、各下级单位的利益，全面听取各种意见然后加以分析和综合。领导工作的综合性要求领导人具有广阔的知识面和全面的综合协调能力。

4. 全局性

领导工作的全局性有两方面含义。一是领导作出决策时必须考虑全局的利益，例如某汽车生产厂家的研发人员设计一款新车型，从技术角度和市场预测可以立即投入生产，研发人员也希望尽快投产，但是公司决策层必须考虑新车投入生产对原有车型的影响，从全局利益出发决定它是否投产或何时投产。二是领导决策的事项和管理的事务应该是全局性的重大问题，领导不能事无巨细都要过问，不能连办公室是否购置饮水机这样的鸡毛蒜皮的小事也要开常委会讨论。

三、领导观念

领导观念是指领导者自己对领导行为的相对稳定的看法。下面列举的不是所有领导人已经具备的观念，而是现代领导应该形成的观念。

1. **法治观念**

现代市场经济从本质上来说是法治经济，因此现代社会无论是党政领导，还是企业领导，都必须牢固树立法治观念，真正做到依法办事。法治是与人治相对而言的，我国是一个有着根深蒂固的封建文化传统的国家，有的领导以“老百姓的父母官”自居，还自认为是“亲民”的表现，折射出法治观念的淡薄。因此，当今必须强调法律的权威性，真正做到在法律面前人人平等，不允许任何人（当然包括领导者）有超越于法律之上的特权。

2. **系统观念**

系统论是把对象放在系统中加以研究和处理的理论。它认为任何系统作为整体都是由部分（子系统）按一定层次组成的，整个系统的功能并不是部分功能的简单相加，只要组合适当就会产生新的功能。现代领导者应该掌握系统论的基本理论，把自己所领导的组织看成是一个系统，协调好各子系统之间的关系，追求系统整体功能的最优化。

3. **竞争观念**

有市场就有竞争，现代社会到处充满了竞争。竞争既给人们造成巨大的压力，也给人们带来强大的动力。领导不但要使本地区、本单位参与更大范围的竞争，而且要在自己领导的范围内营造公平竞争的氛围，提倡和鼓励在法治前提下开展有序竞争。

4. **效益观念**

没有一个领导会公开说他只做工作不讲效益，过去那种只算政治账、不算经济账的愚蠢行为已经不多见。在效益问题上存在两种片面的观念，一是只注重经济效益而不注重社会效益；二是忽视经济效益而只注重社会效益。生产经营等经济工作需要讲求经济效益这是众所周知的，因此经济领域的领导包括公司领导容易忽视的是社会效益。但是必须强调，社会效益应该是对社会真正有益的实实在在的东西，而不能以社会效益为名，搞一些具有“轰动效应”政治作秀行为或劳民伤财的政绩工程。

5. 未来观念

随着知识经济时代的到来，现代领导者必须面向未来，预测未来。领导者要有面向未来的战略思想，领导工作要有远景目标和长期规划。领导者要提高科学预见性，避免盲目性。那些主政一方的党政领导和实行任期制的国企领导，尤其要防止为追求任期政绩和企业短期效益而牺牲长远利益、根本利益的行为。

搞清楚领导、领导工作、领导观念的内涵和外延，有利于秘书工作者为领导提供高质量的服务。

［原载《秘书》2006年第8期］

论我国当前秘书工作的内容

一、有关秘书工作内容的理论存在的不足

秘书工作是秘书学的主要研究对象。但是现有秘书学著作关于当前秘书工作内容的理论存在两点不足：

1. 各本秘书学著作列举的内容很不一致

下表是我们对三本代表性著作中秘书工作内容的整理。（为便于对照，顺序做了调整）

表1　秘书学代表性著作中秘书的工作内容

<table>
<tr><th>陈合宜《秘书学》</th><th>常崇宜《秘书学概论》</th><th>董继超《秘书实务》</th></tr>
<tr><td rowspan="2">文书处理和撰制</td><td>文书撰写</td><td>文字工作</td></tr>
<tr><td>文书处理</td><td>文书工作</td></tr>
<tr><td>调查研究</td><td>调查研究</td><td>调研工作</td></tr>
<tr><td>信息工作</td><td>信息工作</td><td>信息工作</td></tr>
<tr><td>信访工作</td><td>信访工作</td><td>信访工作</td></tr>
<tr><td>会务工作</td><td>会务工作</td><td>会议工作</td></tr>
<tr><td rowspan="2">机要保密工作</td><td>保密工作</td><td rowspan="2">保密工作</td></tr>
<tr><td>机要秘书工作</td></tr>
<tr><td>文书立卷和档案管理</td><td>档案工作</td><td></td></tr>
<tr><td>行政事务管理</td><td>行政事务管理</td><td></td></tr>
</table>

续表：

陈合宜《秘书学》	常崇宜《秘书学概论》	董继超《秘书实务》
查办工作	督促检查	
印信工作		
协调工作	综合协调	
临时交办工作	其 他	其他工作
辅助决策工作		
	公共事务管理	
	秘书日常工作	
	自身建设	
		建议提案工作
		接待工作
		谈判工作
		随从工作
		通讯工作

从上表可以看出，各书所列秘书工作的内容差别很大。其中陈合宜的《秘书学》不列接待工作、谈判事务；董继超的《秘书实务》不列档案工作、督查工作、协调工作等重要内容等，都是不小的遗憾。特别是董继超先生的《秘书实务》，是与常崇宜先生的《秘书学概论》配套的全国自考教材，二者所列秘书工作的内容竟有将近一半不同，这必然会给学生带来一些理论上的困惑和学习上的不便。

2. 对秘书工作的分类存在逻辑上的不协调

除了列举的内容不同（也不全）外，各书对秘书工作的分类也不是很妥当。例如，陈合宜的《秘书学》将秘书工作分为辅助决策、日常程序化工作、协调工作、领导人临时交办的工作四大类，表中所列前十项在书中是作为“日常程序化工作”的子类介绍的；但是在“辅助决策工作”大类下又列举了调查研究、撰拟决策方案、制发决策文件、检查决策执行情况等“四个方面”①，这些与“日常程序化工作”中的调查研究、文书撰制、

① 陈合宜：《秘书学》，暨南大学出版社1993年版，第88—93页。

查办工作等是重复的。再如，常崇宜的《秘书学概论》将“十六个方面”主要内容（见表）并列，排在第一的是“秘书日常工作”，而日常工作又包括“文稿起草、文件校核、公文处理、会议安排、密码通信、机要交通、安全保密、警卫、档案、信访、保密、接待、后勤等项工作”[①]，其中多数子类又被列为与“秘书日常工作”并列的“十六方面”中的几项，这种处理让人十分费解。

鉴于以上存在问题，我们认为有必要对当前我国秘书工作的内容做一些理论探讨。

二、确定秘书工作内容的依据

秘书工作顾名思义就是“秘书所做的工作”，但是每位秘书承担的工作千差万别，所以上述定义对秘书学理论研究没有什么价值。

虽然秘书与秘书之间工作内容差别很大，但是各种性质的机关中秘书部门的职责却基本相同，而且所承担的具体事务也比较接近，因此我们可以将秘书工作定义为“为实现秘书部门的基本职能而必须完成的具体工作”。

要比较准确地列出秘书工作的内容，就要提供可靠的根据。本文下面对秘书工作内容的界定，是基于以下三项依据：

第一是1951年7月中央人民政府政务院做出的《关于各级政府机关秘书长和不设秘书长的办公厅主任的工作任务和秘书工作机构的决定》所规定的七项“工作任务”：

①协助首长综合情况，研究政策，推行工作；

②协助首长密切各方面的工作联系；

③协助首长掌管机关内部统一战线工作；

④协助首长掌管保密工作；

---

① 常崇宜主编：《秘书学概论》，线装书局2000年版，第108—113页。

⑤掌管机要工作；

⑥主持日常行政事务（包括公文处理、会议组织、检查与督促政府决议的执行等事项）；

⑦掌管机关事务工作（包括机关财务、生活管理、学习、文化娱乐活动等事项；但不设秘书长的机关，如在办公厅之外专设机构管理机关事务工作者，此项工作可不由办公厅主任掌管）。[①]

虽然这个文件时间已经很久，但是这七项内容除“机关内部的统战工作”今天已经不再算秘书工作外，其余各项仍然是今天政府秘书长或办公厅主任的任务。

第二是前中央主要领导人1990年1月在全国党委秘书长座谈会上的讲话：“当前要特别强调办公厅要发挥好这样几个作用：一是参谋助手作用……二是督促检查作用……三是协调综合作用。”[②]这里所说的办公厅应发挥的三个作用，就是秘书部门的基本职能，因为职能就是指“人、事物、机构应有的作用”（《现代汉语词典》）。这次会议实际上规定了秘书部门的基本职能，为实现这些职能而必须完成的具体工作就是秘书工作的内容。

第三是我们（安徽师范大学文学院秘书学教研室）1996年下半年和2004年下半年两次对安徽省省直机关和合肥、芜湖、马鞍山三市共130多家机关、公司、学校、医院所做的调查，通过两次调查材料的统计数据得出了大多数单位秘书机构实际承担的工作（其中仅“议案、建议、提案工作”一项为人大、政协、政府等机关办公厅、办公室特有）。这个调查数据比前述文献材料似更有价值。

① 《中央领导同志关于秘书长和办公厅工作的重要讲话》，《秘书工作》1990年第2期。

② 《中央领导同志关于秘书长和办公厅工作的重要讲话》，《秘书工作》1990年第2期。

三、秘书工作的内容及其分类

综合根据以上三项材料，并参照相关的秘书学原理，我们将秘书工作的内容分为“政务性工作”“业务性工作”“事务性工作”三大类，共二十二项具体工作。

1. 政务性工作

政务性工作是指直接为领导决策（不限于党政机关的政治决策，包括企业的重大决策）服务的综合性工作，共有7项：调查研究、信息工作、参谋咨询、协调工作、督查工作、议案建议提案工作、文字工作。其中调查研究、信息工作主要是决策制定前的准备工作，而协调工作、督查工作则主要是决策实施过程中的辅助工作，参谋咨询和文字工作渗透于领导工作的各个方面，议案、建议和提案工作则是人大、政协和政府办公厅（室）特有的一项政务性工作。

2. 业务性工作

业务性工作是指带有专业性质的常规工作，共有9项：文书工作、档案工作、资料工作、会务工作、信访工作、保密工作、网站管理、谈判事务、公关工作。其中有一些是传统的秘书业务，如文书档案工作等，有一些是市场经济下和信息社会中才出现的新的秘书业务，如公关工作、网站管理等。

3. 事务性工作

事务性工作是指一些专业性不强、主要依靠经验和责任心就能办好的机关具体事务，共有六项：领导日程安排、随从工作、通信联络、接待和礼仪、值班和突发事件处理、机关日常事务的管理。

我们把二十二项秘书业务分为政务性工作、业务性工作、事务性工作三大类，只是根据每项工作的主要特点而作的大体划分。实际上大多数工作都兼有其他类的某些特点，例如，调查研究固然是一项综合性很强的政务工作，但调查过程中必然要处理许多的具体事务，如开调查会就有会务工作，撰写调查报告又属于公文的撰写，它们无疑又是业务性很强的工作；再如文稿撰拟是专业性最强的一项秘书业务，但如果撰写的文稿是决策方案或政策文本，则无疑又具有政务性工作的性质。

秘书部门有时要完成“领导临时交办的工作”，这是不可否认的事实。但我们没有把它列在二十二项业务之中，这是因为任何一项“临时交办的工作”总是可以归入前面三类中的某一类。例如，领导临时让秘书调查清楚一件事的真相，这属于调查研究；领导临时要秘书去查找某方面的文献资料，这属于资料工作；领导临时要秘书去北京迎接某位外商，这属于接待工作。因此，没有必要将“领导临时交办的工作”单列为秘书工作的一项内容。

四、“秘书工作”外延边界的模糊性

1. “秘书工作”与“非秘书工作”的交叉

有一些工作可以算秘书工作，也可以不算秘书工作，这就是秘书工作与非秘书工作的交叉。例如，如果单独问“公共关系工作”是秘书工作吗？多数人会给出否定回答，因为“公关小姐”“公关先生”在公众心目中并不属于或等同于秘书，而且在一些大公司中设有“公共关系部”或“公关广告部”，不隶属于秘书部门（办公室或综合部）。但是一般单位尤其是不设公关部的单位，公共关系又确实是秘书部门一项常规业务。我们从一些职业技术学院设置的“公关文秘”专业名称、正式出版的《公关文秘》读本，也能体会到公共关系与文秘工作很难严格区分。类似情况还有资料工作（秘书工作和图书资料工作的交叉）、调查研究和协调工作（领导工作和秘书工作的交叉）等等。

2. “秘书工作”与“共有性工作”的交叉

“共有性工作”是指现代社会一般管理人员都要做的工作。一个最普遍的现象是每个工作岗位都会处理大量的“公务电话”，我们不能说“公务电话是销售部的工作之一”，但却可以说“处理公务电话是秘书的职责之一”，其原因在于秘书是代表机关或领导处理电话，而销售部的电话则是自身业务往来的电话。打公务电话对于职能部门来说是一种手段，而对于秘书部门来说则是一项任务。类似的工作还有公务写作，销售人员要写销售报告、中层干部要写述职报告，这都不算秘书工作，而秘书为领导起草报告，或为机关起草文件，却是最典型的秘书工作。因此，当我们将文稿撰拟列为秘书的主要业务时，不能因其他工作人员有时要动笔写材料就说他们也在干秘书工作。除非某些职能部门工作人员被抽调去为单位起草材料，才能说他临时承担了秘书工作任务。

3. “秘书工作”与“秘书部门负责的工作”的交叉

机关在设立职能部门时，只有业务达到一定数量，才会设立一个专门机构。如果业务量不多，则往往由办公室（或综合部）处理，这就是秘书部门为何被称为“不管部”的原因。因此，许多单位秘书部门可能会处理一些明显不属于秘书业务的事项。例如，中央办公厅设有保卫局，辖有专门的警卫部队，负责保卫中央首长的安全，这种军事性质的工作无论怎么看也不属于“秘书工作”；再如有的办公室还管理机关人事、财务甚至计划生育工作，这些工作只能在“领导交办事项”的意义上才算是秘书部门的业务。在秘书学理论研究和教学体系中，我们没有必要把它们列入“秘书工作”的范畴加以探讨和阐述。

五、秘书工作内容的发展变化

秘书工作内容是随着社会发展而变化的。

最典型的秘书工作那些自古以来就被人们公认的、将来也不会有任何异议的工作，包括公文起草、文书档案管理、会务工作、信访工作、接待工作等等。

有些工作过去秘书部门一直也在做，但它们的重要性没有被充分认识，也没有成为一项常规业务，例如建国初期政务院规定的秘书长办公厅主任的工作任务中，没有出现“信息”的字样，仅“综合情况”这种笼统的提法似乎能与“信息”沾上边，说明当时人们尚未意识到“信息工作”的重要意义；直到改革开放后，随着西方信息科学传入，信息在决策过程中的重要性才被人们认识。现在信息工作已经成为秘书部门最重要的常规工作之一。

市场经济体制的建立对我国秘书工作内容产生了很大影响，例如，谈判事务等就是受市场经济的影响进入了办公室事务。在计划经济下不需要商务谈判，当然也不存在谈判事务；但是现在谈判已经成了企业领导甚至地方政府领导最经常的公务活动之一，为谈判提供服务便成了当前秘书工作的一项重要内容。

秘书工作的变化与现代科学技术的发展也有直接的联系。1996年我们做“秘书工作内容”的调查时，一般单位还不存在自己的互联网站（或网页），而2004年下半年我们做该项调查时，“网站和网页管理”已经成了秘书部门一项重头工作，还出现了个体企业招聘秘书要求应聘人员懂网络管理技术的案例。

随着社会经济的发展，我国秘书工作的内容必然还会出现一些变化，因此，秘书学理论研究必须坚持解放思想、实事求是、与时俱进。一旦某项工作已经普遍进入秘书部门的工作范畴，秘书学中有关秘书工作内容的理论就应该做出相应的调整。当然，理论上的调整不能过于随意和频繁，任何理论创新必须有充足的理由和严密的科学论证。

[原载《秘书》2006年第2期]

论秘书工作的性质及其对秘书的要求

秘书工作的性质是秘书学界最为众说纷纭的话题。有人统计，秘书学读本中关于秘书工作性质“××性”的名词多达30种以上。下面列举的是几位学者的著作对秘书工作性质的概括：

王绍龄：辅助性、政治性、服务性。①

李欣：从属性、政治要害性、事务性、被动性。②

董继超：文牍性、机密性、事务性、政治性、受动性、补偿性、潜隐性。③

王永：从属性、政治性、事务性、被动性、综合性。④

常崇宜：工作位置的政治性、工作地位的从属性、工作作用的辅助性、工作内容的综合性、工作效果的潜隐性、工作方式的被动性、工作范围的赋予性。⑤

陈合宜：政治性、辅助性、被动性、综合性、事务性。⑥

任群：综合性、服务性、事务性、从属性、政治性、机要性。⑦

---

① 王绍龄：《秘书学》，河南大学出版社1988年版，第80页。

② 李欣等编著：《中国现代秘书工作基础》，高等教育出版社1989年版，第6页。

③ 董继超：《秘书学教程》，中央广播电视大学出版社1993年版，第11—12页。

④ 王永：《中国秘书　新世纪商界之臂》，企业管理出版社1999年版，第6页。

⑤ 常崇宜：《秘书学概论》，线装书局2000年版。

⑥ 陈合宜：《秘书学》，暨南大学出版社2001年版，第81—84页。

⑦ 任群主编：《中国秘书学》，重庆出版社1999年版，第56—59页。

司徒允昌：从属性、综合性、机要性、事务性。[①]

以上八部著作中没有两本观点是完全一致的，也没有一种性质是所有人认同的。现按认同人数的多少排列如下：政治性（7），事务性（6），综合性（5），从属性（5），被（受）动性（5），辅助性（3），机要（密）性（3），服务性（2），潜隐性（2），文牍性（1），补偿性（1），工作范围的赋予性（1）。

我们认为，要科学合理地概括出秘书工作的性质，应把握以下几点原则：

首先，列出的性质必须符合实际，即符合所有秘书工作或至少大多数秘书工作的实际。例如，“政治性”对党政机关的秘书工作而言是不言自明的，但对企业（尤其是三资企业、民营企业）秘书工作来说就并不明显。在秘书学刚刚诞生的20世纪80年代，我国党政机关秘书从人数上看还是秘书队伍的主体，这种概括基本符合当时的实际；在企业秘书人数已远远超过党政机关秘书的今天，还将“政治性”作为秘书工作的性质，就不太符合事实。我们认为“政治性”应改为“政策性”较为合适（下文将略加论证）。

第二，列举的性质应该具有独立的内涵，而不应该互相包容。例如“从属性”和“辅助性”就很难区分，我们注意到，除常崇宜先生将两者并列外，其他学者只列举其中一项，说明这两个属性在很大程度上是可以互相包容替代的。另外，我们认为“被动性”与“从属性”也只是角度不同而已，没有必要列为并列的两种性质。考虑到“辅助管理”已经写进了“秘书”的定义，我们认为秘书工作的性质保留“辅助性”可矣，没有必要再并列“从属性”和“被动型”。

第三，理论的价值在于指导实践，作为应用性学科的秘书学理论更应如此，因此对秘书工作性质的理论概括应考虑它是否有助于秘书人员指导自己的工作。有的性质如“文牍性”按董继超先生的解释就是指“秘书活

---

① 司徒允昌：《秘书学综论》，上海文化出版社2001年版，第54—57页。

动都与文书和文书工作密不可分”，这也许符合大多数秘书工作的实际，但指出这一点并没有什么实际价值，所以他把文牍性列为秘书工作第一条性质，至今没有得到其他学者的认同。秘书工作的“服务性”也是符合实际但是不具备实际意义，因为从理论上说任何工作（领导工作、财会工作等）都是服务，秘书工作的特殊点在于它直接服务对象与其他工作不同，这一点可在“秘书工作的宗旨”中加以强调，因此大多数学者也没有将“服务性”列为秘书工作的性质。

根据以上原则，我们将秘书工作的性质概括为辅助性、综合性、政策性、机要性、事务性五点。下面分别阐述之。

一、辅助性

辅助性是相对于主导性而言的。在任何机关单位中，领导总是处于主导地位，秘书部门或秘书总是处于从属地位。领导的职能是决策和宏观管理，而秘书部门的职能则是在决策和管理中给领导当助手和参谋，提供辅助。秘书工作的内容很庞杂，但其中任何一项工作，都是为领导活动提供直接或间接服务。没有领导就没有秘书，没有领导的决策和管理活动，也就不需要秘书工作。秘书部门没有独立于领导工作需要以外的工作任务。秘书工作对于领导工作的服从性是任何其他工作不可比的，因此可以说辅助性是秘书工作特有的也是最主要的性质。

秘书工作的辅助性要求秘书人员摆正秘书和领导的关系，任何情况下都不能越权行事。只有领导才有决策权和指挥权，秘书只能给领导当参谋和助手，提供辅助性服务，不能代替领导决断和指挥。当秘书与领导在某些问题上有不同看法时，秘书在工作上不能按自己的意愿自行其是，只能按照领导的授权和旨意去办文、办会、办事。秘书无论是办理常规业务，还是完成领导直接交办的事项，都必须准确领会领导的意图，遇事多请示，多汇报，这样才能当好领导的参谋和助手。

二、综合性

首先，秘书工作的综合性是由领导工作的综合性决定的，任何机关单位的领导，总是对一个地区一个单位一个部门的全面工作负责，因而领导工作都是综合性的。秘书工作是直接为领导工作服务的，秘书工作必须与领导工作高度配合，凡是领导工作所涉及的范围，秘书工作也必然要涉及，这就决定了秘书工作也是一项综合性的工作。其次，秘书工作的综合性是由秘书部门在机关中的分工决定的。领导机关中的秘书部门和各职能部门的作用是不同的，职能部门的业务比较单一，所谓各司其职，各负其责，而秘书部门则是一个综合性的办事机构，它虽然并不分管某一方面的具体业务，却要和各职能部门发生经常的联系，因为作为综合性的办事机构，它要综合处理来自各部门各方面的信息，要了解各个部门、各个方面的工作情况，要综合协调各部门各方面的关系，还要处理机关的许多行政杂务，包括一些临时性、突发性而又不属于哪个职能部门管的事务。

秘书工作的综合性对秘书提出两方面的要求：第一，秘书工作人员应该具备较广的知识面和多方面的技能，因为在综合处理各种事务时，必然要运用多方面的知识和技能，秘书不仅在文字处理上应该是专家，还应该是一个具备多种知识和技能的“通才”。第二，秘书要善于从领导的角度观察问题、考虑问题，心中要有全局，要对整个机关的总体情况做到心中有数，因此，秘书虽然不必精通各职能部门的业务，但应该熟悉各职能部门的工作内容和特点，这样才能更好地为领导和机关工作提供综合服务。

三、政策性

秘书工作具有很强的政策性，秘书部门的大多数工作都关系到党和国家的方针政策。例如，秘书经常为领导起草文件，这些文件的内容必须符合党和国家的方针政策；作为秘书经常性的工作之一的调查研究，其目的主要是为制定政策作准备，或者为贯彻执行政策收集反馈信息；许多文件本身就是发布政策或解释政策的，因此文书处理往往是为贯彻政策精神服务；信访工作必须严格按政策办事，而信访工作中收集到的许多重要信息又是领导制定政策和调整政策的重要依据；信息、督查、协调、会务等项工也都是为了辅助领导制定政策和贯彻执行政策。

不仅党政机关的秘书工作具有政策性，企事业单位包括三资企业、民营企业的秘书工作也都具有政策性，因为企业行为必须符合政府制定的政策，企业秘书为领导出谋献策就必须熟悉国家的相关政策，如金融政策、拆迁征地政策等等。国家法律制度和企业内部制度（如奖惩制度）可以说是广义的政策，因此秘书工作具有政策性是没有任何例外的。

秘书工作的政策性要求秘书具有较高的理论水平和政策水平，熟悉国家法律、法规，正确理解执政党和政府的各项方针政策。

四、机要性

机要就是“机密而重要”，其意义偏于机密。因为机密的事项都是重要的，而重要的事项不一定是机密，因此“机要性”与“机密性”“保密性”是同义词。秘书的工作内容决定了秘书能够比其他工作人员了解到更多重要的秘密事项，因此秘书工作的机要性程度远远高于其他部门。

秘书工作的机要性要求秘书人员具有高度的责任感、严格的纪律性和牢固的保密观念，秘书对自己所知晓的秘密事项必须做到守口如瓶。有人认为，只有党政机关的秘书工作才有保密的要求，一般企事业单位无密可保，这是一种糊涂观念，因为任何企事业单位（哪怕是一个小企业、一所小学校），领导在决策和管理活动中都会有一些暂时不宜公布的事项，如果提前泄露出去，就会使工作陷于被动，给领导工作造成损失。因此，保守机密是对各类机关单位秘书工作的一项普遍要求，没有任何例外。

五、事务性

秘书部门大多数工作是一些很具体的工作，秘书部门每天都要处理大量繁重而又琐碎的事务。除了随从、接待、通信、值班、机关事务管理等项明显属于事务性工作外，其他具有政务性和业务性的工作实际上也包含有大量具体事务。例如，准确的信息是领导科学决策和有效管理的依据，因而信息工作是一项政务性工作，但是，信息的收集、筛选、输出、贮存等等基本环节，又无疑是非常具体的事务。再如，文书处理是一项需要专门技能的常规业务性工作，而文书工作中许多程序也是非常具体的事务，诸如公文的缮印、校对、用印、分发、签收、登记、保管等，完全是一些琐碎的事务。

秘书工作的事务性是由秘书工作的辅助性和秘书部门的从属地位决定的。秘书的助手作用主要是通过办理大量的具体事务来实现的，因为领导的决策管理活动中必然有大量的事务性工作，这些事务必须由秘书来处理，领导才能集中精力考虑决策和指挥大事。秘书工作人员应该充分认识事务性工作的意义，乐于承担繁重琐碎的事务，为领导的决策和管理提供良好的条件。

[原载《秘书工作》2006年第10期]

“三服务”是秘书工作的宗旨

——对秘书工作“三服务”的再思考

一、问题的提出

许多秘书学读本把“三服务”说成是秘书工作的指导思想。例如安忻的《秘书工作概论与实务》说，“秘书工作的指导思想是：为本级（直接）领导服务，为相关各级领导服务，为人民群众服务，简称为‘三服务’。”①

但是，在正规的秘书学杂志上，更多的文章认为我国秘书工作的指导思想是邓小平理论和“三个代表”重要思想。请看《秘书工作》杂志上几篇文章的标题：

《用建设有中国特色的社会主义理论指导秘书工作》②

《以邓小平理论为指导加强和改进办公厅工作》③

《以“三个代表”重要思想为指导，进一步加强党委办公室自身

---

① 安忻：《秘书工作概论与实务》，中国档案出版社2000年版，第32页。

② 李昌远：《用建设有中国特色的社会主义理论指导秘书工作》，《秘书工作》1994年第4期。

③ 彭宏松：《以邓小平理论为指导加强和改进办公厅工作》，《秘书工作》1999年第4期。

建设》[①]

《以“三个代表”重要思想为指导，努力把办公厅（室）工作提高到一个新水平》[②]

类似的文章还有很多，至于正文中提到邓小平理论、“三个代表”重要思想为秘书工作指导思想的就更多。这些文章的作者多为省、市一级的党委秘书长、办公厅主任，他们对秘书工作指导思想的提法与秘书学专家写的秘书学著作不一样，这一现象值得我们对“秘书工作的指导思想”这一重大理论问题进行重新思考。如果不能对它做出合理的阐释，可能会引起认识上的混乱。

二、秘书工作不能有两个“指导思想”

“三服务”是秘书工作的指导思想，这一提法来源于1985年1月召开的全国秘书长、办公厅主任座谈会。在有关这次会议的报道中提到：“关于指导思想，他（当时的中办主任王兆国）指出：中央办公厅工作是围绕党的总目标、总任务，做好‘三服务’，即为中央服务，为中央各部门和各省、自治区、直辖市服务，为人民群众服务。至于各地区、各部门办公厅（室）工作的指导思想，他的建议是：为中央领导工作服务、为当地领导机关和各部委服务、为同级和下级机关服务以及为人民群众服务。”[③]

“三个代表”重要思想是秘书工作的指导思想的提法，源于党章、宪法和中央领导人的讲话。十六大通过的党章明确规定，“中国共产党以马克思列宁主义、毛泽东思想、邓小平理论和‘三个代表’重要思想作为自

① 何事忠：《以“三个代表”重要思想为指导，进一步加强党委办公室自身建设》，《秘书工作》2003年第11期。

② 王修智：《以“三个代表”重要思想为指导，努力把办公厅（室）工作提高到一个新水平》，《秘书工作》2004年第1期。

③ 《当前办公厅（室）秘书工作的指导方针和主要任务——全国秘书长、办公厅主任座谈会在京召开》，《秘书工作》1985年第1期。

己的行动指南”。我国宪法修正案也把以上思想体系作为国家机关的指导思想。胡锦涛同志在2003年7月1日的重要讲话中明确强调：“全党同志一定要……牢固确立‘三个代表’重要思想在全党一切工作中的指导地位，自觉用‘三个代表’重要思想指导自己的思想和行动。”既然“三个代表”重要思想是“全党一切工作”的指导思想，秘书工作，特别是党政机关的秘书工作当然不能例外。

是不是党章规定的只是全党“总的指导思想”，党的各项具体工作可以有自己的“具体的指导思想”呢？答案也是否定的。早在1993年11月第十八次全国统战工作会议上，中共中央统战部部长王兆国作了题为《以邓小平同志建设有中国特色社会主义理论为指导，进一步加强新形势下的统一战线工作》的报告，当时的中央政治局常委、全国政协主席李瑞环也在会上指出：“邓小平同志建设有中国特色社会主义的理论是我们一切工作的指导思想”[①]；1999年11月的中央经济工作会议，提出了2000年“经济工作的指导思想和总体要求是：以邓小平理论和党的基本路线为指导，认真贯彻党的十五大和十五届三中全会、四中全会精神……”[②]在2002年9月的全国再就业工作会议上，朱镕基总理在讲话中说：“要以邓小平理论和‘三个代表’重要思想为指导……进一步完善社会保障体系，全面推动就业和再就业工作。”吴邦国副总理在报告中说：“要以“三个代表”思想为指导……努力开创再就业工作的新局面。”[③] 2003年9月22日中华全国总工会主席王兆国在中国工会第十四次全国代表大会上的报告中又指出：“‘三个代表’重要思想……是全党全国人民在新世纪新阶段继续团结奋斗的共同思想基础，是实现全面建设小康社会宏伟目标的根本指针，也是工会工作的根本指导思想。”[④]以上材料说明，“党的指导思想就是全党一切工作的指导思想”，早已是全党的共识。倘若每项具体工作都提出自己

① 《人民日报》1993年11月8日第2版。

② 《人民日报》1999年11月18日第1版。

③ 《人民日报》2002年9月13日

④ 《人民日报》2003年9月24日。

的有别于邓小平理论和“三个代表”重要思想的“具体的指导思想”，那么就会有“统战工作的指导思想”“宣传工作的指导思想”“新闻工作的指导思想”“经济工作的指导思想”“再就业工作的指导思想”“工会工作的指导思想”等，这样全党的指导思想岂不成为一句空话？

事实上，除了秘书学中有“秘书工作的指导思想”这种说法外，新闻学、经济学、思想政治工作概论等学科中，都没有提出过相关工作（如新闻工作）特殊的指导思想。

我们认为，在中央领导同志一再强调“三个代表”重要思想是“全党一切工作”指导思想的情况下，不宜继续使用“我国秘书工作指导思想是‘三服务’”的提法。事实上，王兆国同志后来任统战部长时（1993）强调邓小平理论是统战工作的指导思想，任中华全国总工会主席时（2003）又强调“三个代表”重要思想是工会工作的指导思想，因此在此前有关他担任中央办公厅主任时说过“三服务”是秘书工作指导思想的报道，不能作为继续坚持这一提法的充足的根据。秘书工作的指导思想就是党章和宪法上所规定的全党、全国一切工作的指导思想。

三、“三服务”是秘书工作的宗旨

我们认为不宜把“三服务”提到指导思想的高度，并不是否定“三服务”的重要性。“三服务”实际上是秘书工作的宗旨。“指导思想”是“指引人们行动的思想体系”，而“宗旨”则是人们行为的“主要的目的和意图”。马克思主义、毛泽东思想、邓小平理论等是党的指导思想，而为人民服务则是党的根本宗旨；我们不能倒过来说“党的指导思想是为人民服务，党的根本宗旨是马克思主义、毛泽东思想、邓小平理论”。可见“指导思想”与“宗旨”的词义是有差别的。说“三服务”是“指导思想”不仅与党章、宪法和中央领导的讲话不一致，而且从用词上看也不是很准确的。

1999年1月，曾庆红同志在全国党委秘书长办公厅主任座谈会上的讲话中指出：要“立足根本，坚持用邓小平理论指导办公厅工作”，并从六个方面对如何用邓小平理论指导办公厅工作展开了论证。而关于“三服务”，曾庆红同志的说法是：“我们要继承长期以来特别是改革开放20年来，各级党委办公厅在实践中形成的优良传统和宝贵经验。比如，已经比较定型的‘一个基本任务’‘两个结合’‘三项重点工作’‘四项建设’的办公厅工作思路。‘一个基本任务’，就是搞好“三服务”，即为本级党委服务，为各部门各地区服务，为人民群众服务……”①在这里，邓小平理论是秘书工作的“指导思想”，而“三服务”是秘书工作的“基本任务”，这一观点是非常明确的。曾庆红同志所说的“基本任务”与“宗旨”的词义“主要目的和意图”是相通的。

把“三服务”定为“秘书工作的宗旨”与“全心全意为人民服务是党的根本宗旨”这一提法也是一致的。早在1990年，时任中央书记处候补书记、中央办公厅主任的温家宝同志就指出：“为中央服务，为中央各部门和地方服务，为人民群众服务。归根到底，还是为人民群众服务，因为对党负责和对人民负责是一致的。”②“为人民服务”是党的根本宗旨，而“三服务”是这一根本宗旨在秘书工作中的具体化，因此可以说它是秘书工作的宗旨。

四、“三服务”的准确表述

“三服务”在秘书学中已经成为一个固定术语，但是各种著述对它的表述却有明显差别。除了上述安忻陈述的观点外，还有以下一些不同表述：

（1）为领导工作服务，为同级和上下级机关服务，为人民群众

① 《秘书工作》1999年第2期。
② 《秘书工作》1990年第5期。

服务。[1]

（2）为上级机关服务，为同级或下级机关服务，为人民服务。[2]

（3）为本级领导服务，为各部门服务，为人民群众服务。[3]

（4）一是为直接领导服务；二是为本系统关系到的上、下、平行各级领导服务；三是为人民群众服务。[4]

（5）为本级领导工作服务，为同级各部门工作服务，为基层、为人民服务。[5]

奇怪的是，尽管大家都说“三服务”来源于同一次会议，却没有任意两本书的表述完全相同，可见这些表述并非来自会议文件本身。而上面所引王兆国1985年的讲话中，他对各地区、各部门秘书工作的建议是“为中央领导工作服务、为当地领导机关和各部委服务、为同级和下级机关服务以及为人民群众服务”，这里是“四服务”而不是“三服务”。

面对“三服务”不同的表述文本，我们就面临着选择。本着准确、简洁的原则，我们认为“三服务”应该表述为：为领导工作服务，为各部门和所辖地区或下级单位服务，为人民群众服务。

1. 为领导工作服务

这里所说的“领导”，主要指本级领导（包括本部门的负责人、私人秘书的雇主），这是秘书服务的主要对象，设置秘书部门的直接目的，就是为他们的工作服务。其次指上级领导机关，即秘书部门在信息反馈、文件往来、对上级机关来员的接待等方面，要对上级机关以及它的领导或其他人员提供服务。当然后者在服务项目和服务工作量上都远远小于为本级

① 董继超：《秘书学教程》，中央广播电视大学出版社1993年版，第6页。

② 王绍龄：《秘书学》，河南大学出版社1988年版，第82页。

③ 常崇宜：《秘书学概论》，线装书局2000年版，第1页。

④ 王永：《中国秘书　新世纪商界之臂》，企业管理出版社1999年版，第7页。

⑤ 任群：《中国秘书学》，重庆出版社1999年版，第64页。

领导的服务。

2. 为各部门和所辖地区或下级单位服务

“部门”指本级机关的各职能部门（如果机关内有两个以上秘书部门，还包括别的秘书部门）。秘书部门在信息、资料、文书、档案、会务、机关后勤保障等项工作中应该为整个机关提供服务。为各部门服务也就是为整个机关服务，也是间接地为领导工作服务，因此这是秘书部门分内之事。

“所辖地区”是对各级党政机关秘书部门而言的。国务院办公厅要为各省、自治区、直辖市服务，省政府办公厅要为各市、县服务。在信息、文书、接待以及对下级秘书机构的业务指导等方面，这种对下服务的工作占有一定的比重。

“下级单位”主要指企事业单位。企业集团公司秘书部门要为各子公司服务，省教育厅的秘书部门要为各省属高校服务，而高校的校长办公室要为各院、系的工作服务。

3. 为人民群众服务

为人民服务是我们一切工作的根本宗旨，因此为领导服务、为各部门和下级单位服务等，从根本上来说也是为人民服务。这里之所以要把“为人民群众服务”单列出来，就是强调直接为作为个体的民众服务。在基层组织或企事业单位，秘书部门经常要直接为公民或员工个人服务；在上层机关，秘书部门可能在信访接待、投诉受理等项工作中直接面对群众。秘书人员对人民群众应该满腔热情，想群众所想，急群众所急，高效率地解决他们的问题，才能得到人民群众的信任和支持。

五、明确秘书工作“三服务”宗旨的意义

确定“三服务”为秘书工作的宗旨，主要是强调秘书工作的服务性

质，帮助秘书人员提高服务意识，端正工作态度，培养无私奉献精神。秘书部门常为机关起草规章制度，在具体制度设计上要贯彻方便群众、方便下级的服务原则，而不能仅仅从方便办公室工作角度本末倒置地搞一些不合理规定。其次是强调秘书工作的服务对象的广泛性，明确服务对象除“顶头上司”外，还有各部门、下级单位和广大人民群众。笔者认为，虽然为领导工作服务在“三服务”中是第一位的，但由于设立秘书机构的目的就是为本机关领导工作提供服务，因此秘书工作要为本级领导服务是无需强调的，而为各部门、为下级单位和人民群众服务，则容易被忽视，以至出现了对秘书部门工作强烈不满的现象。“门难进，脸难看，话难听，事难办”的官僚主义作风之所以存在，跟秘书人员不明确自己工作的宗旨是“三服务”而不仅仅是“一服务”（为领导工作服务）有关。

“三服务”宗旨最初是对党委机关秘书工作提出的，但它的精神完全适用于一切机关单位的秘书工作。即使是民营企业或外资企业，秘书工作宗旨也都是搞好“三服务”。

［原载《秘书之友》2006年第7期］

秘书政治素质谈

中国是一个讲政治的国度，所以有必要对秘书人员政治素质要求作一探讨。下面分四个方面进行阐述（关于秘书的职业道德和工作作风，我们将另外撰文论述）。

一、秘书的政治条件

1986年8月，针对当时已经出现的秘书腐败的苗头，中共中央办公厅和国务院办公厅联合发布了《关于加强县以上领导机关秘书工作人员管理的规定》，文件要求：县级以上领导机关的秘书必须具备四方面的素质：（1）坚持正确的政治方向，在思想上政治上同党中央保持高度一致。（2）遵守工作纪律，全心全意为人民服务。（3）树立谦虚谨慎的优良作风。（4）严守党和国家的机密。

这个规定可以作为党政机关秘书政治条件的参考。但是，我们在进行秘书学理论探讨时，必须坚持解放思想、实事求是、与时俱进，不能把“党政机关秘书”等同于一般意义上的“秘书”。如果20世纪80年代中期中央对“县级以上领导机关的秘书工作人员”的政治要求，被我们照搬过来作为对现阶段一般秘书人员的政治条件，那就不仅是不切实际的，而且也是很不严肃的。试想一个外资公司、民营企业、个体劳动者，在聘用秘书时会完全按照党政机关秘书的政治条件吗？

我们认为，现阶段对我国大陆秘书人员的政治要求应该定为：具有公民意识、维护国家利益、对组织忠实可靠。

关于公民意识，清华大学法学院教授高其才是这样解释的：“公民意识是一种现代意识。从国外的经验看，它是在现代宪政体制下形成的具有普遍性的民众意识。这种意识体现为将自己和他人视为拥有自由权利的人，有尊严，有价值，并且能够勇于维护自己和他人的自由权利、尊严和价值的意识。这种意识就包含了公民对于国家和社会的责任感，但这种责任感来自权利本位而不是义务本位。从内容上看，公民意识主要包括爱国意识、守法护宪意识、自由平等的信念、权利与义务的意识等，它是平等、独立、合群等诸多现代精神的体现。”①

维护国家利益本来就是现代公民意识中的一项内容，但是由于秘书所在单位的利益有时与国家利益会产生矛盾，因此有必要单独加以强调。例如，如果领导为了夸大政绩要求秘书在汇报材料上弄虚作假，或者违规经营造成特大事故却要求隐瞒事实真相、销毁罪证，这时，秘书就应该坚决地站在国家利益的立场上维护原则，而不能从自身利益考虑屈从于领导或雇主的违法、违纪的指令。

忠实可靠是古今中外任何领导人对秘书的共性要求。没有一个领导会任用一个明显不可靠的人当自己的秘书，即使他有非凡的才能。根据这一共性要求，党政机关的秘书必须对执政党忠实可靠也就完全在情理之中，可是我们有的地方组织人事部门没有很好地执行中央的规定，也没有很好地理解秘书学原理，在配备高级领导人专职秘书时，过多地考虑到领导人本人满意，而没有在“是否忠于党和国家利益上”严格把关，以致出现了王宝森的秘书阎振利、程维高的秘书李真等一些腐败秘书的典型。这些必须引以为戒。

① 《从臣民、居民、村民走向公民》，《北京日报·理论周刊》2005年2月7日。

二、秘书的理论修养

作为秘书政治素质所要求的理论修养，就是马克思主义基本理论的修养，即写进宪法和党章的“马克思列宁主义、毛泽东思想、邓小平理论和‘三个代表’重要思想”的修养。

如果说要求所有秘书都要有“坚定的党性”是不切实际的，那么所有秘书应该具有一定的理论修养则并不是过高要求。这是因为，以上理论是执政党和国家机关的指导思想，党的方针政策和国家的法律法规都是在这一理论体系的指导下制定的。要准确把握现行政策法规的精神实质，要深刻解读社会上种种现象，就必须认真学习执政党的指导思想。

正如中共十六大党章指出的那样，“马克思列宁主义揭示了人类社会历史的发展规律，它的基本原理是正确的”。作为马克思主义精髓的辩证唯物主义和历史唯物主义的基本原理，是我们认识世界、改造社会的强大武器。因此，秘书工作者应该努力提高自己的马克思主义理论修养，在校大学生更应该学好马克思主义理论课，不要把政治理论课看成是无关紧要的课程。

三、秘书的政策水平

秘书应该具有较高的政策水平。所谓政策水平指对党和国家的方针政策（包括其具体内容、来龙去脉、调整变化情况等）的熟悉程度，以及正确理解它们的精神实质的能力。广义的“政策”包括国家颁布的法律、法规，十一届三中全会后党和国家的各项方针、政策，以及本地区、本系统的具体政策规定。

政策是体现党和国家意志和利益，为实现一定历史时期的路线和任务而制定的行动准则。党政机关、社会团体、企事业单位所制发的一切文件，所开展的一切工作，都涉及各项政策。秘书有时直接参与制定政策，秘书起草的文件不能违反政策，秘书代表领导或者独立处理各种事务要符合政策，秘书有时还要提示领导执行政策。从秘书本身的业务看，协调、信访、突发事件的处理等，也都是政策性很强的工作。

政策正确能够调动人们的积极性，政策错误会挫伤人们的积极性，而政策阙如则会使人们无所适从，各行其是。秘书人员只有认真学习党和国家的各项重大方针政策，并领会其精神实质，才能结合本地区、本单位的实际情况，协助领导制定出贯彻上级各项政策的实施办法和细则，才能协助领导正确处理各种现实问题，才能有效地协助领导把党和国家的方针政策落实到实际工作中去。如果秘书人员缺乏政策水平，就会出现以个人感情或片面认识代替政策的现象。

具有较高的政策水平不仅是对党政机关秘书的要求，也是对企事业单位秘书的要求。企事业单位包括外资企业和民营企业，在其经营和发展过程中也会涉及大量的政策问题。

四、秘书的法纪观念

秘书在工作上必须遵守法律规范、纪律规范、政策规范。

“依法治国”已经写进了我国宪法。“依法治国的关键是依法行政”，而秘书部门在依法行政方面起着相当重要的作用。秘书起草的文件，秘书对领导的决策方案提出的意见、建议等，必须注意其内容的合法性和符合党和国家的政策规定。有的秘书人员认为秘书不负决策失误责任，反正有领导把关，因而认为依法行政与自己关系不大，这是十分糊涂的认识。实际上，领导人的水平（包括法制观念和政策水平）比秘书高只是一种理论上的要求，实际情况并不尽然；尤其是在对具体法律条文、政策规定的熟悉程度方面，领导不如秘书乃是正常现象，因此秘书应该牢固树立法制观念、纪律观念和政策观念，避免工作中出现违规现象。

守法遵纪还体现在：遵守工作纪律绝不越权行事，遵守保密纪律决不泄露机密，处理信访、接待、突发事件等严格按有关规定办事，等等。

秘书的个人行为不得违反法律和纪律。虽然任何公民都要遵纪守法，但是秘书贴近领导的特殊地位决定了他们更容易出现越轨行为，而且秘书一旦违法乱纪，就会给社会和本单位的工作造成极为严重的恶劣影响。1986年中共中央办公厅和国务院办公厅联合发布的《关于加强县以上领导机关秘书工作人员管理的规定》，要求党政机关秘书“遵守工作纪律”“严守党和国家的机密”。但是其后领导机关秘书尤其是高级领导人的专职秘书违法乱纪现象还是频频出现，且有越演越烈之势，为了遏止这一现象的发展，2003年夏，全国各省、自治区、直辖市的党政领导机关又纷纷发布名为《关于加强领导干部身边工作人员管理监督的暂行规定》的文件，对秘书行为做出了更为明确的纪律规定。例如吉林省对领导秘书提出“八不准”，湖北省要求对秘书严肃纪律，做到“十不准”，安徽省对领导干部身边工作人员的行为提出了“十七个不准”的明确要求。下面是湖北省委办公厅《关于加强对省级领导干部身边工作人员教育管理的暂行规定》中“十不准”的内容（有媒体称这是领导身边工作人员的“十条紧箍咒”）：①不准有同中央和省委不一致的言行；②不准插手人事问题，为跑官要官者提供方便和伸手为自己要官；③不准接受与领导同志工作有关的单位或个人的礼金、有价证券、贵重物品和在下属单位、企业报销各种费用、长期借占各种设备；④不准接受事先未经批准的与领导同志工作有关的单位或个人的宴请；⑤不准插手工程招投标、经营性土地使用权出让、房地产开发与经营、有偿中介等市场活动，以及利用工作岗位的影响为个人、亲友谋取任何私利；⑥不准干预司法机关、行政机关、纪检监察机关公正执法、执纪；⑦不准向领导同志提供假情况、假数据，或隐瞒、歪曲事实真相；⑧不准授意基层为领导安排违反规定的接待活动；⑨不准为领导及领导的配偶、子女、亲友谋取不正当利益；⑩不准泄露党和国家的秘密。

不管规定有几条，对于一个自觉遵纪守法的秘书来说，即使没有这些“明文规定”，也不会做出违法乱纪的事来。

[原载《秘书》2007年第10期]

秘书职业道德谈

道德包括社会公德、职业道德和家庭美德。职业道德是人们在职业活动中遵循的行为准则。秘书的职业道德是秘书在履行公务的活动中应遵循的行为准则。

关于秘书职业道德，各位秘书学者有不同的概括：

李欣等的观点（1989）：①为事业埋头苦干的献身精神；②珍视政治荣誉，自觉遵守纪律；③谦和的平等的人际关系。[①]

袁维国的观点（1990）：①忠于职守；②严守机密；③善于合作；④恪守信用；⑤文明礼貌；⑥廉洁奉公。[②]

董继超的观点（1993）：①秘书一般道德规范：忠于职守、廉洁奉公、秉公办事、平等待人、无私奉献；②秘书特殊道德规范：忠诚、谦和、谨慎、宽容、守密。[③]

安忻的观点（2000）：①培养角色意识，忠于职守，严守本分；②实事求是，谨慎细致，严守机密；③树立效益意识，培养开拓精神；④重诺言，守信用，树立公关意识；⑤自尊自立，终身学习。[④]

---

① 李欣等：《中国现代秘书工作基础》，高等教育出版社1989年版，第128—131页。

② 袁维国主编：《秘书学》，高等教育出版社1990年版，第217—219页。

③ 董继超主编：《秘书学教程》，中央广播电视大学出版社1993年版，第297—302页。

④ 安忻：《秘书工作概论与实务》，中国档案出版社2000年版，第119—130页。

常崇宜的观点（2000）：①埋头工作，突出领导；②服从指挥，当好助手；③谦虚谨慎，平等待人；④廉洁奉公，不谋私利；⑤严守机密，克服虚荣。①

任群的观点（2001）：①干好本职工作的热情；②默默无闻的奉献精神；③敢于坚持真理的勇气；④奉公守法的优良品质；⑤守口如瓶的保密观念；⑥文明礼貌的高尚风度。②

陈合宜的观点（2001）：①热爱工作，甘于平凡；②不辞劳苦，不计报酬；③自尊自重，克己奉公；④谦虚谨慎，平等待人；⑤严守机密，提高警觉。③

我们认为，秘书学探讨“秘书的职业道德”时不宜把非道德范畴的内容纳入秘书职业道德，例如“树立效益意识，培养开拓精神”“自尊自立，终身学习”等；也不宜把社会公德的内容纳入秘书职业道德，例如“文明礼貌”“遵守纪律”等等。基于以上认识，我们在吸收各位专家研究成果的基础上，将秘书的职业道德概括为以下几点。

一、实事求是

任何工作都要实事求是，为什么要把它列为秘书的职业道德？这是因为秘书工作大多数内容都与信息相关，而信息是领导决策的主要依据，秘书能否坚持实事求是，直接关系到领导的决策是否正确。

例如，调查研究是获取第一手信息的主要方法，秘书部门的调查研究主要是为领导决策服务的，常常要按照领导出的题目去搞调研，或者是按照领导的需要选择调查题目，这很容易使秘书把领导的意见当作框框。事实上，一切正确的结论只能在调查研究后才能做出，领导在调查之前的意见只是一些初步的想法，有待于通过调查来检验和研究。如果把调查研究

---

① 常崇宜主编：《秘书学概论》，线装书局2000年版。

② 任群主编：《中国秘书学》，重庆出版社1999年版，第83—86页。

③ 陈合宜：《秘书学》，暨南大学出版社1993年版，第25—27页。

当作为领导的某些现成观点去找几个例证，那就把调查研究这种科学的、严肃的社会活动庸俗化了。有些人搞调查不是把心思用在对客观情况的了解分析上，而是琢磨领导人喜欢听什么，不喜欢听什么，只报喜不报忧，明知调查结果证明领导的意见不正确，也不提出，这种调查研究不但对领导没有帮助，反而会帮倒忙，促使领导做出错误的决策。

事实上，长期以来党内和社会上存在的弄虚作假、浮夸虚报、报喜不报忧等违背党的思想路线的不正之风，其具体操作过程中都有秘书的一份“功劳”，因为这些现象在形式上必然要表现为书面材料，都是“笔杆子”的劳动成果。可见秘书人员实事求是具有特别重要的意义（当然不能把不实事求是的现象记在秘书的账上，领导应负主要责任）。因此我们把实事求是列为秘书职业道德的首要内容。

实事求是作为秘书的职业道德，早在西周时期的史官中就形成了。当时的史官在记录帝王言行时便自觉形成了实事求是的操作规则，即“秉笔直书”“君举必书”。这种不溢美、不掩恶的职业道德，从此便成为我国古代秘书人员的一大优良传统。西周初年的史官史佚和春秋时期晋国的史官董狐就因为恪守这一道德准则而闻名于世。

二、甘当配角

这是由秘书工作的辅助性、秘书部门的从属地位以及秘书劳动成果隐蔽化的行业特点决定的一条的职业道德规范。

秘书工作的辅助性决定了秘书的工作成果多以领导或所属组织的名义公之于众。有人统计过，在各级各类的“评优”活动中，被授予“劳动模范”“×佳青年”“青年突击手”“三八红旗手”“有突出贡献者”等荣誉称号的，很少有当秘书的人，其直接原因是领导一般不会把为数很少的荣誉称号的名额留给自己身边的秘书，而深层原因则是秘书劳动具有成果隐蔽化的特点。秘书应该充分认识自己工作的价值，甘当配角，在平凡的工作岗位上默默无闻地为人民、为社会做贡献。

秘书在工作中必须严格按照领导的指示和意图办事，违反领导意图而别出心裁，自行其是，是秘书职业道德所不允许的。个人的积极性、创造性只能在向领导提建议、献计策等方面发挥，而且要注意不能用个人不成熟的想法甚至情绪化的意见，去影响和干扰领导的工作及决策。

三、廉洁奉公

廉洁奉公虽然是公职人员的普遍行为规范，但是对秘书人员有其特殊的要求。

人们常常说腐败的本质是“权钱交易”，或“权力寻租”，而秘书的职务权力严格地说非常有限，那么秘书腐败何以成为较普遍的现象呢？这是因为秘书工作在领导身边，“实权”不大而“用权”方便，可以通过领导来处理一些自己无权直接处理的事情。正是这一特点使廉洁奉公成为具有秘书职业特点的职业道德要求。

廉洁奉公是秘书人员职业行为能够正常进行的重要保证，它要求秘书人员在职业活动中坚持原则，不利用职务之便假借领导名义以权谋私，不搞你给我一点“好处”，我回报你一点“实惠”的所谓“等价交换”。要以国家、人民和本单位整体利益为重，以实际行动抵制腐败之风。

四、平等待人

秘书在领导身边工作，常被领导授权代表机关办事，容易产生优越感。有的人缺少基本的道德素养，当了几天秘书就感觉自己了不起，自以为是，工作中常常以势压人，以致被人讥为“官职不大脾气不小，本事不大毛病不小，权力不大架子不小”。因此“平等待人”对秘书来说就不仅仅是个人品质修养，而且是一种职业道德要求。

秘书人员在这方面容易出现的问题是对上对下不一样：对上卑躬屈膝、阿谀奉迎，对下颐指气使、盛气凌人。另一种可能出现的情况是在与职能部门联系工作时往往采用命令式的语气，不能平等地同各职能部门商量工作，虚心听取对方意见。

出现这种情况不仅是因为自身的浅薄，而且与其服务意识淡薄有关。须知秘书工作的宗旨是“三服务”而不是“一服务”，为人民群众服务、为各职能部门和下级单位服务本来就是自己的职责。为了自己工作方便而对各职能部门发号施令的做法，会疏远自己与服务对象的关系，久而久之会使秘书部门的工作陷于被动和孤立。

五、履约守时

诚信本是社会公德之一。由于秘书部门处于组织的枢纽地位，对内、对外、对上、对下联系工作广泛，加上秘书部门特殊的展示组织形象的窗口作用，秘书人员的履约守时便具有了特别的意义，对秘书人员这方面的要求也有必要加以特别的强调。

秘书人员要严格遵守诺言，一旦对领导、客户或各部门人员等做出承诺，就要尽力办到，不可失约、毁约、自食其言。即使有客观原因或困难，也要尽全力克服；如果因不可克服的困难确实无法履行承诺，一定要尽快向对方说明，并采取一切可能的补救措施，消除不良影响，不能等到事后再找借口为自己的失约行为辩解或开脱。

守信的最低要求是守时，这是人际交往中最起码的礼貌。秘书参加会议、约见客人、向领导汇报工作，甚至参加宴请等活动，都应准时，并在可能的情况下稍微提前一点（不可提前过多）做好准备工作，而决不能迟到。秘书如果迟到，不仅浪费对方的时间，还常会打乱领导的工作日程。代表本单位约见客人或参加有关谈判、会议时，如果迟到，会使人家感到你缺乏诚意或不够尊重对方，这会严重损害组织形象。

六、严守机密

“机要性”是秘书工作的性质之一，“机要性与群众性的统一”是秘书工作的特点之一，“保密”是秘书工作的基本要求之一。因此，虽然每个公民都有保守国家机密的义务，但严守机密对于秘书而言有其特别重要的意义。所以我们认为严守机密也是秘书职业道德规范之一。

秘书部门是文书工作的经办部门，秘书能够看到许多机密文件，而且负责保管这些文件；秘书经常作为记录人或随员参加领导的会议，知晓许多不宜对外公开的事情；秘书在领导身边工作，对领导的思想意图、决策趋向以及领导人之间的意见分歧等了解较多；秘书部门是领导机关的信息中心，负责处理来自各方的信息，其中也会有一些暂时不能扩大传播范围的信息。总之，秘书部门的特殊地位决定了秘书人员接触、了解的秘密比其他人员要多。另一方面，秘书部门又是一个对内对外联系广泛的部门，秘书人员的公务交往和一般社交也比较广，这就使得秘书人员的保密责任比普通公民要大得多。所以，保密对秘书不仅是外在的纪律约束，也应该成为内在的道德约束。

[原载《秘书》2007年第12期]

秘书作风修养谈

作风指人们在思想、工作、生活上表现出来的习惯化的态度和行为特征。秘书应该具有怎样的工作作风，一些秘书学界人士曾提出过各种观点。下面是其中有代表性的几种：

王千弓等的观点：①加强党性修养，坚持四项基本原则；②努力学习马列主义，加强政治理论修养；③讲究实事求是；④密切联系群众；⑤埋头苦干，甘当无名英雄；⑥提高工作效率，办事一丝不苟。[①]

王绍龄的观点：①严谨、细致、一丝不苟；②敏捷、迅速、勤快主动；③联系群众，深入实际；④文明礼貌，不卑不亢。[②]

董继超的观点：①谦虚谨慎，戒骄戒躁；②踏实细致，一丝不苟；③敏捷干练，讲究时效；④富于创造，勇于开拓；⑤尊重同志，善于合作；⑥仪表整洁，谈吐文雅。[③]

王永的观点：①实事求是，忠诚诚实；②埋头苦干，任劳任怨；③思想敏锐，敢于创新；④服从领导，顾全大局；⑤公道正派，行为端正；⑥谦虚谨慎，平等待人；⑦遵守纪律，保守机密。[④]

常崇宜的观点：①实事求是；②主动负责；③艰苦奋斗；④联系群

---

① 王千弓等：《秘书学与秘书工作》，光明日报出版社1984年版，第293—299页。

② 王绍龄：《秘书学》，河南大学出版社1988年版，第128—130页。

③ 董继超等：《秘书学教程》，中央广播电视大学出版社1993年版，第295—296页。

④ 王永：《中国秘书　新世纪商界之臂》，企业管理出版社1999年版，第9—16页。

众；⑤快准细严。[①]

任群的观点：①实事求是；②全心全意为人民服务；③密切联系群众；④严谨细致；⑤讲求效率；⑥勇于开拓进取；⑦艰苦朴素。[②]

另有司徒允昌先生的《秘书学综论》从反面列举了秘书人员中存在几种不良工作作风：①高高在上；②华而不实；③疲软拖沓；④怕苦怕累；⑤粗枝大叶；⑥优柔寡断。[③]

以上各种观点有的属于政治素养，如“加强党性修养”“全心全意为人民服务”；有的属于职业道德，如“实事求是”“遵守纪律，保守机密”等；有的属于原则，如“谦虚谨慎，戒骄戒躁”“思想敏锐，敢于创新”等。这些都只能归入广义的“作风”的范围。

我们认为，秘书学作为应用性学科，在阐述秘书应该具有的作风修养时应注意这样几点：第一，它应该是真正的“作风”而不是政治立场或道德修养，或者说它不应该与以上范畴相重复。第二，作风修养应该是指秘书的工作作风，即在具体工作中体现出来的习惯化了的态度和行为，而不是指思想作风或生活作风，如“实事求是”“艰苦朴素”之类。第三，作风修养应该是具体可感的，而不是高度原则的，是秘书工作者经过努力能够做到的，也是机关领导和办公室主任能够清楚地评判秘书人员是否已经形成的。

某大公司人力资源总监张先生说：“老板对某些秘书在工作中的拖沓、松懈、低效的工作作风确实感到难以容忍。他们需要的是工作井井有条、在办公室一呼即应的秘书；是在工作紧张的时候能自觉自愿地加班加点而毫无怨言的秘书；是一个用脑多于用手、善于管理时间，而不是整天忙忙碌碌、穷于应付而毫无成就感的秘书。”[④]

---

① 常崇宜主编：《秘书学概论》，线装书局2000年版。

② 任群主编：《中国秘书学》，重庆出版社1999年版，第80—83页。

③ 司徒允昌：《秘书学综论》，上海文化出版社2001年版，第995页。

④ 周皓：《合格秘书三部曲》，载“人民网”www.people.com.cn/GB/shenghuo/78/113/20010301/406182.html。

从这里所陈述的企业老总对秘书的作风要求看，我们以上对“秘书作风”的理解比较符合社会上一般人员对它的理解。根据这种理解，我们综合各位专家的研究成果，将秘书应该具有的工作作风概括为“五要五忌”。

一、要任劳任怨，忌患得患失

秘书工作的宗旨是“三服务”，而且这里所讲的服务是实实在在的服务，不是间接的抽象的服务。秘书工作的原则之一是求真务实，秘书必须具有实干精神，而做实事往往没有直接的物质利益可图，而且比不干事的更容易出现差错，有时还会招致批评。因此秘书必须讲一点奉献精神，培养任劳任怨的工作作风，甘做默默无闻的无名英雄。秘书牺牲节假日时间为领导、为单位加班工作，乃是家常便饭。有的秘书调侃说，“按照国家劳动法规规定，加班应该发三倍于平时的工资”，但是实际上可能工作餐还要自掏腰包。

与任劳任怨的优良作风相反，有的人干事总是患得患失，一事当前，先考虑对自己是否有好处，把个人得失放在第一位，生怕吃一点亏。如果对个人没有直接好处，能推就推，能装样就装样。偶尔加一次班，就怪话连天，牢骚满腹。这样的秘书不可能干好服务性工作，当然也不会得到领导和群众的好感。

二、要勇于负责，忌互相推诿

勇于负责有两个方面的含义。一是遇到有一定难度的工作，不能因为怕担责任而退缩，而要敢于主动承担具有一定风险的任务，这既是为国家、为人民、为单位做贡献从而实现自我价值的好时机，也是锻炼自己工作能力、展示自己才华的好机会。二是在办公室工作出现失误的时候，要勇敢地主动承担责任，尤其是一件工作是多人协作完成的，主动承担责任能体现出一个人高度责任感，这也是赢得领导和同事信任的极好时机。

与此相反，有的人缺少强烈的责任感，他们不敢承担有风险的工作，在困难面前总是退让三步；一旦遇到工作中出现差错，总喜欢把责任往别人头上推，或者千方百计地寻找借口，以证明自己没有过错。这样的秘书在社会上时而可见，他们自以为聪明，实际上堵住了自己发展的道路。

三、要雷厉风行，忌拖拉磨蹭

不少人将秘书应该有的工作作风概括为“快准细严”四个字，“快”排在第一位。秘书的工作任务怎样完成得快呢？它与秘书的能力有直接关联，与秘书的工作作风也直接相关。我们提倡秘书人员养成“立即着手”的习惯，说干就干，“只有今天，没有明天”，尽量不要把工作带回家，也不要把今天可以完成的工作留到明天去办。

与雷厉风行作风相反，有的秘书缺乏青春活力，平时总显得没精打采，干什么事总是能拖就拖，非等到火烧眉毛的时候才感到着急。每遇一件事，他们总是优柔寡断，掂来量去，想出好多种结果，迟迟不付诸行动，看似考虑周到，实则缺少主见，直到不能再拖的时候，才动手去处理，结果常常因时间仓促，草草了事。

秘书人员只有发扬雷厉风行的作风，才能保证任何工作都能按时完成任务。为此，秘书必须增强工作责任心，树立高度的时间观念和效率观念，努力提高快速反应能力，坚决克服拖拉作风。

四、要一丝不苟，忌粗枝大叶

一丝不苟是与秘书工作的准确性要求相适应的工作作风。世界上怕就怕认真二字，秘书人员就应该最讲认真。秘书人员干任何事情，都要细致入微，以防止出差错。领导交办事情的时候要细心笔录，没有听明白的要当面向领导询问；秘书撰写公文，处理信息资料，校对文稿，都要逐字逐句仔细推敲，历史上曾经发生过电文一字之差改变了战争结局的典型案例，今天在经济合同中一字之差造成巨大经济损失的例子也时有发生。原中央办公厅秘书局老秘书田真曾说过一个生动的例子：1953年，毛泽东在修改签发一份中央文件时写上"付诸施行"的意见，而文件印出来却成了"讨论施行"，两者手写的字形非常接近，但是意思却相差许多，后来相关人员受到毛泽东的批评。这一细节说明对秘书工作人员来说，一丝不苟慎而又慎的作风是何等的重要！

与一丝不苟的严谨作风相反的是粗枝大叶、敷衍马虎的不良作风。粗枝大叶者必然差错频出。他们起草文件，常常留下数据或文字的差错，需要领导来加以修正；他们传达会议通知，不是搞错了具体地点，就是该通知的没有通知到；他们保管文件，常常在急用的时候找不到，甚至会丢失机密文件。这样的"马大哈式"的人，如果不经过严格训练，不改掉丢三落四的习惯，是不宜再从事秘书工作的。

五、要井然有序，忌杂乱无章

秘书部门工作头绪多，需要有良好的秩序才能保证各项工作有条不紊地正常进行。井然有序包括三个方面含义，首先是人员分工井然有序，这主要是办公室主任的职责；其次是秘书个人对自己面临的许多任务，要做出科学合理的顺序安排，可以参照紧急程度、重要程度、所需时间等因素迅速排出先后次序，然后逐项落实；三是秘书对所保管的文件物品，必须摆放得井然有序，以便一旦要用，就能立即找到。

与此相反，有的办公室内部总是满目狼藉，一片忙乱景象，但是工作效率却不敢恭维。有的秘书抽屉里总是堆放着满满的文件，当领导要调看文件时，却又找不到文件的踪影。处理事情时常常发生捡了芝麻、丢了西瓜的现象。这些现象都是不应该发生的。

［原载《秘书》2007年第11期］

谈谈秘书工作中的参谋咨询问题

自从1985年全国秘书长办公厅主任座谈会将秘书的参谋作用提到助手作用之前以来，参谋咨询就成了秘书部门一项常规工作。但是近几年出版的一些秘书学论著中，对参谋咨询工作并没有给予足够的重视。例如，董继超先生主编的《秘书实务》①、陈合宜先生的《秘书学》②、任玉忠先生的《办公室工作实务》③等著作中都列举了十几项秘书工作内容（各书有一些差别），但是都没有列入“参谋咨询”一项。常崇宜先生主编的《秘书学概论》④“秘书工作的内容”一章，也没有列举“参谋咨询”一项；虽然该书专设“秘书参谋作用”一章，但是此章阐述的多为一般原理，对于究竟有哪些参谋咨询业务，如何做好它们，则显得过于简略。

比较而言，李欣先生等编著的《中国现代秘书工作基础》⑤对这一问题的思考则比较详尽，但是该书出版已经17年，我国无论是领导工作还是秘书工作本身都发生了很大变化，参谋咨询的内容、作用、方法都与当年有所不同，因此，对秘书部门的参谋咨询业务，有必要进一步进行系统的探讨。本文先就秘书参谋咨询工作的几个理论问题提出见解，对“秘书在

① 董继超：《秘书实务》，线装书局2000年版。

② 陈合宜：《秘书学》，暨南大学出版社2001年版。

③ 任玉忠：《办公室工作实务》，蓝天出版社2005年版。

④ 常崇宜：《秘书学概论》，线装书局2000年版。

⑤ 李欣等：《中国现代秘书工作基础》，高等教育出版社1989年版。

领导决策过程中的参谋咨询”以及“秘书在日常工作工作中的参谋咨询”，将另外撰文阐述。

一、参谋咨询的含义

“参谋”一词的字面意义是“参与谋划”，是一个动词。《辞海》将它解释为古代一种官名，指唐宋节度使及各路统帅所属幕僚之一，其职责是“参议谋划”。现代军队团以上指挥机关中的司令部（解放军总部叫总参谋部）中参与军事谋划、办理具体业务的工作人员，都叫作“参谋”，可见“参谋”本来是一种军职。现代汉语中“参谋”一词在动词和名词两种意义上都有泛化趋势，《现代汉语词典》给出了两种更一般的含义：“代人出主意”（动词）和“代出主意的人”（名词）。在“参谋咨询”这一固定词组中，“参谋”是动词；而“秘书是领导的参谋和助手”这句话中，“参谋”则是名词。

“咨询”是现代汉语中才出现的新词，其意义为“征求意见”，在“咨询业”“咨询机关”“咨询服务”等术语中，“咨询”是“备咨询”的意思即向他人提供意见，提供智力服务。秘书部门“参谋咨询工作”中的“咨询”，也就是秘书要向领导以及机关其他职能部门提供咨询服务。

从字面看，参谋与咨询的差别在于主动和被动，主动出主意就叫作“参谋”；在领导询问时提供意见，就叫作“（备）咨询”。二者是一个整体，不能人为分开。下面阐述的内容以参谋为主。

二、参谋咨询是秘书工作的重要内容

参谋咨询自古以来就是秘书官员的职责。夏代末年太史终古哭谏夏桀的故事，是古代最早的秘书官参谋进谏的记载；战国时期的“士”无论当国君的秘书还是做贵族的门客，主要职责也是参谋咨询；秦汉开始各代朝廷设置了许多专职参谋顾问官职，如给事中、谏议大夫、左右补阙、左右拾遗等等。古代还出现了冯谖、魏徵这样以参谋言谏著称秘书人才。

建国初期，中央人民政府政务院于1951年4月召开了全国秘书长会议，不久中央人民政府政务院根据会议讨论结果，做出了《政务院关于各级政府机关秘书长和不设秘书长的办公厅主任的工作任务和秘书工作机构决定》。文件规定秘书长、办公厅主任七项工作任务（实际上就是秘书工作基本任务）第一项就是“协助首长综合情况，研究政策，推行工作”，说明自建国初起参谋咨询就是秘书工作的重要内容。

1985年1月14日，中共中央领导同志到全国党委秘书长办公厅主任座谈会上做了重要指示：秘书部门要充分发挥参谋助手作用，遇事能为领导想办法、出主意、提建议、拿方案。领导还没有想到的事，秘书人员想到了，想得很周到，还提出了新的建议，这就是个好秘书。秘书部门不仅在具体问题上能辅助领导，而且在大政方针的决策中，也要能提供相关信息，诸如历史情况、有关文献、数据资料、权威的观点、国内外各方面的看法等，乃至提供领导选择的建议或方案，便于领导做出正确的决定。

这次会议着重研究了新形势下如何发挥秘书部门参谋助手作用问题，正式把“参谋作用”提到“助手作用”之前，对秘书工作提出了新要求。并从强化秘书部门参谋职能出发，明确提出了新时期秘书工作必须实现“四个转变”：从偏重办文办事转变为既办文办事又出谋献策，从收发传递信息转变为综合处理信息，从单凭老经验办事转变为实行科学化管理，从被动服务转变为力争主动服务。自此以后，参谋咨询就成了秘书部门一项常规工作。

秘书部门对领导工作的参谋咨询可能渗透在信息工作、调查研究、信访工作等其他工作之中，也可能在平时随时提出建议或谏诤。为领导决策事项提供可行性备选方案是最典型的参谋工作。作为常规业务的参谋咨询，在上层机关中主要是由政策研究室来承担的。

三、正确认识秘书的参谋咨询职能

1. 要认识秘书参谋咨询的特点

现代社会领导的重大决策一般都离不开智囊团的智力支持。在西方发达国家，自20世纪上半叶起就出现了专门为各级各类领导提供智力服务的专门的商业性咨询公司，最著名的有美国的兰德公司、日本的野村研究所等，而为企业提供信息调查等智力服务的信息公司、点子公司更是比比皆是。在我国，国家和省市社科研究机构也承担为领导机关重大决策提供智力服务的职责，市场经济体制建立以后，商业性咨询公司开始大量涌现。

与社科研究机构、商业性点子公司相比，秘书部门参谋咨询具有主动性、综合性、从属性、直接性、随机性等特点。

所谓主动性，是指秘书部门不能等领导提出研究任务再开始收集信息、分析情况，而应该积极主动地为领导工作提供智力服务。

所谓综合性，是指秘书部门参谋咨询是全方位的，不是仅限于某一专门领域。

所谓从属性，是指秘书部门必须根据领导工作的需要进行研究，不能像专业研究机关或咨询公司那样完全自主地进行独立的科学研究。

所谓直接性，是指秘书提供的建议、方案等是直接提供给领导的，不需要经过任何中介环节。

所谓随机性，是指秘书除了通过会议、文稿等正规形式外，还可以在出差途中、午餐桌上等非正式场合向领导提供参考意见。

2. 不可夸大秘书参谋咨询的作用

有人为了强调秘书部门参谋咨询工作的重要性，引用1951年全国秘书长办公厅主任会议提出的“秘书长和办公厅主任既要参与政务又要掌管事务”的说法，认为秘书部门是“参与决策”的，这就不适当地夸大秘书部门参谋咨询的作用。秘书长、办公厅（室）主任一般都是党委常委或是政府领导成员，他们本身就是决策层成员，因此“秘书长参与决策”不能被偷换为“秘书部门应参与决策”或“秘书要参与决策”。准确的理解应该是“秘书部门应该为领导决策提供智力服务”。

过分夸大秘书部门参谋咨询作用，可能会导致秘书人员扩权擅权的结果。“文革”时期有个“中央文革小组”，开始也是党中央一个参谋性秘书班子，可是后来它的主要成员“参与决策”，凌驾于中央政治局之上。20世纪90年代，河北省主要领导的秘书李真，自以为秘书的“实权”大于副省长，并利用这种违规的“实权”谋取私利，迅速走上腐败之路，最后落得被判死刑的下场。

3. 不能要求每个秘书都“争当领导的参谋”

参谋咨询是秘书部门的常规工作，秘书既要当好领导的助手也要当好领导的参谋，这些说法都是针对整个秘书工作和秘书队伍而言的，不能理解为每个秘书工作者都要当领导的“高参”。在一般机关中，在大政方针和重大决策上的参谋咨询任务，主要是由政策研究室的研究人员和办公厅（室）主任等高级秘书承担的，领导信任的有经验的秘书也能提供一定的有价值的建议，而一般秘书工作人员则主要通过自己分管的具体工作为领导服务。当然，这不排除秘书人员在适当的时机或平时与领导交往时，对某些问题提出自己的意见和建议，但是没有必要把“出谋献策”列为每个秘书人员的职责之一。

四、注意参谋咨询工作的方法

任何工作都要有一个好的方法。由于参谋咨询工作主要是为领导出主意，这里就有一个如何让领导心情舒畅地接受建议和意见的问题。下面介绍的不是参谋咨询的程序性方法（如备选决策方案如何形成、文书处理中“拟办”意见如何填写等），而是指秘书在平时怎样向领导提出自己的参考意见。一般来说，向领导提出建设性意见叫作“建言”，向领导提出劝阻性意见叫作“进谏”。

秘书对领导建言，要注意态度诚恳谦虚，不要显示自己比领导高明。如果能引用历史上或现实生活中相似的例子，更能说明问题。例如某经济欠发达地区一所高校出现了严重的人才流失现象，领导非常着急，苦于无法控制，办公室主任这样向领导提建议：“听说××省××大学前几年跟我们学校一样，这几年已经扭转了局面，他们学校的网站上有详细材料呢。”校长得到线索后自己到该校网站了解有关情况，受到很大启发，后来参照该校经验制定了切实可行的稳定人才和引进人才的政策，取得很好的效果。提供有价值的参考信息，让领导自己从中得出结论，比秘书自己直接提出主张要有效得多。

秘书应该成为领导的“诤友”，就是说秘书在发现领导工作有不妥当甚至明显错误的地方时，应该用适当的方式进行劝谏。这时特别要注意使用恰当的方法，因为领导听反面意见比听正面建议心理阻力要大得多。一般而言秘书谏诤应该注意以下几点：（1）选择恰当的时机，不要在领导工作繁忙或心情烦躁时进谏。（2）选择恰当的场合，避免在正式场合进行劝谏，而应在无他人在场时与领导交流。（3）要注意应用语言的艺术，巧用比喻、典故，学习“邹忌讽齐王纳谏”的高超技巧。（4）不要一味说“不”，要正面提出建设性的意见。①

［原载《秘书工作》2007年第2期］

① 笔者曾就此问题专门撰写了《忠言顺耳更利行——谈秘书向领导谏诤的艺术》一文，发表在《当代秘书》2006年第1期上。该文作为“案例分析”材料，收录在拙作《秘书学概论》（安徽人民出版社）第八章后，可供读者参考。

试论秘书部门在领导决策中的参谋咨询

参谋咨询自古以来就是秘书官员的职责，古代曾出现过冯谖、魏徵这样以参谋言谏著称秘书人才。建国初期，中央人民政府政务院《关于各级政府机关秘书长和不设秘书长的办公厅主任的工作任务和秘书工作机构决定》规定秘书长、办公厅主任第一项工作任务就是“协助首长综合情况，研究政策，推行工作”。1985年全国秘书长办公厅主任座谈会将秘书的参谋作用提到助手作用之前，使参谋咨询成为秘书部门一项常规工作。

秘书工作主要是为领导服务的。领导人或领导机关的基本职能是决策，秘书的参谋咨询比较集中地体现在领导决策过程中。本文主要讨论秘书部门在领导决策过程中的参谋咨询，关于日常工作中的参谋咨询，笔者将另外著文探讨。

决策有科学决策和经验决策之分。科学决策是领导者依据全面可靠的信息，充分征询专家学者的意见，并经过严格论证程序的决策。经验决策是领导者凭借个人经验和智慧进行的决策，决策过程中缺乏科学论证。虽然现代社会提倡先进的科学决策，但是经验决策在一定范围内仍有不可替代的作用，尤其是在微观决策或重大突发性事件的处理上。

决策又有集体决策和个人决策之分。集体决策又叫民主决策，它是领导集团通过民主讨论最后采取表决方式进行的决策。集体决策并不是现代才有的决策方式，历史传说中尧舜时代的部落联盟会议就经常用采用这种决策方式，古希腊的城邦议会、古罗马的元老院也有集体决策的权力。个人决策是没有民主表决程序而由掌权者进行的决策，个人决策在任何社会、任何单位都不可完全避免，它的正确与否取决于领导者个人的智慧、经验和品德，取决于他们是否尊重事实、尊重科学。

科学决策与民主决策不是对应的关系，而是交叉关系。民主决策不一定是科学决策，如果领导班子成员都根据自己的经验对决策事项进行表决，就是经验性的民主决策；而主要领导人在占有准确全面的信息、认真听取专家意见的基础上，比较各种方案的论证意见后再做出的决策，就是科学性的个人决策。

现代领导在重大的全局性问题上，应该提倡科学的民主决策；在一般的非全局性的问题上，可以由相关领导个人进行科学的决策；经验决策虽然不乏成功的范例，但失败的例子更多，因此不管是个人进行的经验决策还是民主表决的经验决策，都不值得提倡，只有在情况紧急无法进行科学论证的情况下，经验决策才能显示出它特有的价值。本文下面所说的“领导决策过程”指的是科学决策的过程。

科学决策通常分为发现存在问题、确定决策目标、拟定备选方案、选择确定方案、实施完善方案五个程序。在每个程序上秘书部门都应该为领导提供参谋咨询服务。

一、发现存在问题中的参谋咨询

“问题”指的是应有状况和实际状况之间的差距。例如，学龄儿童应该都能接受九年义务教育，而实际上某些地区农村儿童却由于经济贫困等具体原因不能享受义务教育，于是出现了学龄儿童辍学问题；城市居民自有房屋被征地拆迁，应该得到相应补偿，而实际上却出现了被强迫拆迁而没有得到应得的经济补偿的现象，于是引出了拆迁征地矛盾激化的问题。

领导机关一般通过常规统计数据、调查研究、人民来信来访、媒体报道、学者建议、下级报告等途径发现需要解决的问题。秘书部门在这些环节中都能起到相当重要的作用。如果从参谋咨询角度看，在信息、信访等项工作中，秘书部门的参谋作用更为明显。例如，进入新世纪以来，随着城市开发的加快，各级各地信访部门接待和接收的来访来信中，涉及征地拆迁的矛盾十分集中，有的地方还因为没有处理好地方政府、开发商和拆迁户之间的矛盾而引发了一些恶性事件。通过信访案件的统计分析和个别重要信访案件的典型分析，秘书部门及时得出了“城市征地拆迁矛盾突出已经严重影响社会稳定，必须制定相关政策加以严格规范”的结论，并向领导机关提出相关建议。领导机关根据秘书部门的建议，迅速采取措施，许多省市及时出台了“征地补偿安置办法”等相关法规。由于信息准确，决策及时，政策合理，由征地拆迁造成的社会矛盾迅速缓解，有效地维护了社会的稳定。

二、确定决策目标中的参谋咨询

决策目标就是解决问题所希望达到的预定结果。决策目标要实事求是，必须是经过努力能够达到的，而不能定得太高。领导机关在确定决策目标时应该进行深入的调查研究，并广泛征求各方面尤其是相关专家的意见，秘书部门在这些方面除了需要承担许多具体事务外，也可以直接向领导提供参考意见。

例如，20世纪90年代，某经济不发达地区一个县领导班子，在参观了江苏省张家港市后，受到很大鼓舞和启发，回来后主要领导人提出了“张家港人能办到的事，我们也能办得到”的响亮口号。在制定经济发展规划时，也提出要按照张家港市GDP在近五年翻两番的速度定指标，秘书部门负责人感觉指标不切合实际，就整理了一份张家港市改革开放以来历年经济增长表和本省几个经济相对发达的县级市的发展速度情况的资料，并找来一份著名经济学家分析经济发展过快可能引起严重后患的理论文章，一并提供给几位主要领导；领导人在看了相关材料后，才意识到“五年翻两番”速度只能是个别地区在特定机遇下的发展速度，不是凭主观愿望就能达到的，而且即使暂时达到这个速度也未必是好事。在这个事例中，秘书部门实际上是通过资料工作发挥参谋咨询作用的。

三、拟定备选方案中的参谋咨询

备选方案是准备提供给领导者最终抉择的，一般决策要设计三至五个方案。拟订方案是一个复杂的创造性思维过程，秘书部门（在上层机关主要是政策研究室）在拟订方案过程中要广泛征求各方意见，尤其是征求相关专家的意见。

拟定备选方案不同于单纯起草文件。秘书将领导已经做出的决定形成文件是文字工作，而拟定备选方案是在领导决定之前的工作；虽然方案也要形成文字，但方案的关键是内容，而不是文本。涉及某一方面具体内容的方案，一般由秘书部门和相关职能部门共同完成，涉及机关全面工作的决策方案则主要由秘书部门完成。由于拟订方案是在领导决策之前，是给领导提供决策参考，秘书人员就有更大的发挥聪明才智的余地。当然，任何方案都必须实事求是，切实可行，都必须符合国家政策和人民群众的意愿。

四、选择确定方案中的参谋咨询

领导者最终要在各种方案中选择最为合理的作为最后决策。这个过程不是简单的举手表决，领导者除了要认真研究各种备选方案的文本外，还应该听取方案起草人的详细汇报，或者请有关专家一起进行讨论、咨询，必要时还可以对方案进行补充修改。

在这一环节秘书的智力服务更多地体现为“备顾问”。领导人在研读备选方案过程中可能经常有一些具体问题要向秘书咨询，从查对理论根据到核实具体数据，秘书都能积极提供咨询服务。如果秘书有一定政策水平，领导就会经常征求秘书意见，此时秘书应该坦率地发表对各种方案优劣比较的看法。

五、实施完善决策中的参谋咨询

领导决策要付诸实施，变成组织的行动。决策实施过程中的参谋咨询主要渗透在协调工作和督查工作之中。

涉及重大方针政策的决策往往不是一次完成的，因为最初的决策在实施过程中可能会暴露出一些原先无法预料的问题，需要在适当的时候对其进行调整，纠正决策偏差，必要时做出新的决策。在这个过程中，秘书部门的参谋咨询作用主要通过调查研究、信息工作、信访工作等来实现。

下面我们以一项重要政策的制定、实施和完善的过程为例，说明秘书部门在领导决策过程中如何发挥参谋咨询作用。

20世纪90年代前期，信访部门从大量的人民来信来访中发现一些地区存在着“乱摊派”现象，农民负担过重。在进一步调查的基础上，确认这是一种全国性的普遍现象，为了保护农民利益，国家有关部门根据秘书部门的建议，制定了将农民负担“控制在上年以乡为单位农民人均收入5%以内”的政策规定，规定颁布后，一定程度上制止了乱摊派现象的发展。

随后两年中，秘书部门通过调查发现，这一规定在执行过程中实际上存在不完善的地方：一个乡范围内农民人均收入差距很大，有的达到20～100倍，山西省某镇78户富裕户1994年人均收入5万元，其余5322户人均收入仅528元，而负担却按全镇“上年人均收入”平摊到人，每人65元，这65元占一般农户人均收入的12.3%，只占富裕户人均收入的0.13%。秘书部门的调查报告指出：在农民人均收入存在较大差距的情况下，上述政策规定存在着一定的弊端，它掩盖了农村的贫富差距，在一定程度上起了“劫贫济富”的负效应，特别是加重了低收入农户的负担，不符合公平赋税、合理负担的原则，实际上是穷村帮了富村，穷户帮了富户，与党的走共同富裕道路的政策是背道而驰的。[①]

① 参见王郁昭：《应当正视“农民负担控制规定”所存在的弊端》，载《瞭望》1997年第7期。

国家有关部门根据秘书部门的建议，后来对上述政策规定做必要的修改。近年来又取消了农业税，进一步减轻了农民负担，得到人民群众的一致拥护。

从材料看，高层机关在制定减轻农民负担政策的每个环节上都有秘书部门在发挥参谋咨询作用。首先是秘书部门通过信访工作，将部分地区因农民负担过重导致社会矛盾激化的重要信息提供给领导机关；接着秘书部门通过较大范围的调查研究，确定农民负担过重不是局部的而是全国普遍存在的现象，因此向领导机关提出了制定减轻农民负担的政策的建议并被领导机关采纳。在政策制定并普遍施行的过程中，又是秘书部门通过调查研究发现了政策不够完善的地方，并写成调查报告分析了问题所在，提出了修改、完善政策规定的建议。可以设想，如果没有秘书部门提供一系列有价值的信息、建议，有关该项政策的制定和完善就不可能这样顺利。

[原载《秘书》2007年第5期]

试论秘书部门在日常工作中的参谋咨询

在上期文章中[①]，我们主要讨论了秘书部门在领导决策中的参谋咨询作用，本文将探讨秘书部门在其他常规工作中的参谋咨询。

秘书部门的常规工作可以分为政务性工作、业务性工作、事务性工作三大类共二十多项[②]，其中有些工作中参谋咨询作用明显。现择其要者加以阐述。

一、其他政务性工作中的参谋咨询

1. 调查研究中的参谋咨询

调查研究的目的是为领导决策提供第一手可靠信息，从某种意义上说，秘书部门的调查研究都是为了向领导提供决策参考。这里说的调查研究中的参谋咨询，特指为领导人的调查研究提出一些参谋建议。在领导人的调查研究中，秘书的参谋咨询主要体现在以下几个环节：

一是在领导确定调查对象和范围时，为领导提供初步信息，并提出具体建议。

二是为领导拟定调查提纲之前，向领导提出关于调查计划的初步建

① 参见本书《试论秘书部门在领导决策中的参谋咨询》一文。

② 参见本书《论我国当前秘书工作的内容》一文。

议，供领导参考。

三是在领导调查过程中，协助领导对调查材料进行初步分析，向领导提供新的调查线索和建议。

四是在领导调查基本完成后，协助领导对调查材料进行系统的整理分析，并协助领导拟定调查报告的初步提纲。

2. 信息工作中的参谋咨询

信息工作的参谋咨询主要体现在信息价值的鉴定和信息的综合研究两个环节上。

秘书部门每天都能收集到大量信息，但提供给领导的应是经过筛选的重要信息，信息筛选关键是信息价值的鉴定。显然，提供什么样的信息与领导人关注什么样的问题是直接相关的。除了领导规定的或制度规定的信息必须及时提供外，秘书部门实际上存在着相当大的选择空间，可见秘书鉴定信息的水平对领导工作有相当大的影响。

信息的综合研究就是秘书部门通过研究将大量原始信息转变成高层次信息，而高层次信息必须具备三个要素：有情况、有分析、有建议。所以，信息的综合研究实际上是信息工作和参谋咨询工作的交叉。

3. 协调和督查工作中的参谋咨询

协调和督查是在决策实施过程中的政务性工作。这两项既是领导亲自参与的工作，也是秘书部门的常规工作。这里介绍秘书部门在协助领导进行协调和督查时的参谋咨询。

领导的协调一般都是宏观协调。无论是利益协调、关系协调还是行动协调，协调工作的直接目的都一样：防止不协调现象发生，消除已经出现的不协调现象或者防止它继续发展。领导在分析不协调现象产生的原因、矛盾的性质和严重程度、解决矛盾的方式方法，以及哪些对象之间在何种问题上可能发生不协调现象等方面，往往要征询秘书部门的意见。熟悉情况而又有一定政策水平的秘书在这时就能给领导提供有价值的参考意见。

督查工作不是一般的行为监督和工作检查，而是指对党的路线、方针、政策的贯彻落实情况，各项重大工作部署执行情况，以及各级领导批示、交办事项的办理情况进行督促检查。秘书部门在领导督查中的参谋咨询作用主要体现在两个环节：确定主要督察对象和督查事项，根据领导督查的结果撰写有情况、有问题、有建议的督查报告。

4. 议案、建议和提案工作中的参谋咨询

议案、建议和提案工作包括人大、政协等提出方秘书部门和政府机关等承办方秘书部门的工作。提出方秘书部门参谋咨询作用并不明显，承办方秘书部门在议案、建议和提案承办过程中的参谋咨询主要体现在两个环节：在接到议案、建议和提案后，提出初步处理意见（即“拟办意见”）供领导参考；在有关事项办毕后将处理结果写成书面答复，对于何时答复、如何答复、答复的具体内容等，秘书部门都可以向主管领导提出具体建议。

5. 文稿撰拟中的参谋咨询

文稿撰拟是一项艰苦而复杂的脑力劳动，写出的文本必然包含着秘书的劳动成果。一般而言，领导交代撰文任务时，应该给出明确的意图或主题，秘书在准确领会领导意图、尊重领导主导意见的前提下，加进自己的构思和设计，并一遍又一遍地仔细推敲、反复修改，然后才能定稿。写作过程中秘书发挥了自己的聪明才智，加进了自己的意见。当领导人接受了起草的文本，也就实际上接受了秘书的一些建议和意见，秘书在起草文稿的过程中也就起到了参谋作用。至于领导亲自主持起草的重要文件，常常在正式起草前要召开会议讨论，秘书在这样的会上是有发言权的，领导也往往很重视秘书的意见，此时秘书可以畅所欲言地提出自己的建议供领导参考。

二、业务性工作中的参谋咨询

1. 文书办理中的参谋咨询

文书办理中的参谋咨询主要体现在发文办理中的“审核”和收文办理中的“拟办”。

《国家行政机关公文处理办法》第二十七条规定：“公文送负责人签发前，应当由办公厅（室）进行审核。审核的重点是：是否确需行文，行文方式是否妥当，是否符合行文规则和拟制公文的有关要求，公文格式是否符合本办法的规定等。”在审核过程中对文稿内容是否符合现行法律和政策，具体办法是否切实可行等，都可提出修改意见。

《国家行政机关公文处理办法》第三十二条规定：“对符合本办法规定的公文，文秘部门应当及时提出拟办意见送负责人批示或者交有关部门办理。”拟办意见就是对文件涉及的事项如何处理的建议，如果拟办意见正确而具体，就为领导人节约了大量时间和精力。拟办是收文处理阶段秘书部门发挥参谋咨询作用的主要环节，一般由办公室主任或领导指定的有经验的秘书承担。

2. 会务工作中的参谋咨询

会务工作中秘书部门可以在以下几个环节上充分发挥参谋咨询作用。

一是会议议题的安排，要事先把意见拿出来供领导参考。特别是机关例行的办公会议，常常会出现这种情况：各位领导和相关人员按时来参加会议了，结果发现还没有议题，因此秘书部门应在会前向领导提出建议，确定每次例行会议的议题。

二是会议参加人员的确定，每次会议讨论的问题不同，参加会议的人员也不同，秘书应该向领导提出意见。如果应当参加会议的人没通知他参加，会影响会议的效果，还可能引起不必要的误会。

三是关于会议的次数、规模、时间长短，以及会议是否一定要开、是否可以将几个会议合并为一个会议来开等，秘书部门可以向领导提出自己的建议。

四是正规的大中型会议如何开，要通过书面的会议预案向领导提出建议，会议预案是整个会议如何开的计划，秘书部门必须予以足够重视，尽量考虑周到，安排合理。

3. 信访工作中的参谋咨询

信访工作中秘书部门可以在以下环节上提供参谋咨询服务：

一是对领导人如何开展信访接待工作，以及哪些重要来访者可以引见领导、哪些重要来信应该转呈给领导等，提出自己的意见供领导参考。

二是对于来信来访反映的重大问题，以专报形式向领导报告，专报除了真实反映信访主要内容外，应该有秘书部门对相关事项的处理办法的建议。

三是对信访信息进行综合研究，并从中发现带有普遍性、典型性、苗头性的重要信息，并将信访信息的研究成果（包括价值分析和处理建议等）提供给领导机关参考。这种综合研究一般是定期的（如每个月进行一次），在信访者对某一方面问题反映比较集中的情况下，应该随时进行综合研究。

三、事务性工作中的参谋咨询

1. 领导日程安排中的参谋咨询

领导日程安排是一项重要的事务性工作，通常由秘书部门负责人或有经验的秘书来承担。在不同的单位，秘书在这一工作中所起作用是不完全相同的。有的领导的活动日程完全由自己来安排，秘书只要将领导安排好的日程制成表格就行了；有的领导的工作日程安排是在与秘书共同商量的过程中完成的；还有的领导只对自己的重要活动做出安排，而一般活动则由秘书决定。在后两种情况下，秘书部门都能充分发挥参谋咨询作用。秘书应通盘考虑哪些工作必须领导亲自做，哪些工作可以不必做或安排其他人员去处理；哪些事情必须立即完成，哪些工作可以暂时摆一摆，等等。

2. 其他事务性工作中的参谋咨询

秘书部门要为领导工作正常运转提供全方位服务，在每项工作中，秘书都可以发挥参谋咨询作用。如机关庭院的绿化方案等具体事项，秘书部门也可以提出有价值的意见。

李欣同志说，“在公务活动中最难办的要算治丧工作了。”[①]各种单位都会遇到治丧，凡是公葬一般都设治丧小组（或办公室），长期以来治丧都是一项很难办的事情，办不好就会引起矛盾。最难的是同死者家属的协调、洽商，常见的问题如：悼词中对死者的评价总要拔高，治丧规格总要抬高。碰到很难与之周旋的家属，不做些让步几乎是不可能办下来的。因此秘书部门必须拟定治丧方案，就丧事程序和办法向领导提出参考意见。

连治丧这样的事务性工作都有许多内容需要秘书部门的参谋咨询，其他工作中秘书部门的参谋咨询也就可想而知了。

四、对职能部门工作的参谋咨询

秘书部门的参谋咨询主要是对领导而言的。但是秘书部门的宗旨是“三服务”，不但要为领导服务，也要为各职能部门和下级单位服务，为人民群众服务。秘书部门对职能部门的参谋咨询服务主要体现在信息工作、文书工作、资料工作、谈判工作等方面。例如，秘书部门如果发现收集到的信息可能对某职能部门有重要价值，就应及时地提供给他们，并主动提出分析意见。

---

① 李欣等：《中国现代秘书工作基础》，高等教育出版社1989年版，第193页。

秘书部门对各职能部门提供的多为具体的咨询服务，例如询问某种公文的格式和写作要求，提供某一方面的资料线索，了解谈判对手的有关信息等等。秘书人员必须强化服务意识，热情为他们提供咨询服务。

[原载《秘书》2007年第6期]

忠言顺耳更利行

——谈秘书向领导谏诤的艺术

一般情况下，领导在政策水平、工作经验、领导艺术等方面要比秘书强。但领导也是人，也有犯错误的时候。当领导在决策、意图、言论、行动上出现一些不够全面、不够妥当甚至明显错误的地方时，秘书应该坚持原则，坚持真理，敢于向领导谏诤。

俗话说："良药苦口利于病，忠言逆耳利于行。"这话虽是至理名言，但有些疗效显著的良药，仅因难以入口，病人就是不愿服用。有些忠言因为过于逆耳，人们也往往听不进去。忠言不被采纳也就谈不上"利于行"了。秘书向领导谏诤，为了达到理想的效果，就必须讲究谏诤的艺术。

我们认为，变"逆耳"为"顺耳"的谏诤艺术主要包括以下几点：

一、先褒后贬

秘书发现领导决策或行动中有错误，不能仅仅向领导指出其错误方面，而应先充分肯定、赞扬其中正确合理的地方（这通常占据领导决策或行动的主体部分）或领导纯正高尚的动机，在此基础上再指出错误或不足之处。西方有句谚语："赞扬比任何谴责都更能使对方谦虚。"领导也跟一般人一样，当你真诚地称赞他时，他的态度就会变得谦虚起来，并且会做好听取意见的思想准备，在这种情况下，秘书说出的批评意见也就容易被接受了。

二、委婉谦虚

秘书在向领导谏诤时，态度一定要谦虚，语气一定要委婉，切不能显出你比领导还要高明的样子。例如，当秘书发现领导处理某件事情有错误时，若这样提出问题：“××经理，我认为您对这件事情的处理有失妥当，想跟您谈谈，可以吗？”在这句话里，“我认为……有失妥当”“找您谈谈”等词语，都带有居高临下的语气，容易引起领导反感。如果换成“××经理，我对处理这件事有一点不成熟的想法，想向您请教，不知该说不该说？”效果可能会好得多。

三、巧设比喻

设喻是一种非常有效的谏诤技巧，人们所熟悉的《战国策》中邹忌讽齐王纳谏的故事，邹忌就是用一个贴切的比喻使齐威王接受了他“广开谏路”的建议的。秘书向领导谏诤时，也可以运用这种艺术。例如，当领导打算将一名能力很强但曾反对过自己的干部调离领导机关时，秘书就可以在适当的时机跟领导说一说唐太宗不计旧恨重用魏徵的历史故事，使领导从这些历史故事中悟出自己应该怎样做。

四、援引实例

事实胜于维辩，一个真实的事例往往比一番精辟的议论更有说服力。秘书就某一件事向领导谏诤时，可以向领导提供一些有关实例，而不必直接说出自己的观点，让领导从具体例子中领悟出自己的失误。例如，某公司老总决定开除两名违纪职工，秘书认为开除处分过重，就将报纸上登载的另一单位因处分职工不当引起不良后果的报道资料找出来送给经理看。经理看到这些资料受到启发，将原定的开除处分改为记过，并配合以必要的思想政治工作，收到较好的效果。

五、动之以情

与领导关系融洽的秘书，在谏诤时以朋友身份比以职务身份为好。因为以朋友身份说话，可以使领导感到你谏诤不仅仅是从单位利益出发，更不是想达到个人目的，而是真心诚意地想协助领导搞好工作。领导为你的真情所感，就比较容易接受你的意见。

六、把握时机

心理学研究已经证明，一个人在心清轻松舒畅时比较容易接受不同意见，而在情绪紧张烦躁时，对不同意见往往产生本能的反感。因此，秘书谏诤最好选择在领导心情好的时候进行。

把握时机的另一层含义是，秘书发现领导的错误意图时，应在这种意图变成决定、文件或材料之前进行谏诤，这时领导的意图尚未公之于众，不存在怕被人说“讲话不算数”的心理障碍，因此也就比较容易接受意见改变原来的错误意图。

七、注意场合

秘书谏诤不宜在会议或其他正式场合进行。因为在有他人（无论是同级领导、本单位群众还是外单位来客）在场的情况下，秘书公开发表与领导不同的看法，甚至直接指出领导的错误，往往会使领导感到难堪，秘书的意见也就很难被接受。相反，在非正式场合，如与领导共进午餐或陪同领导出差时，由于不存在“怕丢面子”的问题，秘书的意见常常被领导重视和采纳。历史上魏徵敢于直谏和唐太宗从谏如流一直被传为佳话，殊不知唐太宗有好几次因魏徵当众直谏使自己下不了台而想杀掉魏徵，只是怕在大臣和民众面前丢了自己从谏如流的好名声才勉强忍住。再说像唐太宗这样从谏如流的人，不但在历史上少见，就是在当代领导人中也是不多的。魏徵敢于直谏的精神值得学习，但他不顾谏诤场合的做法则不足为秘书人员仿效。

以上我们介绍了秘书谏诤的七点技巧。当然每个领导的经历、水平、性格、习惯各不相同，因此对上述技巧的运用不能千篇一律，而应灵活掌握。但无论对什么样的领导，秘书必须十分明确：谏诤的目的是使领导接受意见，改正错误，避免工作上的损失。秘书的意见再正确，动机再纯正，如果因过于“逆耳”而不被领导采纳，也就谈不上任何价值。因此，我们建议将“良药苦口利于病，忠言逆耳利于行”的俗语，改为“良药可口更利病，忠言顺耳更利行”。

［原载《当代秘书》2006年第1期］

有效管理时间

——“三维综合分类法”例解

李 欣

一、时间管理的概念

我的学生常冠林根据我编写的《秘书实务》教材介绍的时间管理方法，对谭一平先生提供的一个案例进行分析处理，得到了与谭先生不同的结果（《有效管理时间的“三维综合分类法”》，详见常冠林：《秘书》2008年第5期）。文章发表后，有读者给我写信，询问“三维综合分类法”的详细内容。我感到，既然杂志上出现了“三维综合分类法”这个术语，为解除部分读者的疑问，有必要对它做一点介绍。

时间是我们每个人的财富，它对我们每个人都是公平的，但是每个人能否有效地利用时间，则有很大的差别。相同的工作量，有的人花4个小时从容处理完毕，有的人花8个小时还感到紧张，这除了与个人工作能力的强弱有关，也是与每个人是否善于合理利用时间也是分不开的。机关办公室和公司管理层工作头绪多，分管事务繁杂，机关办公室工作人员和公司管理人员就很有必要学会合理利用时间。

现代管理学家提出了许多时间管理的理论，诸如计划管理、“四象限”法、ABC分类法等等。其中ABC分类法出现在许多管理学、秘书学读本和相关报刊上，但是，各个版本对ABC分类法的表述差别很大，而且普遍缺乏可操作性。比如，将需要处理的工作按轻重缓急分为A类（重要、紧急)、B类（重要、不紧急)、C类（不重要、不紧急）三类，并据此提出优先办理A类事务，然后办理B类事务，有较充裕的时间再考虑办理C类事务（参见姜雨婷:《学会时间管理》，载《秘书》1997年第4期）。但是，这种对事务的分类方法本身就不穷尽。例如，紧急而不重要的事是放在B类之前，还是放在B类之后办理？再如，紧急、重要但是需要很长时间（例如2天）才能办完的事，和虽然不太紧急也不太重要但只需要几分钟就能办完的事，两者谁先办谁后办？ABC分类法就不能给出明确的答案。

二、“三维综合分类法”要点

综合几种时间管理理论，笔者提出一种比较容易操作的时间安排方法(实质上是工作安排方法)，并把它命名为“三维综合分类法”。现简述如下，供读者参考。

第一，引进ABC分类法中的“紧急程度”“重要程度”这两个标准，再加进我们认为十分重要的“所需时间”这一标准，据此对各项工作进行归类。根据每项标准都可以划分出A、B、C、D四个等级，我们得到下表:

表1　“三维综合分类法”各项工作归类

级别	紧急程度	重要程度	所需时间
A	非常紧急	非常重要	很多时间
B	比较紧急	比较重要	较多时间
C	不紧急	不很重要	较少时间
D	时间无所谓	不重要	很少时间 (即办即了)

第二，根据每件事情在紧急程度、重要程度和所需时间三个方面的特征进行排列组合，从AAA、AAB一直到DDC、DDD，在三个维度上共呈现出64种不同的组合方式:

(1) 非常紧急—非常重要—需要很多时间（AAA）

(2) 非常紧急—非常重要—需要较多时间（AAB）

（3）非常紧急—非常重要—需要较少时间（AAC）

（4）非常紧急—非常重要—需要很少时间（AAD）

（5）非常紧急—比较重要—需要很多时间（ABA）

（6）非常紧急—比较重要—需要较多时间（ABB）

……

（63）时间无所谓—不重要—需要较少时间（DDC）

（64）时间无所谓—不重要—需要很少时间（DDD）

第三，建议每天上班时综合考虑各种因素，对当天面临的工作进行如下排列：

（1）上班时应该立即办理的：AAD—ABD—BAD—BBD（马上可以了结）

（2）上午必须办理完毕的：AAC—ABC—BAC—BBC（很快可以了结）

（3）当天必须办理完毕的：AAB—ABB—BAB—BBB（需要尽快了结）

（4）当天应该着手办理的：AAA—ABA—BAA—BBA（暂时无法了结）

（5）当天争取开始办理的：CAB—CAA—CBB—CBA（……）

（6）可以留待以后办理的：DA×—DB×

（7）不必办理的（拒绝办理）：×DA—×DB

我们建议的安排顺序与ABC分类法不完全相同，因为我们把比较紧急、比较重要而只需要较少时间就可以办完的事项，甚至于不太紧急、不太重要但很快就可以办完的事项，都排在了非常紧急、非常重要但需要较长时间才能办好的事情之前。这样安排的理由是：花很少时间集中处理好这些不是最紧急最重要的事情，不但有利于高效率地利用时间，而且便于集中精力高效率地处理最紧急、最重要但比较费时的工作，防止在处理重要而费时较多的事项过程中受到各种干扰。

三、"三维综合分类法"应用实例

下面以某汽车制造公司总经理秘书某天上班时遇到的十项待办事务为

例，说明“三维综合分类法”的运用。十件事务如下：

①总经理感觉近一段时期各种业务会议太多，耗去了大量时间，要求秘书拟定一个控制会议次数和时间的方案。

②今天下午×国汽车销售商亨德尔先生来公司商谈代理本公司产品在该国销售的具体事宜（意向书已于5月上海车展时交换），秘书须做好谈判准备工作。

③本市××大学秘书学系欲与我公司建立长期的合作关系，将我公司设为该系学生的“实习基地”，人力资源部问秘书部门是否愿意接纳实习生，是否愿意建立长期协作关系。

④通知销售部落实一名业务骨干（最好是经理或副经理），后天陪同总经理去东北出差。

⑤发动机车间一技师的女儿考上了清华大学，昨天已拿到录取通知书，要以公司总部名义给他打祝贺电话，通知他到财务部领取本公司颁发的奖学金3000元。

⑥省党报记者写了一篇国务院总理视察我公司的通讯稿，已发到公司电子信箱，要求公司领导过目确认事实，打印并加盖公章后传真回去。

⑦总公司各部门和各分公司今年招聘了一批管理人员，将于下周开始进行岗前集中培训，人力资源部要求总经理秘书给新职员做一次公文处理的讲座。

⑧海尔公司企业文化顾问×××先生被本市××集团请来做专场企业文化建设的讲座，询问总经理或思想文化部主任是否参加。

⑨总经理后天要去东北出差，需要落实往返机票。

⑩10天后香港歌星刘德华来本市开演唱会，会议组织者来函问本公司是否需要优惠的集体入场券，如果不回电，视作放弃。

根据三维分类法，我们很容易确定上述十项事务在三个方面的特点（级别）：

①不紧急—非常重要—需要很长时间（CAA）

②非常紧急—非常重要—需要较长时间（AAB）

③不紧急—比较重要—需要较少时间（CBC）

④比较紧急—比较重要—需要很少时间（BCD）

⑤比较紧急—不很重要—需要很少时间（BCD）

⑥非常紧急—非常重要—需要较少时间（AAC）

⑦比较紧急—比较重要—需要很多时间（BBA）

⑧比较紧急—不很重要—需要很少时间（BCD）

⑨非常紧急—比较重要—需要很少时间（ACD）

⑩不紧急—不重要—需要较少时间（CDD）

根据前文提出的区分轻重缓急的原则，当天处理这十件事的顺序应该是：

（1）处理⑨，约3分钟。打电话订机票之所以排在第一，是因为稍微延迟几分钟就可能订不到合适的航班。

（2）处理④，约3分钟。此事与⑨直接相关。

（3）处理⑤，约3分钟。这事不是很重要，也不是非常紧急，但员工子女考上清华大学一事会在当天引起全公司员工的关注，及时表示公司的人文关怀（发放奖学金）更能引起内部公众的注意，如果延迟表示，公关效果会受到影响。且此事只需打个电话，即办即了，并不会占用太多时间。

（4）处理⑧，问总经理是否派人参加（建议不派人，因为可以找到有关书面资料）。约3分钟。

（5）处理⑥，将报道稿打印出来交总经理，约需10分钟，总经理看稿时间可能稍长一点。

（6）处理②，约需2小时，上午处理完毕。

（7）处理⑩，午饭时问总经理，估计总经理对此不会感兴趣。约3分钟。

（8）处理⑦，转告人力资源部，可以请大学教师来主讲。此事下午进行。

（9）处理③，向人力资源部做出解释，为保守商业机密，本公司不宜接纳实习生。此事下午进行。

（10）最后处理①，需要询问专家、搞调查研究，了解本公司会议状况及其原因。此事当天无法完成。

现在得到的排列顺序是⑨④⑤⑧⑥②⑩⑦③①；而按照ABC分类法，排列的顺序应该是⑥②①⑦③⑨④⑤⑧⑩。读者不妨比较两种排列顺序，看按哪一种顺序处理更合理，更能高效率地利用时间。

［原载《秘书》2008年第10期］

附录一：《秘书学概论》序言和后记

秘书学研究的新成果①

——评杨树森教授的新著《秘书学概论》

李 欣

从20世纪80年代初到现在，关于秘书学的研究已经有了二十多年的历史。其中有相当一段时间，特别是80年代到90年代，著书立说，办刊办班，大学开设秘书专业等，呈现一片百家争鸣、百花齐放的景象。其实，这种现象到现在还在延续着，只是更稳妥了一些，更扎实了一些罢了。这二十多年中虽然有的人中途退出了，其说其论空虚无影了，但整体来说，这些年来的秘书学研究成绩斐然，也许用辉煌二字概括更贴切一些。首先，是秘书学这个学科成立了，反对者是推不倒它的。建立了一门学科，这成绩是令人欣慰的，骄傲的。第二，是出版了一批很有学术价值的著作，这一点也没有人能够否定。第三，是成就了一批颇有造诣的研究人员，其中可以称为"专家"的也不在少数，这也是个推不倒的事实。在这些颇有造诣的专家学者中又分两种情况：一种是有些人只注重自己的研究，很少旁及别人的研究成果。它的缺点是横向联系不够，各唱各的调，理论上就很难取得共识。另一种则是既自己研究立说，又旁及、重视别人的研究成果，纵横都看，能知全貌。这种学者不少，最突出的有四川的常崇宜、重庆的邱惠德、上海的刘耀国等（排序不分先后）。他们对全国的

① 这是原中共中央办公厅秘书局常务副局长、《秘书工作》前主编、我国秘书学研究主要开创人之一的李欣先生为拙著《秘书学概论》（安徽人民出版社2005版）写的序言，后载于《秘书之友》2006年第2期，标题为编辑部所加。

秘书学研究状况了解得非常透彻，能统计出各种数据，举出各种观点。他们既是秘书学家又是秘书学评论家，这样的人多些对我们这个学科的研究会更有利些。

二十多年过去了，有的人因年迈退出了研究，比如武汉的长者王千弓先生，宣布退出后就很少再介入这类活动。但王老的身体很好，祝愿他长命百岁。我也七十七岁了，且身体不太好，曾宣布不再写文章、讲课，但眼下仍未完全脱离秘书学方面的活动。在学术研究中，随着时间的推移，老的研究人员退下去是正常现象，重要的是研究队伍不断增加新生力量。从全国秘书杂志发表的文章看，有不少作者的文章颇有真知灼见，足见后继者不少。前些日子《秘书工作》杂志转给我一份书稿，是安徽师范大学杨树森教授写的，商请我为其写序。本来我由于脑血管毛病已不适宜写东西，翻阅书稿后给了我一份欣喜，第一感觉就是这是一位成熟的秘书学专家的著作，禁不住要写几行字把这本书推荐给读者，虽然我的序未必写得很像样子。

杨树森教授，1948年生，到现在也有五十六七岁了。他在农村、军队、工厂当过八年秘书。1977年全国恢复高考时，他第一批考入大学，现在安徽师范大学文学院任教，主编过《秘书实务》，撰写过《中国秘书史》。我所以看中他这本书，是从书中看出他的科学治学态度和科研成就。

第一，二十多年来他从事逻辑学和秘书学教学，成就这本《秘书学概论》，简直可以说二十年磨一剑，实实在在，真真切切，内容细致，材料翔实，且多有创意，不乏新说，但绝无空洞玄说，怪异立论。这是一个认真做学问的人应有的品德。

第二，他的书中所有的立论，都是旁征博引，占有大量材料，多角度比较，然后得出自己的结论。比如“秘书”这个概念的定义，他从古说到今，又列举今日各家之说并分析它们的长短优劣，用了不小篇幅论证才得出自己的看法。虽然他的看法仍会有人提出异议，但我们看到的是杨教授严谨的治学态度。又如关于秘书工作的性质，他几乎把所有学者的说法都摆出来比较，然后把自己的看法也摆进去比较，摆事实，讲道理，尊重别人也说明自己，让读者看个明白，不是唯我独尊，也不是唯别人是从。我们治学要的就是这种公允的科学精神。有了它，就不难产生好的成果，我们的研究就大有希望。

第三，尊重前人，尊重别人，在已有成果的基础上开拓前进。杨树森教授在研究中充分注意了这一点。我们知道，任何科技的学术的进步，都是在已有的基础上再进一步开拓取得的。现在是信息电子时代，科技日新月异快速发展，如果有谁想抛开这个时代而回到蒸汽机时代来开发科技，那他不是疯子就是傻子。杨树森教授的《秘书学概论》有不少创新，就是在前人研究的基础上取得的。前人的东西未必都是正确的，所有对前人成果的新发展，都是因为前人成果有未尽的或不足的或错误的东西。比如书中认为"三服务"不应是秘书工作的指导思想而应是秘书工作的宗旨。宗旨是行动的目的，指导思想是行动的依据，两者显然不相同。姑且不论它的是非曲直，就书中不同的提法而言，它就是在前人的提法上开拓的，总是一种新意。没有"三服务"的提法，没有"指导思想"这个断语，就不可能有"宗旨"这个纠正。当然，对这个纠正也可以有不同看法，因为就事物的一般规律而言，后人对前人的"纠正"有时也会有误差。

总之，杨树森先生这本《秘书学概论》是一部学术力作，它内容丰富，材料翔实，逻辑严谨，语言流畅。且该书谈古论今，知识性、实用性、趣味性、可读性俱佳，一般读者读了也会有很好的收益。

秘书工作犹如一个大平台，事务繁多，错综复杂，每时每刻都在运转不息，人们研究它，不仅要理出它的丝丝缕缕，条条絮絮，还要理出它的运转规律和总体趋向。规律是人们掌握事物的钥匙，有了它就更便于操作，更容易把工作做好。《秘书学概论》在这方面已下了不少工夫挖掘其理论深度，但要是还谈什么希望的话，书中似可在关于秘书工作总体规律和发展趋势方面再加强一些深度的理论研究。

祝贺杨树森先生的这部学术力作问世，更祝愿杨先生在秘书学发展中发挥更大的作用。

二〇〇五年九月于北京

《秘书学概论》后记

安徽师范大学从20世纪80年代开始招收秘书专业学生，是全国较早开办秘书专业的院校之一。笔者自1982年留校任教，1985年起承担全系逻辑学主讲任务，教学任务相当重，开始并没有参与秘书学的教学活动。秘书专业开办不久，由于本系原来的一位秘书学骨干教师外出进修，秘书学专业课没有人上，系主任在全系教师大会上公开征聘秘书学教师，笔者那时年轻气盛，血气方刚，便主动揭榜承担起秘书学的教学任务。当时凭的是1977年报考大学前在农村、部队、工厂干过八年秘书的经历，可以算得上有相当丰富的秘书工作实践经验，自认为从事秘书学这种应用型学科的教学具有一定的优势。谁知系里原来那位同仁后来再也没有回到秘书学教学岗位，笔者便从此脱身不得，身不由己地成为秘书专业的主要教师，至今已有近二十年……

本书是适应秘书学教学需要而撰写的。笔者之所以在秘书学读本较多的情况下还要花费大量时间来撰写一本新的《秘书学概论》，是基于以下四个原因：

第一，笔者认为有必要对早期的秘书学理论做一些较全面的比较分析，为秘书学研究进一步发展提供一个较高的参照系。我国秘书学著述虽然不少，但是由于它是一门崭新的学科，许多理论很不成熟，以至出现了在基本理论问题上一本书一种观点的现象。本书在许多重要问题上列举了各家观点，并用逻辑分析的方法加以比较鉴别，然后提出我们自己的观点。这样，读者即使不同意本书的观点，也可以从比较中经过独立思考得出他自己的观点。这比被动地接受教材的现成观点可能更有意义。

第二，秘书学中有一些重要理论问题值得重新思考。例如，中央主要领导同志已经多次指出“邓小平理论是全党一切工作的指导思想”，“全党同志一定要……牢固确立‘三个代表’重要思想在全党一切工作中的指导地位，自觉用‘三个代表’重要思想指导自己的思想和行动”，可是大多数秘书学读本都说秘书工作有自己的“指导思想”——“三服务”。虽然这一观点不无根据，但它与党章、宪法不一致，应该予以改正。本书从理论上论证“三服务”应是秘书工作的宗旨，而不宜说是“指导思想”，以与党中央的提法保持一致。类似的情况还有“公务秘书”和“私人秘书”的分类问题等等。

第三，秘书学理论要与时俱进地进行理论创新，许多理论要根据社会经济发展的现实进行及时更新。例如，有一本1990年由高等教育出版社出版的秘书学教材，体例合理，适合教学，发行量很大，根据教育主管部门“尽量选用国家级出版社出版的教材”的要求，笔者多年来选用它为本校秘书学教材。但是这本教材2002年2月第12次印刷的版本上仍然保留着“我国从事秘书工作的都属于国家工作人员，即公职秘书”的陈旧观点，按照此观点，高校秘书专业培养的主要目标（商务秘书）都不是秘书。为了对低年级学生纠正教科书中类似的陈旧观点，防止出现认识上的误差和思想上的混乱，教师往往要花费很多时间和精力。像秘书学这种与社会现实联系紧密的应用性学科的教材，居然十几年不改版，即使当年算是很优秀的教材，也难以适应时代发展的需要。

第四，笔者著书还有一个小小的心愿：把篇幅写得短一点，把书价定得低一点，把语言和例子写得生动一点，把内容写得逻辑性强一点。目的当然是节约读者读书的时间，节约读者购书的成本，增加读者读书的乐趣，减少读者学好这门课的智力投入。笔者讨厌高校教材越来越厚、定价越来越高的趋势，反对死记硬背的学习方法，主张通过独立思考缕清教材内在逻辑来理解掌握课程基本内容，以提高思想水平和实际能力，而不是仅仅背会了几个概念、几条原理。笔者努力从教材内容、语言和体例上为读者轻松学习本课程创造条件。当然，以上心愿是否达到，还得由读者来评判。

“秘书学概论”和“秘书实务”是秘书专业最重要的两门专业基础课，前者侧重理论阐述而后者侧重实际操作，两门课程互为补充，缺一不可。本书为“秘书学概论”课程教材，主要阐述秘书职业、秘书机构、秘书工作、秘书素质等方面的基本原理，对进一步学好秘书专业其他课程具有指导意义。其他专业的学生或秘书工作者如果要全面掌握秘书学专业知识，建议将本书与其姊妹篇《秘书实务》（即将出版）结合在一起学习。

本书是作者近二十年秘书学教学和研究的结晶。书中除第十六章内容主要引自有关著作外，其余各章包括绪论部分均包含有作者大量研究成果和独立见解，全书的逻辑框架不同于任何其他同类读本，各章后的“案例分析”也为本书所独创。当然，任何理论创新都是在继承前人研究成果的基础进行的，参考和吸收学界同仁的成果也为学术研究之必须。本书吸收了许多秘书学界基本达成共识的观点，因为对这些内容没有必要别出心裁另搞一套，但在语言上我们避免了大段引录。凡是引述他人成果较为集中的地方，我们均做了必要的注解和说明。本书参考书目详细列于书后。在此谨向秘书学界前辈和同仁学者，尤其是本书参考文献的作者表示由衷的感谢。

最后，我还要感谢原中共中央办公厅秘书局常务副局长、《秘书工作》杂志前主编、我国秘书学研究的主要开创人之一李欣先生。您在百忙之中认真审读本书，并为之作序，笔者感激之情和敬意，只能在此诚以表及。

二〇〇五年九月

附录二：《秘书实务》序言和后记

创新的《秘书实务》 务实的理论创新①

——杨树森教授其书其人

刘耀国

我与杨树森教授，以往是先读其书后识其人的，这次是因阅其稿才知其人的。

第一次知道他的名字，缘于阅读他和袁立庠主编的1997年版《秘书实务》一书。这本书由故友董继超教授于1998年签赠，我一直珍藏至今。

我与他至今只见过一次面。2005年10月，我去郑州参加第五届中国秘书科学论坛，经中央办公厅秘书局原常务副局长李老（欣）介绍认识了他。我因急着赶去河北，只参加了半天的开幕式；又因我和李老单独住在河南省委大院，没有与其他与会者同住于会议提供的宾馆，所以仅利用开幕式间隙时间与他作了短促交谈，虽未能畅叙，却有相见恨晚之感。此后，我与他通过电子邮件经常联系。他邀我为这本新版《秘书实务》写序，我出于与这本书的缘分就欣然从命了。

本书是杨树森教授继前版（即1997年版）《秘书实务》《中国秘书史》（与张树文合著，2003年版）、《秘书学概论》（2005年版）之后在秘书科学研究领域的又一本力作。阅读书稿，收获颇大，受益匪浅。

---

① 本文是上海《秘书》杂志前副主编、著名秘书学家刘耀国先生为《秘书实务》（安徽大学出版社2006年版）写的序言，后载于《秘书理论与实践》2006年第3期，标题为编辑部所加。

一

收获的是，本书有以下主要特点值得借鉴：

第一，体例敢于创新。

本书首创了以“政务性工作”“业务性工作”“事务性工作”为三大板块建构全书主体部分的新体例。以往的同类教材（包括本书的前版），在体例上大同小异，大多以各项秘书工作为单元来建构全书，很少见到把各项秘书工作予以整合的。个别教材虽有归类，如尝试以“办文”“办会”“办事”为主要内容加以分述，但分类欠科学。本书根据各项秘书工作的主要特点，把秘书实务分为“政务性工作”“业务性工作”“事务性工作”三大类，分别以上、中、下三编构成全书的主体部分，这样做就显得合理和科学一些。这一分类的理念，在本书的前版中闪现过（见1997年版第2、3页），现在把它化为体例，使本书在整体上不仅区别于以往的同类教材，而且也以全新的结构区别于其前版。

本书在体例上敢于创新的另一表现是，除“绪论”以外，每章之后附有案例分析，并注明材料来源，使其和与之配套的《秘书学概论》在体例上保持了和谐一致。

新体例的尝试是本书的一大亮点，既对新世纪秘书专业教材的编写进行了新的探索，又有益于秘书工作内容分类理论研究的深入。

第二，内容与时俱进。

与前版相比，本书在内容上做了较大的更新和调整。秘书工作的内容由前版的18项扩展为现在的22项。全书在结构上新增了“参谋咨询”“议案、建议和提案工作”“文字工作”“网站管理”“随从工作”5章，并对前版的个别章节做了整合。原有的各章节在内容上做了许多增删。

这些更新和调整，及时反映了秘书工作内容随着社会发展而变化的客观规律，突出体现了某些秘书工作在新的条件下被加强的特点，适时提出了某些秘书工作在新的形势下应有的新要求，比近几年出版的一些同类教材更贴近秘书工作实际。

本书在内容上与时俱进的特点可试举以下诸例：有些工作，是秘书部门近几年才有的，如网站管理，本书为此新增了这一章，在近几年出版的一些同类教材中还未见到有此举措。有些工作，其法律或政策依据有所修订，如《中华人民共和国刑法》于2005年2月做了修正，其中对窃密、泄密、失密的法律责任做了明确规定；又如信访工作从2005年5月1日起已施行国务院新颁发的《信访条例》，本书为此分别在“保密工作”和“信访工作”两章中做了新的阐述。有些工作，在近几年中遇到了一些新情况、新问题、新事件，如在一些地区的信访工作中遇到联名信、匿名信、恐吓信、集体上访、老上访户上访等比过去增多的新情况，在一些单位或部门之间的协调工作中遇到因各种利益冲突而产生的矛盾比过去突出的新问题，在一些机关、企业、学校和农村的值班工作中遇到以往少有的群体性事件、重大安全事故、重大疫情、集体食物中毒等突发事件，对此该如何处理，本书在有关章节中都有不同程度的提及，这些内容在前版中是没有的。有些工作，在近些年来已积累了广泛认同和普遍适用的经验，如督查工作中的“领导负责，秘书协办”“归口管理，分级负责”等督查原则，本书对这些新鲜经验也有不同程度的吸纳，这些内容在前版中也是没有的。

本书不仅在各章节中增加了很多全新的内容，而且在案例分析中精选了不少新鲜材料。全书有24则案例分析，其材料来源于新世纪秘书工作实际的占一半以上，其中有一些还是来自于2005年和今年最新的报刊和网络资源。

这些与时俱进的新内容，既显示了本书的活力，又有助于学生读者了解近几年来秘书工作的一些新情况。

第三，贴近实际工作。

本书定位于讲授秘书实务，并与《秘书学概论》相配套，其立足点在于让学生读者了解秘书工作的实际情况和操作要点，其侧重点在于对他们进行秘书工作能力的培养和训练，从这一要求来看，本书还是比较到位的。

本书恰当地安排了理论知识传授与实际操作讲解两部分内容在篇幅上的比重，注重了实用性。全书传授理论知识的内容相当简略，讲解实际操作的内容则比较详尽。作为全书引子部分的“绪论”只是简述，仅占一章篇幅；其中“秘书工作的性质和作用”“秘书工作的宗旨、原则和基本要求”的内容，在《秘书学概论》中占有两章，这里被压缩成两节。作为全书主体部分的上、中、下三编，详述了秘书实务三大类22项具体工作，每一项秘书工作编写成一章，有22章的篇幅。在每一章中，各项秘书工作基本知识的概述只占一节篇幅，其任务、范围、程序、方法等内容的讲解要占到二至三节的篇幅。

本书提供了来自于秘书工作实践和社会实际中的一些示例，增强了可读性。有些示例可帮助学生读者获得一些感性认识，如有信息简报的例式，人大代表议案、建议和政协委员提案的专用纸格式，法定公文首页和末页的样式，文件处理单、传阅单和电话处理单的例式，档案案卷封皮的样式，月、周、日工作日程表例式等单个示例；在“会务工作”一章中还有一次中型会议所使用的“会议预案”“日程表”“会务工作程序表”的“配套”示例。有些示例可帮助学生读者提高思考和分析实际问题的能力，如各章之后“案例分析”中的示例；在“参谋咨询”一章中，有通过调查研究建议修改一项具体政策措施的实例；在“值班工作和突发事件处理”一章中，还转录了《环球》杂志一位特约记者所写的《“群体性事件”考验中国》一文。

本书在贴近实际工作方面做出的这些努力，既增强了秘书实务类教材的“本色”，又有利于培养和训练学生读者今后从事秘书工作和处理实际问题的能力。

第四，逻辑思路清晰。

本书在整体结构的安排上，从总体来看，有着比较清晰的逻辑思路，给人有棋高一着之感。因为，以往的一些同类教材在这方面似乎比较随意，或者欠下工夫，各项秘书工作的排列无规律可循，而本书却全然不同。

本书的整体结构分为“绪论”和上、中、下三编两大部分。两者有着“务虚”与“务实”、总述与分述、简述与详述的逻辑思路。

本书的主体结构分为“政务性工作”“业务性工作”“事务性工作”三大板块。这三大板块的顺序，按秘书工作发挥参谋和助手作用的大小予以排列。

政务性工作的七章内容，是在领导决策从形成到实施、再从完善或修正到做出新的决策的循环往复过程中，以每一个阶段秘书工作的主要着力点为依据予以分列的。其间，以文稿撰拟为重点的文字工作伴随这个过程的始终，被列在最后。这样的安排比较恰当。这一逻辑思路是相对而言的，并不排斥调查研究、信息工作在领导决策形成之后继续在发挥着重要的作用。

业务性工作的九章内容和事务性工作的六章内容，大体上也有着各自的逻辑思路，限于篇幅，不一一罗列。

整体结构安排上比较清晰的逻辑思路，既提升了本书的质量和品位，又有助于教师科学和合理地安排教学计划，并在总体上把握教学重点；也便于学生读者理解在为领导工作服务过程中各项秘书工作之间的内在联系，并在理解的基础上记住秘书工作的各项内容。

因为本书有上述主要特点可值得借鉴，所以我乐意通过这篇序言把它推荐给广大读者。

二

受益的是，在阅读书稿及与他交换意见的过程中，使我初步了解了他的治学态度及为人之道。

杨树森教授的科研方向，主要是逻辑学，次要的才是秘书学。然而，在近三四年时间里，他在秘书科学研究领域竟撰写成三部力作，令我惊叹，并引发我去探究其中的原因。从本书的成功来看，以下的治学态度及为人之道值得学习：

第一，注重研究秘书学界以往成果。

他在撰写本书前，先对我国秘书学界关于秘书工作内容的理论研究成果进行疏理，发现各本著作所列举的秘书工作内容很不一致，分类不很妥当，排列无序可循，于是在调查研究的基础上对这些问题做了比较科学的再研究（详见杨树森：《论我国当前秘书工作的内容》，《秘书》2006年第2期），才形成了本书的成果。他撰写《秘书学概论》也是这样做的，李欣先生在该书的“序”中说：“他的书中所有的立论，都是旁征博引，占有大量材料，多角度比较，然后得出自己的结论。比如‘秘书’这个概念的定义，他从古说到今，又列举今日各家之说并分析它们的长短优劣，用了不小篇幅论证才得出自己的看法。”看来，注重研究秘书学界以往成果是他一贯的治学态度。

他对秘书学界以往的研究成果并不是抱一味否定的态度，而是予以扬弃。对那些比较科学和合理的研究成果给予充分肯定，并加以运用，运用时明确说明这是谁的研究成果。这样的例子在本书中多处可见，如“文字工作”一章讲到“秘书文字工作的特点”时就说：“秘书的文字工作与其他职业人员的文字工作相比，有一些不同特点。董继超先生将它概括为‘四性’。”他十分尊重他人的劳动，尊重他人的成果。尽管本书对其前版做了重大的修改和大量的增删，但他只署“主编”而不署“编著”，并在“后记”中列出了参与前版撰写工作的所有作者的姓名及其分工情况。这些治学态度及折射出来的为人之道都值得称道。

第二，注重了解秘书工作现实动态。

他对秘书工作有着深厚情结。年轻时，他在农村、部队、工厂干过8年秘书工作。从事秘书学专业教学工作以来，他与现在从事秘书工作的一些当年同学和历届学生保持着密切的联系，了解秘书工作的最新动态。从本书的内容中，尤其是所提供的实例中，可以看出他平时十分注意收集来自于秘书工作实践和社会实际的各方面资料，这些资料来自于多种媒体，其中有书籍、报纸、期刊，还有很多网络资源。尽管如此，他在撰写前版和本书之前，于1996年下半年和2004年下半年，两次和教研室同事们一道对安徽省省直机关和合肥、芜湖、马鞍山三市共130多家机关、公司、学校、医院的秘书工作现状进行调查，获得第一手资料。本书把当前秘书工作的内容扩展至22项，正是2004年下半年那次调查之后经过研究所取得的结果。在我们的秘书学专业教师队伍中，多么需要能像他这样的教师，在从事教学工作的同时，重视秘书工作实际，了解秘书工作动态，收集秘书工作资料，调查秘书工作现状，进而研究秘书科学理论。他这种把教学工作真正作为一项事业来对待的精神值得学习。

因为他的这些治学态度及为人之道值得学习，所以我乐意通过这篇序言把他介绍给秘书界的朋友和秘书学界的同仁。

二〇〇六年三月八日于上海

《秘书实务》后记

安徽师范大学20世纪80年代起即开办了秘书专业，1996年被确定为本省高等教育自学考试秘书专业主考学校。为适应全日制教学和自学考试用书需要，1997年4月由杨树森、袁立庠主编，安徽大学出版社出版了一本《秘书实务》教材，参加编写的人员均为安徽师大文学院秘书专业任课教师，具体分工是：

杨树森：绪论、调查研究、信息工作、谈判事务、领导日程安排；

袁立庠：协调工作、督查工作、办公现代化；

舒咏平：接待工作、公关工作、通信工作；

黎泽潮：会务工作、信访工作；

张树文：文书工作、档案工作、机关后勤管理；

刘海霞：资料工作、保密工作、印信管理、值班工作。

该书出版时曾在秘书教学界产生广泛影响，并一度被许多学校选定为教材，但该书出版至今已有将近十年，这期间我国秘书工作发生了很大变化，原书许多内容已经显得陈旧。例如，1996年我们做“秘书工作内容”的调查时，一般单位还没有建立自己的互联网站（或网页），而2004年下半年我们再次做该项调查时，“网站（网页）管理”已经成为秘书部门一项重头工作；再如，当年信访工作所根据的“信访条例”，已经在2005年做了重大修订，今天信访工作的内容、意义和法定程序与当年相比都有很大不同。

我曾在《论我国当前秘书工作的内容》(《秘书》2006年第2期)一文中论证：秘书工作内容随着社会发展而变化，作为秘书工作实践经验的理论概括并反过来指导秘书工作实践的秘书学，必须解放思想、实事求是、与时俱进，一旦某项工作已普遍进入秘书部门工作范畴，秘书学中有关秘书工作内容的理论就应该做出相应调整。在另一篇论文《论我国高校秘书专业教育存在的问题及对策》(《秘书之友》2006年第3期)中明确提出：作为应用性学科，秘书学教材修订周期不宜超过5年。这就是为什么9年前出版的《秘书实务》已不宜继续使用，必须重新编写的原因。虽然我们早就认识到这一点，但是由于种种原因，直到2005年8月《秘书学概论》定稿后，《秘书实务》作为与其配套的主要教材的重新编写出版才被真正提上日程。

此次重新编写，我们对原书内容做了很大增删和整合，其中“参谋咨询”“议案、建议、提案工作”“文字工作”“网站管理”“随从工作”等5章是新增的，其余各章内容也做了较大更新和调整，基本上是重写。由于原编写人员大多数已不在文学院工作，原主编之一、文学院副院长袁立庠先生已另任要职，因公务繁忙也未参加本次重写。因此以上工作大多由我独立完成，仅“网站管理”一章的初稿由安徽师范大学信息中心主任程文海先生撰拟。虽然如此，本书仍然包含有袁立庠先生和其他原参编老师的许多劳动，这也是我为什么只能署“主编”而不署“编著”的主要原因。

我在1969年至1977年当过8年秘书，至今又教了20年秘书学课。1982年初我本科毕业后留校担任中文系1981级辅导员，我带的学生毕业后有很多人从事秘书工作，有长期任中央政治局常委秘书的，有任省委办公厅副主任、市政府秘书长、市委政策研究室主任的，有任大型国有钢铁公司办公室主任、省属重点大学办公室主任的；我的1977级同学也有多人长期从事秘书工作，并担任较高级的秘书职务。这些学生和同学长期以来与我保持着比较密切的联系，不断向我提供有关秘书工作发展变化的信息，其中许多非常有价值的切身感受是从图书报刊上根本看不到的。8年秘书工作经验、近20年秘书教学经验、众多当秘书的同学和学生向我提供的宝贵经验，成了我研究秘书学的三笔财富。多年来我因痴迷于逻辑学研究和教学而无暇对秘书学做系统研究，直到去年着手撰写《秘书学概论》和这次重新编写《秘书实务》，我才真正感受到这些财富的巨大价值。

2005年10月在郑州参加第五届中国秘书科学论坛时，我曾向许多秘书学界前辈和同仁汇报《秘书实务》的写作情况，得到他们的热情鼓励。李欣老师还在会议期间将我引见给我国著名秘书学家、上海《秘书》杂志前副主编刘耀国先生。刘老师不但关心本书的写作，最近还抽出宝贵时间审阅了全部书稿，并提出了许多富有真知灼见的意见和建议，我已根据刘老师的意见对书稿做了多处认真修改。刘老师为本书写的情辞恳切的“序”，更为本书增色不少。刘老师与我素昧平生，能投入这么多时间为本书把关作序，表现出他对秘书学研究后来人（本人虽比刘老师小不了几岁，但在秘书学研究上还只能算新手）的亲切关怀和热情鼓励，令我深受感动。在此谨对刘耀国老师的支持鼓励和他为本书付出的辛勤劳动表示诚挚的谢意。

“秘书学概论”和“秘书实务”是秘书专业最重要的两门专业基础课，前者重理论阐述而后者重能力训练，两门课程互为补充，缺一不可。在撰写《秘书学概论》和重新编写《秘书实务》过程中，我深深感觉到两门课程的明显差别。“概论”侧重于基本理论的探讨，因此《秘书学概论》一书中包含有本人大量独立研究的成果（其中许多观点已经撰写成单篇论文在秘书学期刊发表）；而“实务”侧重于实际工作能力训练和经验总结，因此对前人和他人根据工作实践总结出来的行之有效的经验和做法，就应该给予充分的尊重并广泛地加以吸收，没有必要标新立异。鉴于此，本书虽然也包含有作者（以及程文海先生）一些独立研究成果，但总体上看仍然是“编”的成分大于“著”的成分。在这里向本书参考文献的作者以及其他秘书学研究界的专家，向为本书提供大量素材、长期坚守在做秘书工作第一线的我的同学、学生和其他朋友表示衷心的感谢。

热诚欢迎秘书学界同仁、使用本教材的老师、同学以及广大读者对本书不足之处提出批评。

二〇〇六年四月

后　记

安徽师范大学从20世纪80年代开始招收秘书专业学生，是全国较早开办秘书专业的院校之一。我从秘书专业招生不久即承担该专业主干课程的教学任务，一直到退休都没有间断。在这期间，结合秘书学教学和文学院秘书学专业的建设，我对这门刚刚诞生不久的新学科的基本理论和中国秘书工作的历史发展做了比较深入的研究，也取得一些研究成果。

文学院编选“安徽师范大学文学院学术文库”，目的是“对过去的学术成果进行阶段性归纳汇集”，“向学界整体推介文学院的学术研究，展现学术影响力”。安徽师大秘书学专业在全国高校秘书学界有一定影响，文学院不仅将秘书学列为常年招生的四个本科专业之一，还设有秘书专业的硕士点，因此“文学院学术文库”也有必要向学界推介本院秘书学方面的研究成果。我想，这大约是我在去年出了一本《杨树森逻辑学研究论集》后，又被学院通知将自己在秘书学方面的研究成果汇成一集出版的原因。

关于我自己与秘书学的关系，我在拙著《秘书学概论》和《秘书实务》的“后记”中已有介绍（见本书附录），此处不再赘述。秘书学与逻辑学两门学科有很大差别，逻辑学是具有两千多年悠久历史的基础性学科，而秘书学则是20世纪80年代才出现的全新的应用性学科。新学科的特点是理论体系尚不成熟，有待探讨的问题比较多（这也是本人能在较短的时间内发现秘书学的许多研究课题的原因之一），应用型学科的特点是联系实际比较密切，有关文章的“学术味”不那么浓。也正是由于这两个特点，国内高级别的学术期刊基本上不刊登秘书学研究方面的论文。正式出版发行的秘书学期刊全国只有三家：中共中央秘书局主管的《秘书工作》，上海大学主管的《秘书》，兰州大学主管的《秘书之友》，其中《秘书工作》已经是最权威的秘书学期刊了。本书所收的50篇文章，除少数几篇发表于《档案学研究》《江汉论坛》等纯学术期刊外，大多也是在这三家期刊发表的。

2017年对我来说是一个特别的年头——我出生于1948年，按照中国传统习俗计虚岁恰是“古稀之年”。我目前还在承担最后的教学任务，打算在今年暑期之后真正退出教坛，告别学术。感谢文学院在这特别的年头为我提供一个总结自己秘书学研究成果的机会，这本“秘书学研究论文集”的出版算是给我的从教生涯画上一个圆满的句号。

杨树森

二〇一七年四月